annabrevet
SUJETS & CORRIGÉS 2022

Français

3ᵉ

● **Christine Formond**
Professeure certifiée de lettres modernes
Collège La Grange aux Belles, Paris

● **Louise Taquechel**
Professeure certifiée de lettres modernes
Lycée Jean-Perrin, Marseille

© Hatier, Paris août 2021

ISSN 1168-3791

ISBN 978-2-401-07807-9

Achevé d'imprimer par IPS en France
Dépôt légal 07807-9/01 - Août 2021

Avec ton Annabrevet, prépare-toi

SOMMAIRE GÉNÉRAL

1  **S'échauffer,**
s'approprier les méthodes

2 **S'entraîner**
sur chaque thème
du programme

3 **Préparer l'épreuve**
du brevet :
le **sprint final**

à l'épreuve de français en 3 étapes !

Les sujets classés par thème

Pour chaque thème, voici les ressources de ton Annabrevet.

> Indique sur cette liste l'avancement de tes révisions.
> ◻ À retravailler encore   ◻ Désormais ok !

🟧 Se raconter, se représenter

🟧 Dénoncer les travers de la société

Agir dans la cité : individu et pouvoir

Visions poétiques du monde

Progrès et rêves scientifiques

- Coordination éditoriale : Anaïs Goin
  assistée de Pauline Huet et d'Hélène Wachtel
- Édition : Sophie Lovera
- Graphisme : Dany Mourain et le studio Favre & Lhaïk
- Prépresse : Hatier et Nadine Aymard
- Infographie : Vincent Landrin
- Illustration : Juliette Baily
- Mise en page : STDI

 S'échauffer, s'approprier les méthodes

INFOS et CONSEILS sur l'épreuve

Quatre sujets ÉTAPE par ÉTAPE

1 Comment s'organise l'épreuve de français ?

L'épreuve de français, d'une durée de 3 heures, se déroule en deux temps séparés par une pause de 15 minutes. Elle est notée sur 100 points.

A Le premier temps de l'épreuve (1 h 10)

Le premier temps est entièrement consacré à la première partie de l'épreuve. Celle-ci s'appuie sur un corpus constitué d'un **texte littéraire** et d'un **document iconographique**. Tu dois répondre à deux séries de questions : « Grammaire et compétences linguistiques » puis « Compréhension et compétences d'interprétation ».

> **INFO** Les réponses aux questions sont notées sur 50 points.

1. Les questions de grammaire

● La première série de questions porte sur des faits de langue (**vocabulaire**, **figures de style**, **temps des verbes**, etc.) et permet de vérifier, par exemple, que tu sais justifier l'emploi d'un temps, reconnaître une proposition subordonnée, trouver des mots formés sur un préfixe, etc.

● L'une de ces questions, généralement notée sur 10 points, est un exercice de **réécriture** : selon le cas, on te demande de modifier un passage du texte en changeant le temps ou le sujet du premier verbe, en passant au discours indirect, etc.

2. Les questions de compréhension

● La seconde série de questions, plus nombreuses, vise à évaluer ta compréhension du texte : **thème**, comportement et réaction du ou des **personnages**, **point de vue**, etc.

● L'une au moins de ces questions t'invite à observer l'**image** et à opérer un rapprochement avec le texte.

B Le second temps de l'épreuve (1 h 50)

1. La dictée

Le second temps de l'épreuve se divise en deux parties. Il comprend d'abord une dictée, pendant 20 minutes, afin de contrôler ton **niveau en orthographe**.

> **INFO** La dictée est notée sur 10 points ; la rédaction, sur 40 points.

2. Le travail d'écriture

Ensuite, tu disposes d'1 heure 30 pour effectuer un travail de rédaction. Tu as le choix entre deux sujets : l'un de réflexion, l'autre d'imagination. Dans les deux cas, il s'agit d'évaluer ta **capacité à rédiger**.

C En résumé

DESCRIPTIF

 3 heures

 100 points

 3 parties :

- travail sur un texte et une image
- dictée
- rédaction

Épreuve de FRANÇAIS

 MÉTHODE

1. Lisez plusieurs fois le sujet avant de répondre aux questions.
2. Préparez votre rédaction au brouillon (environ 40 min).
3. Gardez du temps pour relire l'ensemble de votre devoir (environ 10 min).

⚠ **CONSEILS**

- Pendant l'année, repérez les fautes d'orthographe que vous faites souvent pour les corriger lors de la relecture.
- Soignez votre écriture pour faciliter le travail du correcteur !

2 Comment réussir les questions ?

Les questions portent sur un texte d'une trentaine de lignes, d'un auteur de langue française, et sur un document iconographique.

A Comprendre les documents

1. Le texte

● **Lis** très attentivement le texte et **relis**-le aussi souvent que nécessaire. Identifie son **genre** : récit, théâtre, poésie… Mobilise tes connaissances sur l'auteur, si tu le connais, et sur l'époque de parution du livre (la date est toujours indiquée).

● Dans le cas d'un texte narratif, repère les **personnages**, le **lieu** et l'**époque** de l'action. S'agit-il d'un récit à la 1re personne ? à la 3e personne ?

2. L'image

● Regarde attentivement le document iconographique.

● Interroge-toi : quel élément permet de faire le **lien** avec le texte ?

B Traiter les questions de grammaire

● Lis l'ensemble des questions avant de répondre. Elles suivent une progression : il est donc recommandé de les traiter **dans l'ordre**.

● Les questions de grammaire portent sur des éléments précis : un mot, une phrase, un verbe, une figure de style… Elles appellent en général des **réponses assez brèves**, mais qui doivent être **justifiées**.

> **ATTENTION !** Toutes tes réponses doivent être rédigées.

● Pour la réécriture, veille à bien faire toutes les transformations orthographiques impliquées par le changement initial. **Souligne les mots à modifier** : verbes, noms et adjectifs, pronoms, déterminants possessifs, etc. Attention à ne pas faire de faute aux mots qui ne changent pas.

C Traiter les questions de compréhension

● Regarde bien le **barème** de chaque question : plus le nombre de points est élevé, plus ta réponse doit être longue et argumentée.

● Les dernières questions te demandent de faire le **bilan** (visée de l'auteur, intérêt du texte) et de **confronter** le texte et l'image. Prends appui sur les documents pour détailler ta réponse et **justifier ton point de vue**.

> **CONSEIL** Pour toutes tes réponses, rédige de manière simple et claire, et pense à citer le texte.

3 Comment réussir la dictée ?

Le texte de la dictée, de 600 signes environ, a toujours un rapport avec le texte initial : même œuvre, même auteur ou même thème.

A Écouter

● Lors de la première lecture, concentre-toi sur le **sens** du texte et repère ses difficultés. Demande-toi si le récit est à la 1re ou à la 3e personne.

> **INFO** La dictée est lue au total trois fois.

● Identifie le type du texte et le **temps dominant** : généralement, imparfait et passé simple pour un récit, présent ou imparfait pour une description.

B Écrire

1. Les verbes

● Fais attention aux temps qui, à l'oral, peuvent se confondre :
– participe passé et infinitif des verbes du 1er groupe (*aimé/aimer*) ;
– imparfait et passé simple (*je marchais/je marchai*) ;
– futur et conditionnel présent (*je partirai/je partirais*).

● Pour les différencier, **change de personne** : *il partira / il partirait*.

2. Les chaînes d'accord

● Repère le sujet de chaque **verbe** pour savoir comment accorder celui-ci.

● Pour chaque **adjectif**, demande-toi à quel **nom** il se rapporte pour l'accorder correctement en genre et en nombre.

● N'oublie pas d'accorder les **participes passés** qui doivent l'être.

3. Les homophones

Sois attentif à bien distinguer les homophones : *ou/où*, *quand/qu'en*, *c'est/s'est*… Identifie leur **classe grammaticale** pour ne pas te tromper.

> **CONSEIL** Essaie de retrouver l'orthographe des mots que tu ne connais pas à partir de mots formés sur le même radical.

C Se relire

● Effectue plusieurs relectures, en te concentrant à chaque fois sur **un point précis** : l'accord sujet-verbe ; les homophones, etc.

● Vérifie que tes phrases commencent par une majuscule, forme correctement les accents et rends ton écriture la plus **lisible** possible.

Tu as le choix entre un sujet de réflexion et un sujet d'imagination. Tous deux portent sur la même thématique que les documents distribués dans la première partie de l'épreuve.

A Comprendre le sujet

Lis les deux sujets et choisis rapidement celui que tu veux traiter.

1. Le sujet de réflexion

● On te demande d'exprimer **ton avis** sur une question précise. Tu dois écrire un texte à dominante **argumentative** en justifiant ton point de vue.

● Le plus souvent, il s'agit d'écrire un petit texte. On peut aussi te demander de développer une argumentation dans une lettre ou sous forme de dialogue.

2. Le sujet d'imagination

● Il peut s'agir d'écrire la **suite d'un récit**, de raconter la même scène en changeant de point de vue ou d'imaginer une autre scène sur le même thème. On pourra également te demander de **raconter une expérience personnelle**, en précisant les sentiments que tu as éprouvés à cette occasion.

> **CONSEIL** Pense à enrichir tes récits par des descriptions et des dialogues, même lorsque les consignes ne le précisent pas.

● La consigne t'indique clairement le **type de texte** attendu : texte essentiellement narratif, lettre, récit avec passages dialogués…

B Travailler au brouillon

● Accorde **40 minutes** à cette phase.

● Pour un **sujet de réflexion**, contente-toi d'écrire au brouillon le plan et les idées principales de chaque paragraphe, sans faire de phrases complètes. En revanche, rédige intégralement ton **introduction**.

● Pour un **sujet d'imagination**, écris au brouillon uniquement le **plan** du texte et les **idées majeures**.

● Quand tu as terminé ton premier jet, **retravaille-le** : vérifie que les phrases s'enchaînent bien et qu'il n'y a pas de répétitions ; puis corrige les erreurs.

C Rédiger au propre

● Accorde **40 minutes** à cette dernière étape. Écris lisiblement. Ton texte doit faire 2 pages minimum, soit 300 mots environ.

● Il te restera **10 minutes** pour te relire et supprimer les erreurs d'inattention.

Petit pays, de Gaël Faye

🕐 1 h 10
50 points

DOCUMENT A **Texte littéraire**

Le Burundi, pays d'Afrique, est en pleine guerre civile et l'insécurité y règne. Dans « l'impasse », petit coin dans lequel le narrateur et ses amis aiment traîner et s'amuser, la bande de copains décide de former un gang pour défendre le quartier. Ce climat de violence déplaît au narrateur.

J'ai décidé de me rendre moins souvent <u>à la planque</u>. J'ai même commencé à éviter les copains et leur délire guerrier. J'avais besoin de respirer, de me changer les idées. Pour la pre-
5 mière fois de ma vie, je me sentais à l'étroit dans <u>l'impasse</u>, cet espace confiné où mes préoccupations tournaient en rond.

<mark>Un après-midi</mark>, j'ai croisé par hasard <u>Mme Economopoulos</u> devant <u>sa haie de bou-</u>
10 <u>gainvilliers</u>. On a échangé quelques mots sur la saison des pluies et le beau temps, puis elle m'a invité à entrer dans <u>sa maison</u> pour m'offrir un verre de jus de barbadine. Dans <u>son grand salon</u>, mon regard a tout de suite été attiré par <u>la biblio-</u>
15 <u>thèque lambrissée[1] qui couvrait entièrement un des murs de la pièce. Je n'avais jamais vu autant de livres en un seul lieu.</u> Du sol au plafond.

— Vous avez lu tous <u>ces livres</u> ? j'ai demandé.
— Oui. Certains plusieurs fois, même. <u>Ce</u>
20 <u>sont les grands amours de ma vie. Ils me font rire, pleurer, douter, réfléchir. Ils me permettent de m'échapper. Ils m'ont changée, ont fait de moi une autre personne.</u>

— <u>Un livre peut nous changer ?</u>

---

25   – Bien sûr, un livre peut te changer ! Et même changer ta vie. Comme un coup de foudre. Et on ne peut pas savoir quand la rencontre aura lieu. Il faut se méfier des livres, ce sont des génies endormis.

30   Mes doigts couraient sur les rayonnages, caressaient les couvertures, leur texture si différente les unes des autres. J'énonçais en silence les titres que je lisais. Mme Economopoulos m'observait sans rien dire, mais alors que je m'attar-
35 dais particulièrement sur un livre, intrigué par le titre, elle m'a encouragé.

    – Prends-le, je suis sûre qu'il te plaira.

    Ce soir-là, avant d'aller au lit, j'ai emprunté une lampe torche dans un des tiroirs du secré-
40 taire de Papa. Sous les draps, j'ai commencé à lire le roman, l'histoire d'un vieux pêcheur, d'un petit garçon, d'un gros poisson, d'une bande de requins… Au fil de la lecture, mon lit se transformait en bateau, j'entendais le clapotis[2] des vagues
45 taper contre le bord du matelas, je sentais l'air du large et le vent pousser la voile de mes draps.

    Le lendemain, j'ai rapporté le livre à Mme Economopoulos.

    – Tu l'as déjà terminé ? Bravo, Gabriel ! Je
50 vais t'en prêter un autre.

    La nuit d'après, j'entendais le bruit des fers qui se croisent, le galop des chevaux, le froissement des capes de chevaliers, le froufrou de la robe en dentelle d'une princesse.

55   Un autre jour, j'étais dans une pièce exiguë[3], caché avec une adolescente et sa famille, dans une ville en guerre et en ruine. Elle me laissait lire par-dessus son épaule les pensées qu'elle couchait dans son journal intime. Elle parlait de ses peurs,
60 de ses rêves, de ses amours, de sa vie d'avant. J'avais l'impression que c'était de moi qu'il était question, que j'aurais pu écrire ces lignes.

    Chaque fois que je lui rapportais un livre, Mme Economopoulos voulait savoir ce que
65 j'en avais pensé. Je me demandais ce que cela

CONSEIL

Tu peux surligner les **marqueurs temporels** qui te permettront de saisir les différentes articulations du texte et de mieux en voir la progression.

VOCABULAIRE

2. **Clapotis** : bruit léger et répété que provoque l'eau qui se heurte à un obstacle (bateau, rocher, jetée…).
3. **Exigu** (féminin exiguë) : étroit, étriqué, restreint.

pouvait bien lui faire. Au début, je lui racontais brièvement l'histoire, quelques actions signifi-catives, le nom des lieux et des protagonistes⁴. Je voyais qu'elle était contente et j'avais surtout
70 envie qu'elle me prête à nouveau un livre pour filer dans ma chambre le dévorer.

Et puis, j'ai commencé à lui dire ce que je ressentais, les questions que je me posais, mon avis sur l'auteur ou les personnages. Ainsi, je
75 continuais à savourer mon livre, je prolon-geais l'histoire. J'ai pris l'habitude de lui rendre visite tous les après-midis. Grâce à mes lectures, j'avais aboli⁵ les limites de l'impasse, je respi-rais à nouveau, le monde s'étendait plus loin,
80 au-delà des clôtures qui nous recroquevillaient sur nous-mêmes et sur nos peurs. Je n'allais plus à la planque, je n'avais plus envie de voir les copains, de les écouter parler de la guerre, des villes mortes [...]. Avec Mme Economopoulos,
85 nous nous asseyions dans son jardin sous un jacaranda mimosa⁶. Sur sa table en fer forgé, elle servait du thé et des biscuits chauds. Nous discutions pendant des heures des livres qu'elle mettait entre mes mains. Je découvrais que je
90 pouvais parler d'une infinité de choses tapies au fond de moi et que j'ignorais. Dans ce havre de verdure, j'apprenais à identifier mes goûts, mes envies, ma manière de voir et de ressentir l'univers. Mme Economopoulos me donnait
95 confiance en moi [...]. Après avoir bien dis-cuté, lorsque l'après-midi s'évanouissait dans la lumière du soleil couchant, nous flânions dans son jardin comme de drôles d'amoureux. [...] Nous marchions lentement, presque au ralenti,
100 [...] comme pour retenir le temps, pendant que l'impasse, peu à peu se couvrait de nuit.

Gaël Faye, *Petit pays*, 2016.

VOCABULAIRE
4. **Protagoniste :** personnage important d'un roman, d'une pièce de théâtre, d'un film.
5. **Aboli :** éliminé.
6. **Jacaranda mimosa :** arbre aux fleurs bleues.

CONSEIL
Avant de lire l'extrait, lis bien le nom de l'auteur, le titre de l'œuvre et sa date de parution qui t'apporteront des **informations utiles.** Ici, tu peux avoir vu l'adaptation cinématographique du livre ou connaître Gaël Faye en tant que rappeur. Si ce n'est pas le cas, rassure-toi : l'extrait se suffit à lui-même.

DOCUMENT B Jodi Harvey-Brown,
Le Vieil Homme et la Mer

© Jodi Harvey-Brown

Le Vieil Homme et la Mer,
collection photographique sculpturale
Coming Out The Pages, Jodi Harvey-Brown.

CONSEIL
Observe bien l'**image** : est-ce une photographie, une peinture, une sculpture… ? Aide-toi du titre et des indications données. Ici, il s'agit de la photographie d'une sculpture constituée d'un livre, *Le Vieil Homme et la Mer*, et d'origamis mettant en scène les éléments de l'histoire.

GRAMMAIRE ET COMPÉTENCES LINGUISTIQUES

▶ **1.** « Ce soir-là, avant d'aller au lit, j'ai emprunté une lampe torche dans un des tiroirs du secrétaire de Papa. Sous les draps, j'ai commencé à lire le roman, l'histoire d'un vieux pêcheur, d'un petit garçon, d'un gros poisson, d'une bande de requins… Au fil de la lecture, mon lit se transformait en bateau, j'entendais le clapotis des vagues taper contre le bord du matelas, je sentais l'air du large et le vent pousser la voile de mes draps. » (l. 38 à 46)
Réécrivez ce passage en remplaçant « je » par « nous » et faites toutes les modifications nécessaires. (*10 points*)

REMARQUE
Pour traiter les questions de cette première partie, tu dois en premier lieu faire appel à tes **connaissances grammaticales** et **de vocabulaire** vues en cours.

▶ **2.** « Dans son grand salon, mon regard a tout de suite été attiré par la bibliothèque lambrissée qui couvrait entièrement un des murs de la pièce. » (l. 13-16)
a) Relevez la proposition subordonnée. (*1 point*)
b) Donnez sa nature et sa fonction. (*2 points*)

REMARQUE
Le nombre de **points** accordés peut t'aider à vérifier si tu n'as pas oublié une **transformation** lors de ta réécriture.

▶ **3.** « <u>Ils</u> me font rire, pleurer, douter, réfléchir. » (l. 20-21)
Quelle est la classe grammaticale du mot souligné ? Que désigne-t-il ?
(*1 point*)

▶ **4.** « Elle me laissait lire par-dessus son épaule les
pensées qu'elle couchait dans son journal intime.
Elle parlait de ses peurs, de ses rêves, de ses amours,
de sa vie d'avant. » (l. 57 à 60)
a) Identifiez le temps et le mode utilisés dans ce
passage. (*1 point*)
b) Donnez sa valeur. (*1 point*)

> **CONSEIL**
> L'énoncé te fournit le passage précis à étudier, mais n'hésite pas à **relire** dans le texte quelques lignes avant et après la citation, pour comprendre le contexte.

▶ **5.** « Du sol au plafond. » (l. 17)
Quelle est la particularité grammaticale de cette phrase ? (*2 points*)

▶ **6.** « brièvement » (l. 67). Donnez deux mots de la même famille.
(*2 points*)

COMPRÉHENSION ET COMPÉTENCES D'INTERPRÉTATION

▶ **1.** Qu'est-ce que le narrateur appelle « la
planque » (l. 2) ?
Pour quelles raisons a-t-il décidé de s'y rendre moins
souvent ? (*4 points*)

> **REMARQUE**
> Pour répondre aux questions de cette partie, tu vas devoir t'appuyer sur une **bonne compréhension du texte** et sur une **réflexion personnelle** judicieuse.

▶ **2.** Pourquoi le narrateur remarque-t-il la bibliothèque de Mme Economopoulos dès son entrée
dans le grand salon ? (*2 points*)

▶ **3.** « Comme un coup de foudre » (l. 26-27).
Identifiez la figure de style et interprétez-la d'après
le contexte. (*2 points*)

> **CONSEIL**
> Sois attentif(ve) à tous les **détails**. Tu remarqueras ici que le terme *raisons* est au pluriel. Tu dois donc en donner au moins deux.

▶ **4.** De la ligne 38 à la ligne 46, que s'est-il passé
d'extraordinaire pour le narrateur « ce soir-là » ?
(*2 points*)

▶ **5.** Comment comprenez-vous le passage dans lequel le narrateur
évoque une rencontre avec une « adolescente » (l. 55 à 62) ? (*4 points*)

▶ **6.** Expliquez la relation qui se crée entre l'enfant et Mme Economopoulos. Comment évolue-t-elle ? (*4 points*)

▶ **7.** D'après l'expérience relatée dans ce texte, quels sont les pouvoirs
de la lecture ? (*6 points*)

▶ **8.** Montrez que certains éléments de l'image correspondent bien aux pouvoirs de la lecture évoqués dans le texte. (*6 points*)

REMARQUE
Les sujets de brevet se terminent toujours par une question qui demande de **confronter le texte à une image**. Organise-toi afin de te laisser du temps pour y répondre.

Lire le texte, observer l'image, les caractériser globalement

10 min

● Avant de répondre aux questions, il est indispensable de prendre le temps de **lire attentivement le texte dans son intégralité**, pour bien en comprendre le sens. Ce travail t'évitera de faire de nombreux contresens.

● Cette lecture attentive te permettra également d'établir au brouillon la « **carte d'identité** » du texte étudié.

Le texte

Le genre
Extrait d'un roman

Le thème
Événement fondateur de la découverte des livres et du plaisir de la lecture

Les personnages
Le narrateur, un adolescent, et Mme Economopoulos, une femme qui l'initie à la lecture

Le cadre de l'action
Essentiellement la maison et le jardin de Mme Economopoulos, un havre de paix au cœur d'un pays en proie à une guerre civile

● Observe et caractérise rapidement l'image. Tu gagneras du temps pour répondre à la dernière question qui te demande de **confronter le texte à l'image**.

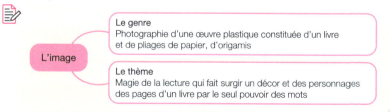

L'image

Le genre
Photographie d'une œuvre plastique constituée d'un livre et de pliages de papier, d'origamis

Le thème
Magie de la lecture qui fait surgir un décor et des personnages des pages d'un livre par le seul pouvoir des mots

Répondre à la question de réécriture

5 min

au propre

● Pour traiter la question de réécriture, prends le temps de bien rechercher tous les éléments à transformer : ici, les **pronoms sujets** et les **verbes**, mais aussi les **déterminants possessifs**.

▶ **1.** Ce soir-là, avant d'aller au lit, *nous avons emprunté* une lampe torche dans un des tiroirs du secrétaire de Papa. Sous les draps, *nous avons commencé* à lire le roman, l'histoire d'un vieux pêcheur, d'un petit garçon, d'un gros poisson, d'une bande de requins… Au fil de la lecture, *notre* lit se transformait en bateau, *nous entendions* le clapotis des vagues taper contre le bord du matelas, *nous sentions* l'air du large et le vent pousser la voile de *nos* draps.

REMARQUE
Les **participes passés** « emprunté » et « commencé » restent inchangés : ils sont employés avec l'auxiliaire *avoir* et ne s'accordent donc pas avec le sujet « nous ».

Répondre aux questions de grammaire et langue

15 min

au propre

● Tes réponses aux questions grammaticales doivent s'appuyer sur tes **connaissances**, mais aussi sur le **contexte**. C'est le cas, par exemple, pour les questions portant sur la valeur d'un temps ou le sens d'un mot.

▶ **2. a)** La proposition subordonnée est la suivante : « *qui couvrait entièrement un des murs de la pièce* ».

b) C'est une *proposition subordonnée relative*. Elle est *épithète du nom* « bibliothèque ».

▶ **3.** Le mot souligné est un *pronom personnel*. Il désigne « *les livres* ».

REMARQUE
La proposition subordonnée relative joue ici le même rôle qu'un adjectif et a la même fonction : **épithète**.

● Pour répondre judicieusement aux **questions de conjugaison**, lis attentivement l'énoncé. Ne confonds pas le **temps** (présent, imparfait…) et le **mode** (indicatif, subjonctif…). La **valeur du temps** dépend de son emploi dans le texte.

▶ **4. a)** Le temps employé est l'imparfait au mode indicatif.

b) L'imparfait est employé ici pour exprimer une action en cours d'accomplissement, que l'on se représente dans son déroulement, dans sa durée.

▶ **5.** Il s'agit d'une phrase nominale ou non verbale : elle ne contient pas de verbe.

> **INFO+**
> Pour répondre correctement, prends en compte le contexte : ici, l'imparfait ne marque ni l'**habitude** ni la **répétition** puisque le paragraphe commence par « Un autre jour ».

● Certaines questions portent sur le **vocabulaire**. Dans ce cas, il s'agit de donner la **définition** d'un mot, d'analyser sa **formation** (préfixe, radical, suffixe) de rechercher des **synonymes**, des **mots de la même famille** ou appartenant au même **champ lexical**. Si tu ignores le sens du mot à étudier, aide-toi du contexte.

 ▶ **6.** Mots de la même famille : brièveté, bref (brève), bréviaire, abréviation…

> **INFO+**
> Les **mots de la même famille** sont construits à partir du **même radical**. Cependant celui-ci peut présenter des variantes comme ici : **brièveté et bref**.

Répondre aux questions de compréhension et d'interprétation

 30 min

● Les premières questions de compréhension sont simples, tu pourras en trouver les réponses **dans le texte**. Les dernières questions sont un peu plus difficiles, pour y répondre, tu devras **interpréter** l'extrait. N'hésite pas à **relire** les passages cités, voire l'extrait en entier, autant de fois que nécessaire. Tu peux **surligner les mots-clés** du texte qui te permettront de répondre avec précision.

 ▶ **1.** « La planque » désigne le repaire où le narrateur retrouve ses camarades. Il a décidé de s'y rendre moins souvent car il s'y sent à l'étroit : ce lieu « où ses préoccupations tournent en rond » est devenu angoissant et étouffant pour lui.

▶ **2.** Le narrateur remarque immédiatement la bibliothèque de Mme Economopoulos par son aspect imposant car « elle couvre entièrement l'un des murs de la pièce » : il n'a jamais vu autant de livres.

▶ **3.** Il s'agit d'une ==comparaison==. Mme Economopoulos veut dire que la rencontre avec un livre peut provoquer une sensation qui ressemble à un « coup de foudre » amoureux, à la naissance brutale d'une passion, à un sentiment immédiat et irrépressible.

▶ **4.** Ce soir-là, le narrateur découvre les *pouvoirs des livres* : l'immersion dans un univers différent et l'évasion de son quotidien pour vivre des expériences exaltantes. La lecture du ==Vieil Homme et la Mer== d'Ernest Hemingway stimule l'imagination du narrateur : son lit se transforme en bateau, ses draps deviennent des voiles ; il partage les aventures d'un vieux pêcheur et d'un jeune garçon.

▶ **5.** Lorsque le narrateur évoque sa rencontre avec une adolescente, il fait allusion à la lecture du journal intime d'une jeune fille, Le Journal d'Anne Frank. Il ressent de l'*empathie* envers cette jeune fille et va jusqu'à *s'identifier* à elle car tous deux vivent dans un pays en guerre et partagent les mêmes peurs et les mêmes rêves.

INFO+
• Une **figure de style** (ou une image) est un moyen stylistique utilisé pour rendre un texte littéraire plus expressif.
• Ne confonds pas **comparaison** et **métaphore**. Seule la comparaison est introduite par un **mot-outil**, ici « comme ».

CONSEIL
Si tu as reconnu les œuvres que lit le narrateur dans l'extrait, n'hésite pas à le montrer au correcteur en **citant** précisément le titre et son auteur.

■● Les dernières questions te conduisent à faire une **analyse** globale de l'extrait, et à exprimer parfois un jugement personnel. Ces questions sont importantes : dans le barème, elles sont associées à un **nombre de points élevé**. Veille donc à bien t'organiser pour avoir le temps de développer ta réponse en un **paragraphe argumenté**.

▶ **6.** Mme Economopoulos joue le rôle d'une *initiatrice* : elle fait découvrir au narrateur le plaisir de la lecture et l'amène à *fréquenter quotidiennement* les livres. ==Tout d'abord==, le narrateur est *méfiant* et se confie peu, mais ==progressivement== il prend *plaisir à échanger* avec elle et à *exprimer ce qu'il ressent*. Elle lui a donné *confiance en lui*. ==À la fin==, ils sont devenus amis, il partage une *relation intime* « comme de drôles d'amoureux ».

REMARQUE
La question demande d'étudier l'**évolution** de la relation entre les deux personnages. Dans l'extrait, les connecteurs (*au début*, *et puis*) marquent cette évolution. Rends-la également **visible** dans ta réponse.

▶ **7.** D'après l'expérience relatée, la lecture permet tout d'abord de s'évader, de vivre des aventures exaltantes et d'échapper momentanément à un quotidien décevant. Elle permet aussi de ressentir de l'empathie pour des personnages, de partager leurs peurs, leurs rêves et leurs émotions. Lire permet ainsi de se sentir moins seul et de mettre des mots sur ce que l'on ressent. Enfin, la lecture amène à découvrir des choses cachées en soi qui ne demandent qu'à être explorées et partagées.

ÉTAPE 5 *au propre*

Confronter le texte à l'image

⏱ **10 min**

Commence par **présenter** l'image. Confronte-la ensuite au texte pour rechercher les **ressemblances** et/ou les **différences**. La question peut porter sur l'ensemble de l'extrait, sur un paragraphe, voire une phrase. Traite avec soin cette question qui apporte de nombreux points.

▶ **8.** L'œuvre artistique appartient à une collection photographique sculpturale intitulée <u>Coming Out The Pages</u>, signifiant littéralement « Sortant des pages » de l'artiste Jodi Harvey-Brown. Cette sculpture a pour titre <u>Le Vieil Homme et la Mer</u>.

Ce titre fait écho au paragraphe où le narrateur découvre la magie de la lecture en s'immergeant dans ce roman d'Ernest Hemingway.

Par son montage de papiers découpés et pliés, d'origamis – barque, pêcheur, poisson – surgissant des pages ouvertes d'un livre dont les mots ont été remplacés par les flots de la mer, l'artiste rend encore plus concrète l'idée exprimée par le narrateur lorsqu'il évoque son lit transformé en bateau et ses draps en voiles. C'est le même pouvoir de la lecture qui est en jeu : faire surgir des images de la page imprimée et plonger le lecteur dans un autre univers que le sien en quête d'aventures et de rencontres.

> **CONSEIL**
> Commence par préciser le **genre** du document iconographique, son **auteur**, son **titre**, éventuellement sa **date**. **Décris-le** ensuite en quelques mots.

2 La dictée *étape* par *étape*

S'ÉCHAUFFER

Dictée d'un extrait de *Petit pays*

20 min
10 points

L'enregistrement audio du texte de la dictée est accessible sur le site des éditions Hatier. Vous pouvez y accéder à l'aide de ce QR-Code ou en suivant ce lien : hatier-flash.fr/a/annabrevet2022francais.

▶ Écoute une première fois le texte.

▶ Écris maintenant le texte qui t'est dicté.

Les mots écrits au tableau
burundaise, burundais, Gino, Armand et métis.

ÉTAPE

1

au brouillon

Écouter la dictée lue une première fois

2 min

▬● Concentre-toi sur le **sens du texte** et repère **ses difficultés**. Demande-toi si le récit est à la première ou à la troisième personne, identifie le **type de texte** et le **temps dominant**.

▬● Tu peux déjà noter au brouillon les **mots qui t'ont semblé difficiles**, ou les **liaisons particulières** prononcées par le professeur.

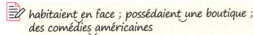
habitaient en face ; possédaient une boutique ; des comédies américaines

23

ÉTAPE 2
au propre

Écrire la dictée lors de la deuxième écoute

 8 min

●● Écris à ton **rythme**. S'il te manque un mot, ne t'inquiète pas : le professeur relira lentement plusieurs fois pour que chacun ait le temps de tout écrire. Tu peux **noter au crayon les mots sur l'orthographe desquels tu as un doute** afin d'y revenir plus tard (mot en gris ci-dessous).

●● Voici un **exemple de copie d'élève** pour cette dictée. Cette première version contient des **erreurs**.

L'impasse était la zone qu'ont connaissais le mieux, c'était là que nous vivions tous les cinq. Les jumeaux habitaient en face de chez moi, à l'entrée de l'impasse, la première maison à gauche. Ils étaient métis, leur père était français et leur mère burundaise. Leurs parents possédaient une boutique de location de cassettes vidéo, essentiellement des comédies américaines et des films d'amour indien. [...]

Armand habitait la grande maison en brique blanche au fond de l'impasse. Ses deux parents étaient burundais, il était donc le seul noir de la bande. [...]

Et puis, il y avait Gino. L'aîné du groupe. Un an et neuf mois de plus. Il avait redoubler exprès pour être dans la même classe que nous. Enfin, c'est comme sa qu'il justifiait son échec. Il vivait avec son père, derrière le portail rouge au milieu de l'impasse, dans une vieille maison coloniale.

> **LÉGENDE**
> Mot en gris : mot à revoir et à corriger.

ÉTAPE 3
au propre

Se relire et corriger sa dictée

 8 min

●● Sois attentif aux mots susceptibles de comporter des fautes : les **verbes**, les **adjectifs**, les **participes passés** peuvent te poser des problèmes d'accord. Les **homophones** sont également souvent source d'erreurs.

● Pour vérifier ton texte, effectue des **relectures successives** en te concentrant sur une catégorie de mots à chaque fois et en te posant les questions suivantes.

Les verbes conjugués	• À quel temps le verbe est-il ? • Quel est son sujet ? • Quelle est sa terminaison ?
Les adjectifs	• À quel nom (ou pronom) se rapporte-t-il ? • Quels sont le genre et le nombre de ce nom ?
Les participes passés	• Est-il employé seul, avec *être*, ou avec *avoir* ? • Avec quel mot faut-il l'accorder ?
Les homophones	• Quelles sont les orthographes possibles ? • Par quoi le remplacer pour ne plus avoir de doute ?

ON OU *ONT* ?
Tu peux le remplacer par *il*, mais non par *avaient* ; il s'agit donc du pronom personnel de la 3e personne et non du verbe *avoir*.

CONNAISSAIS OU CONNAISSAIT ?
Le verbe est conjugué à l'imparfait ; il a pour sujet *on*, 3e personne du singulier. La terminaison est donc **-ait**.

L'impasse était la zone qu'ont connaissais le mieux, c'était là que nous vivions tous les cinq. Les jumeaux habitaient en face de chez moi, à l'entrée de l'impasse, la première maison à gauche. Ils étaient métis, leur père était français et leur mère burundaise. Leurs parents possédaient une boutique de location de cassettes vidéo, essentiellement des comédies américaines et des films d'amour indien. […]

Armand habitait la grande maison en brique blanche au fond de l'impasse. Ses deux parents étaient burundais, il était donc le seul noir de la bande. […]

Et puis, il y avait Gino. L'aîné du groupe. Un an et neuf mois de plus. Il avait redoubler exprès pour être dans la même classe que nous. Enfin, c'est comme sa qu'il justifiait son échec. Il vivait avec son père, derrière le portail rouge au milieu de l'impasse, dans une vieille maison coloniale.

INDIEN OU INDIENS ?
L'adjectif qualifie le nom *films* et non le nom *amour* ; il prend donc les marques du masculin pluriel.

REDOUBLÉ OU REDOUBLER ?
Il s'agit du participe passé employé avec *avoir*, dans une forme conjuguée au plus-que-parfait.

ÇA OU SA ?
Tu peux remplacer le mot par *cela* : il s'agit du pronom démonstratif contracté *ça*.

■■● Certains mots peuvent poser des problèmes d'**orthographe lexicale**. Essaie de retrouver l'orthographe des mots que tu ne connais pas à partir de mots de la même famille, formés sur le même radical. Par exemple, ici, pars de l'adjectif *essentiel* pour écrire l'adverbe *essentiellement*.

ÉTAPE 4
au propre

Se relire une dernière fois lors de la troisième écoute

 2 min

■● Lors de cette dernière écoute, vérifie que :

• tu n'as pas oublié de mots ;
• tu as employé des majuscules quand c'était nécessaire ;
• les mots sont correctement accentués.

L'impasse était la zone qu'on connaissait le mieux, c'était là que nous vivions tous les cinq. Les jumeaux habitaient en face de chez moi, à l'entrée de l'impasse, la première maison à gauche. Ils étaient métis, leur père était français et leur mère burundaise. Leurs parents possédaient une boutique de location de cassettes vidéo, essentiellement des comédies américaines et des films d'amour indiens. [...]

Armand habitait la grande maison en brique blanche au fond de l'impasse. Ses deux parents étaient burundais, il était donc le seul noir de la bande. [...]

Et puis, il y avait Gino. L'aîné du groupe. Un an et neuf mois de plus. Il avait redoublé exprès pour être dans la même classe que nous. Enfin, c'est comme ça qu'il justifiait son échec. Il vivait avec son père, derrière le portail rouge au milieu de l'impasse, dans une vieille maison coloniale.

S'ÉCHAUFFER

Un récit de retrouvailles

 1 h 30
40 points

▶ Quelques semaines plus tard, Gabriel croise son ami Gino, de la bande de « l'impasse ». Racontez leurs retrouvailles. Gabriel, lui, parle notamment de sa nouvelle passion pour la lecture.

ÉTAPE
1
au brouillon **Bien lire la consigne**

 5 min

● La consigne t'indique normalement le **type de texte attendu** : texte essentiellement narratif, description, dialogue, lettre… S'il s'agit d'une suite de récit, **respecte les données du texte support** (cadre spatio-temporel, caractère des personnages, thèmes).

> **Racontez**
>> Le type de texte attendu est un récit.
>> La consigne ne le précise pas, mais il vaut mieux respecter l'énonciation du texte initial :
>> Gabriel est le narrateur et l'histoire est racontée au passé.

> **leurs retrouvailles**
>> Les deux amis ne se sont pas vus pendant plusieurs semaines, alors qu'ils sont voisins. S'ils sont contents de se retrouver, les raisons de cet éloignement devront toutefois être évoquées.

> **parle**
>> Des passages dialogués sont attendus dans le récit, avec sans doute une confrontation des points de vue. Le discours indirect peut également être employé.

ÉTAPE 2
au brouillon

Rechercher des idées

 10 min

Pars des **informations présentes dans le texte support** et utilise-les. Elles peuvent te servir notamment pour imaginer les **comportements** des personnages en conformité avec leur **caractère**. Ne t'éloigne pas du thème imposé par le sujet.

Contexte
- récit qui se passe en Afrique, au Burundi
- climat tendu dû à la guerre civile qui déchire le pays

Gabriel
- narrateur
- délaisse ses amis depuis qu'il a découvert son attrait pour la lecture

Gino
- redoublant
- le plus âgé de la bande
- fait partie du « gang » créé pour défendre le quartier, marqué par un climat de violence

Relation entre les personnages
- amis, mais ils se sont éloignés depuis quelques semaines car leurs préoccupations diffèrent
- les deux garçons seront donc en décalage

Sentiments
- possible ressentiment chez Gino
- soulagement et/ou culpabilité chez Gabriel

Discussion
- sans doute un peu tendue à certains moments
- compréhension mutuelle à la fin ou différences exacerbées par la dispute

ÉTAPE 3 *au brouillon* — Définir rapidement un plan

 15 min

Réfléchis à la **progression logique et chronologique** de ton devoir. La situation doit avoir évolué entre le début et la fin de l'histoire. Chaque étape correspond à un paragraphe différent.

Moment 1

Narration : circonstances de la rencontre entre les deux amis. Joie initiale. Une distance s'installe très vite. Gêne de Gabriel.

Moment 2

Discours rapporté : discussion tendue. Chacun défend ses positions. La distance s'accentue.

Moment 3

Retour à la narration et commentaires du narrateur. La rupture est consommée. Les deux garçons se quittent fâchés.

ÉTAPE 4 *au brouillon* — Lister le vocabulaire à utiliser

 10 min

Établis une **liste d'expressions** afin d'éviter les répétitions pour désigner les personnages. Définis également les **champs lexicaux** susceptibles d'être utilisés.

Groupes nominaux pour désigner Gino
- mon ami de toujours
- le chef de notre bande
- celui qui n'avait pas la langue dans sa poche
- mon voisin de l'impasse

Champ lexical de la gêne
- mal à l'aise
- embarrassé
- éviter le regard
- se dandiner

Champ lexical de la lecture
- romans
- aventures
- histoires
- découvrir
- plaisir
- univers merveilleux
- échappatoire

S'ÉCHAUFFER

ÉTAPE
5
au propre **Rédiger son devoir**

 40 min

Prends ton temps pour cette étape : soigne la présentation et l'écriture, respecte les règles élémentaires de grammaire, d'orthographe, de conjugaison et de ponctuation. N'oublie pas d'**organiser ton texte en paragraphes**.

[Les retrouvailles] Un matin, tandis que je flânais devant chez moi, perdu dans mes pensées tournées vers un jeune aspirant mousquetaire et une femme aussi séduisante que dangereuse, j'ai senti tout à coup une main sur mon épaule. Je me suis retourné. Un grand sourire sur un visage rond et malicieux : c'était Gino, mon ami de toujours ! À mon tour, je lui ai souri. J'ai noté très vite chez lui un léger changement dans sa tenue et une dureté nouvelle dans ses yeux.

[La discussion] La discussion s'est alors engagée. Nous étions contents de nous revoir.
« Ça fait longtemps qu'on ne t'avait pas vu, Gaby, commença Gino. Tu nous fuis ou quoi ? Qu'est-ce que tu fais de tes journées ?
– Tu ne le croiras jamais, ai-je dit, un peu gêné, en me dandinant. Je passe beaucoup de temps chez Mme Economopoulos. Elle… elle me prête des livres. »
Face à l'incompréhension de mon voisin de l'impasse et à sa mine surprise, j'ai senti que je devais être plus explicite.
« Elle possède tout un tas de romans, ai-je ajouté, de plus en plus embarrassé. Je lui emprunte tous ceux qui m'intéressent. Et j'adore ! C'est un vrai plaisir de découvrir l'univers merveilleux de certaines histoires, les personnages que j'ai l'impression de connaître, comme s'il y avait un peu de moi en eux, comme si je vivais moi aussi leurs aventures… C'est une véritable échappatoire à cette terrible guerre !
– Tu te moques de moi ? Les gars du quartier d'à côté font régulièrement des descentes dans l'impasse, ce sont des voyous qui en veulent à notre vie, et toi tu lis des romans ? Je parie que tu lis même des romans d'amour ! », jeta-t-il avec un regard mauvais.

CONSEIL
Pense à varier la **construction des phrases**, en employant des interrogatives, des exclamatives ou des phrases nominales comme ici.

ATTENTION !
Le dialogue doit permettre à l'**action de progresser** ; inutile donc de mentionner longuement des propos qui n'apportent rien (ex. : « Salut !
– Salut. – Ça va ?
– Oui, et toi ? »).

S'ÉCHAUFFER

[Subitement, je me suis senti vraiment mal à l'aise. C'est vrai que j'appréciais aussi les romans d'amour… Mais comment un chef de bande comme Gino, avec un cran d'arrêt dans la poche, pouvait-il le comprendre ?]
« Ce que vous faites, dans l'impasse, avec Armand et les jumeaux, c'est n'importe quoi ! J'en ai assez de votre délire guerrier, ai-je tenté pour me défendre en évitant son regard.
– Tu en as assez ? Mais tu crois que ça m'amuse ? Pourtant il faut bien que certains se dévouent pour faire le sale travail et protéger les autres ! Lâche ! Ne reviens pas nous voir, sinon… »

[La rupture] Brusquement, Gino m'a tourné le dos et a continué son chemin. Il n'avait jamais eu la langue dans sa poche. Mais ses menaces ne m'ont pas trop effrayé. Après tout, on se connaissait depuis nos trois ans. Pourtant, je me suis senti triste, comme si nous appartenions désormais à deux univers opposés. Nos différences seraient-elles à l'avenir plus fortes que nos points communs ?

CONSEIL
La discussion peut être rapportée au **discours direct** ou au **discours indirect**. Tu peux également intercaler, comme ici, des **passages narratifs** où Gabriel commente le dialogue et sa pensée.

CONSEIL
Tu n'es pas obligé de choisir une **fin** heureuse à ton récit : les deux amis peuvent se brouiller et la dispute s'envenimer.

ÉTAPE 6 — *au propre* Prendre le temps de se relire ⏱ **10 min**

▬● Améliore d'abord le **style** : élimine les répétitions et privilégie l'emploi d'un vocabulaire riche et varié.

▬● Prends ensuite le temps de relire ton texte en privilégiant la **correction de la langue** : vérifie la ponctuation, les accords, l'orthographe, la construction des phrases, la conjugaison, les homophones grammaticaux.

4 Le sujet de réflexion *étape* par *étape*

Une réflexion sur le rôle des livres

1 h 30
40 points

▶ « Un livre peut nous changer ?
Bien sûr, un livre peut te changer ! Et même changer ta vie.
Comme un coup de foudre. »

Selon vous, comment un livre peut-il changer une vie,
comme l'affirme Madame Economopoulos à Gabriel ?

Vous exposerez votre point de vue en développant plusieurs arguments.

ÉTAPE **1**
au brouillon

Bien lire la consigne

⏱ 10 min

● Lis bien le sujet et **surligne les mots-clés**. C'est une étape essentielle
pour t'assurer de ne pas faire fausse route et de ne pas être hors sujet.

| Un livre | Le sujet traite de la rencontre avec des livres particuliers et non de la lecture en général. Tu peux t'appuyer sur des exemples précis relevant de ta propre expérience, mais aussi de celle des écrivains que tu as pu étudier. |

| changer une vie | La rencontre avec ce livre doit être un moment fondateur, un événement déclencheur qui reste marquant et dont on se souvient des années après. |

| exposer son point de vue | Tu dois donner ton avis propre et le défendre. Tu as le droit d'avoir un avis contraire, mais dénigrer la lecture serait un choix peu judicieux. |

| développer plusieurs arguments | Il t'est demandé de développer au moins deux arguments. |

ÉTAPE 2

au brouillon **Rechercher des idées**

 10 min

● Relis le texte étudié de la première partie de l'épreuve : le sujet a nécessairement un lien avec cet extrait. Interroge-toi ensuite sur **ta propre expérience.**

• Ma réponse à la question : oui, un livre peut changer une vie.
• Un des livres qui m'a marqué : Les Misérables de Victor Hugo
• Ce qu'il a changé dans ma vie : il m'a fait vivre des émotions très fortes,
partager la vie de personnages qui continuent à m'accompagner.

● Tu peux aussi t'appuyer sur des **lectures** faites en classe et des **films.**

Les témoignages d'écrivains que je peux citer

• Romain Gary raconte dans La Promesse de l'aube que la lecture
de L'Île au trésor de Robert Louis Stevenson l'a profondément changé.
• Nathalie Sarraute confie dans son autobiographie, Enfance, le plaisir pris
à vivre des aventures en compagnie de Rocambole de Ponson du Terrail.

ÉTAPE 3

au brouillon **Définir rapidement un plan**

 5 min

● Classe tes différents **arguments** dans un **ordre croissant d'importance**, chacun devant constituer un paragraphe. Associe éventuellement à
ces arguments **un ou plusieurs exemples** qui te permettront de les illustrer.

Argument 1

Le pouvoir d'évasion du livre qui donne la possibilité de vivre
des aventures exaltantes.
EXEMPLES : témoignages de Romain Gary et de Nathalie Sarraute.

Argument 2

La promesse de découvrir des personnages auxquels le lecteur
peut s'identifier et avec lesquels il partage des moments de vie.
EXEMPLES : le personnage d'Anne Frank, une adolescente juive
allemande, cachée aux Pays-Bas durant la Seconde Guerre
mondiale, au travers de son journal intime, Le Journal d'Anne
Frank ; le personnage de Zézé, un enfant brésilien, qui confie
ses secrets à un petit pied d'oranges douces dans Mon bel oranger
de José Mauro de Vasconcelos.

Argument 3

Le pouvoir des mots qui permettent l'expression des sentiments intimes ainsi que le plaisir d'écrire à son tour pour laisser libre cours à ses pensées ou à son imagination.

ÉTAPE 4 *au brouillon* ## Lister le vocabulaire à utiliser   **5 min**

Pour chaque argument, fais une **liste des mots** pour les exprimer :

Argument 1
- aventures
- univers
- surprise
- émerveillement
- tenir en haleine
- excitant
- happer
- fasciner

Argument 2
- personnages
- compagnons
- émotion
- sentir
- empathie
- emprise
- hanter

Argument 3
- partager
- caché
- vocation
- découvrir
- besoin
- libérer

ÉTAPE 5 *au propre* ## Rédiger son devoir   **50 min**

Lorsque tes idées et ton plan sont prêts, tu peux passer à la **rédaction**.

[Introduction] ==Un livre peut-il changer une vie à la manière d'un coup de foudre ?== Oui, j'en suis convaincu(e) : il est des rencontres avec des livres dont nous nous souvenons toute notre vie, *événements déclencheurs* qui nous rendent à jamais différents.

[Argument 1] [Tout d'abord], [comme le découvre le narrateur dans l'extrait de <u>Petit pays</u> de Gaël Faye, un livre a le puissant pouvoir de nous transporter dans un *autre univers*, de nous faire vivre des *aventures*

REMARQUE
Rédige une **introduction** dans laquelle tu reprends la **question posée** par le sujet. Tu peux apporter un début de réponse qui sera ensuite développé dans ton devoir.

S'ÉCHAUFFER

exaltantes qui nous tiennent en haleine et nous font oublier un quotidien parfois décevant, étouffant, voire angoissant.] [Dans La Promesse de l'aube, Romain Gary écrit que la lecture de L'île au trésor de Stevenson a fait de lui un éternel chasseur de trésors.] [Quant à Nathalie Sarraute, dans son autobiographie Enfance, elle raconte combien elle aimait se plonger dans les aventures de Rocambole de Ponson du Terrail qui lui permettaient de vivre une existence excitante et « rocambolesque » auprès de laquelle sa vie quotidienne lui paraissait fade et sans saveur.] [C'est, pour chaque lecteur, à chaque fois la même surprise, le même émerveillement de découvrir comment un livre peut le happer, l'emporter, le fasciner.]

[Argument 2] [Par ailleurs], [un roman peut nous faire ressentir une profonde empathie pour des personnages – fictifs ou réels – qui deviennent alors nos amis intimes, qui nous accompagnent dans les moments difficiles et qui nous font nous sentir moins seuls dans nos périodes de solitude, à l'adolescence par exemple.] [Le narrateur de Petit pays évoque ainsi sa rencontre avec la jeune Anne Frank, avec laquelle il a tant de choses à partager.] [C'est toujours une surprise de découvrir l'emprise que ces personnages ont sur nous.] [L'histoire de Zézé, ce petit garçon brésilien, confronté à la misère et à la violence racontée dans Mon bel oranger de José Mauro de Vasconcelos m'a si profondément ému(e) que je n'ai pu retenir mes larmes.] [De même, je ne peux lire les pages des Misérables de Victor Hugo évoquant la mort du petit Gavroche au pied de la barricade sans sentir l'émotion me submerger.] [Nous ne sortons pas indemnes de certaines lectures. Nous demeurons comme hantés par ces compagnons découverts au hasard de nos lectures.]

[Argument 3] [Enfin], [un livre peut nous aider à mettre des mots sur ce que nous ressentons, à découvrir et exprimer ce qui est caché au plus profond de nous.] [Il peut également donner le désir d'écrire à son tour pour se libérer de ses angoisses, pour les partager avec un lecteur ou encore pour laisser libre cours à son imagination, inventer des histoires et des personnages. Ce peut être le début d'une vocation d'écrivain ou de poète. Les plus grands auteurs ont tous commencé par être des lecteurs : c'est dans les livres qu'ils ont découvert le besoin irrépressible d'écrire.]

[Conclusion] Un livre peut donc nous changer comme une rencontre amoureuse. Il peut nous subjuguer, nous aider à traverser une période difficile, nous faire vivre des aventures palpitantes, ressentir des émotions très fortes, découvrir, au cœur des pages, des amis qui resteront à jamais nos compagnons de vie ; ou encore nous donner l'envie d'écrire à notre tour, d'éprouver le pouvoir magique des mots qui permet de créer des univers ou d'explorer des choses cachées au fond de soi.

> **CONSEIL**
> Dans la conclusion, fais une **synthèse des arguments** développés pour défendre ta thèse. Tu peux aussi, si le sujet s'y prête, terminer par une **ouverture**.

ÉTAPE 6 — au propre
Prendre le temps de se relire

 10 min

● Réserve un temps en fin d'épreuve pour te **relire attentivement**.
Des points sont en effet dédiés à la langue et à l'orthographe.

Tu dois être particulièrement attentif(ve) à :
– supprimer les **répétitions inutiles** qui alourdissent ton texte ;
– ajouter les signes de **ponctuation** éventuellement oubliés ;
– corriger les **fautes d'orthographe** qui t'auraient échappé.

⏱ S'entraîner
sur chaque thème du programme

Jeux de l'enfance

3 heures
100 points

● **INTÉRÊT DU SUJET** • Les documents traitent des jeux heureux de l'enfance. Si les époques évoquées peuvent paraître lointaines, les scènes montrées possèdent toutefois un caractère intemporel.

DOCUMENT A **Texte littéraire**

Dans son roman Le Premier Homme, *Albert Camus raconte son enfance en Algérie dans les années 1920. Il s'est représenté dans le personnage de Jacques et évoque ici les jeux qu'il partage avec ses camarades.*

Tous les jours, à la saison, un marchand de frites activait son fourneau. La plupart du temps, le petit groupe n'avait même pas l'argent d'un cornet. Si par hasard l'un d'entre eux avait la pièce nécessaire, il achetait son cornet, avançait gravement vers la plage, suivi du cortège
5 respectueux des camarades et, devant la mer, à l'ombre d'une vieille barque démantibulée, plantant ses pieds dans le sable, il se laissait tomber sur les fesses, portant d'une main son cornet bien vertical et le couvrant de l'autre pour ne perdre aucun des gros flocons croustillants. L'usage était alors qu'il offrît une frite à chacun des camarades,
10 qui savourait religieusement l'unique friandise chaude et parfumée d'huile forte qu'il leur laissait. Puis ils regardaient le favorisé qui, gravement, savourait une à une le restant des frites. Au fond du paquet, restaient toujours des débris de frites. On suppliait le repu[1] de bien vouloir les partager. Et la plupart du temps, sauf s'il s'agissait de
15 Jean, il dépliait le papier gras, étalait les miettes de frites et autorisait chacun à se servir, tour à tour, d'une miette. […] Le festin terminé, plaisir et frustration aussitôt oubliés, c'était la course vers l'extrémité ouest de la plage, sous le dur soleil, jusqu'à une maçonnerie à demi détruite qui avait dû servir de fondation à un cabanon disparu et
20 derrière laquelle on pouvait se déshabiller. En quelques secondes, ils étaient nus, l'instant d'après dans l'eau, nageant vigoureusement et maladroitement, s'exclamant, bavant et recrachant, se défiant à des

plongeons ou à qui resterait le plus longtemps sous l'eau. La mer était douce, tiède, le soleil léger maintenant sur les têtes mouillées,
25 et la gloire de la lumière emplissait ces jeunes corps d'une joie qui les faisait crier sans arrêt. Ils régnaient sur la vie et sur la mer, et ce que le monde peut donner de plus fastueux[2], ils le recevaient et en usaient sans mesure, comme des seigneurs assurés de leurs richesses irremplaçables.

30 Ils en oubliaient même l'heure, courant de la plage à la mer, séchant sur le sable l'eau salée qui les faisait visqueux, puis lavant dans la mer le sable qui les habillait de gris. Ils couraient, et les martinets[3] avec des cris rapides commençaient de voler plus bas au-dessus des fabriques et de la plage. Le ciel, vidé de la touffeur[4] du jour, deve-
35 nait plus pur puis verdissait, la lumière se détendait et, de l'autre côté du golfe, la courbe des maisons et de la ville, noyée jusque-là dans une sorte de brume, devenait plus distincte. Il faisait encore jour, mais des lampes s'allumaient déjà en prévision du rapide crépuscule d'Afrique. Pierre, généralement, était le premier à donner le signal :
40 « Il est tard », et aussitôt, c'était la débandade, l'adieu rapide. Jacques avec Joseph et Jean couraient vers leurs maisons sans se soucier des autres. Ils galopaient hors de souffle. La mère de Joseph avait la main leste[5]. Quant à la grand-mère de Jacques…

Albert Camus, *Le Premier Homme*, 1994,
© Éditions Gallimard, www.gallimard.fr.

---

1. Le repu : celui qui n'a plus faim. 2. Fastueux : très luxueux. 3. Martinets : oiseaux au vol rapide, qui ressemblent aux hirondelles. 4. Touffeur : chaleur étouffante. 5. Avoir la main leste : donner facilement des gifles, des coups, en guise de réprimande.

DOCUMENT B **Doisneau, *La Voiture fondue*, 1944**

ph © Robert DOISNEAU/RAPHO.

TRAVAIL SUR LE TEXTE LITTÉRAIRE ET SUR L'IMAGE   50 POINTS • ⏱ 1 h 10

Les réponses doivent être entièrement rédigées.

Grammaire et compétences linguistiques

▶ **1.** Lignes 9 à 11 : « L'usage était alors qu'il offrît une frite à chacun des camarades, qui savourait religieusement l'unique friandise chaude et parfumée d'huile forte qu'il leur laissait. »

a) Quel est le groupe complément d'objet de « savourait » ? (*1 point*)

b) Pour vérifier la délimitation de ce groupe complément d'objet, réécrivez la phrase en le remplaçant par un pronom. (*1 point*)

c) Relevez deux expansions du nom « friandise » de nature (ou classe) grammaticale différente. Précisez la nature (ou classe) grammaticale de chacune d'elles. (*4 points*)

▶ **2.** Lignes 16-18 : « Le festin terminé, plaisir et frustration aussitôt oubliés, c'était la course vers l'extrémité ouest de la plage ».
Remplacez les deux groupes soulignés par deux propositions subordonnées conjonctives compléments circonstanciels de temps. (*2 points*)

▶ **3.** « Si par hasard l'un d'entre eux avait la pièce nécessaire, il achetait un cornet, avançait gravement vers la plage, suivi du cortège respectueux des camarades et, […], plantant ses pieds dans le sable, il se laissait tomber sur les fesses, portant d'une main son cornet bien vertical et le couvrant de l'autre. » (l. 3-8)
Réécrivez ce passage en remplaçant « l'un d'entre eux » par « deux d'entre eux ». Faites toutes les modifications nécessaires. (*10 points*)

Compréhension et compétences d'interprétation

▶ **4.** Lignes 1 à 16 :

a) La scène évoquée se répète plusieurs fois. Qu'est-ce qui l'indique précisément ? Deux éléments de réponse sont attendus. (*2 points*)

b) Pourquoi ce moment est-il particulièrement important pour les enfants ? Vous justifierez votre réponse en vous appuyant sur le texte. Deux éléments de réponse sont attendus. (*4 points*)

▶ **5.** Lignes 16 à 29 :

a) Comment l'écrivain montre-t-il que les enfants sont heureux au moment de la baignade ? Vous justifierez votre réponse en vous appuyant sur le texte. Deux éléments de réponse sont attendus. (*4 points*)

b) Pourquoi peut-on dire qu'ils sont transformés par la baignade ?
Vous justifierez votre réponse en vous appuyant sur le texte.
Deux éléments de réponse sont attendus. (*4 points*)

S'ENTRAÎNER

▶ **6.** Lignes 30 à 43 : quels changements apparaissent à la fin du texte ? Développez trois éléments de réponse en vous appuyant sur des passages précis. (*6 points*)

▶ **7.** En vous aidant de vos réponses aux questions précédentes, donnez un titre significatif à chacun des trois moments de la journée évoqués dans le texte (lignes 1 à 16, lignes 16 à 29 et lignes 30 à 43). (*6 points*)

▶ **8.** Quels liens pouvez-vous établir entre la photographie de Robert Doisneau et le texte d'Albert Camus ? Développez votre réponse en vous appuyant sur des éléments précis. (*6 points*)

| **DICTÉE** | **10 POINTS • ⏱ 20 min** |

Le nom de l'auteur, le titre de l'œuvre, ainsi que « les glycines » sont écrits au tableau.

D'après Albert Camus
Le Premier Homme, 1994
© Éditions Gallimard

Dès qu'ils étaient au complet, ils partaient, promenant la raquette le long des grilles rouillées des jardins devant les maisons, avec un grand bruit qui réveillait le quartier et faisait bondir les chats endormis sous les glycines poussiéreuses. Ils couraient, traversant la rue, essayant de s'attraper, couverts déjà d'une bonne sueur, mais toujours dans la même direction, vers le champ, non loin de leur école, à quatre ou cinq rues de là. Mais il y avait une station obligatoire, à ce qu'on appelait le jet d'eau, sur une place assez grande, une énorme fontaine ronde à deux étages, où l'eau ne coulait pas, mais dont le bassin, depuis longtemps bouché, était rempli jusqu'à ras bord, de loin en loin, par les énormes pluies du pays.

| **RÉDACTION** | **40 POINTS • ⏱ 1 h 30** |

Vous traiterez au choix l'un des deux sujets suivants.

Sujet d'imagination

Devenu adulte, un des enfants de la photographie de Robert Doisneau raconte, comme Albert Camus, les jeux de son enfance. Il évoque la scène représentée sur la photographie. Vous imaginerez son récit en montrant comment le jeu permet aux enfants, dans un moment de joie partagée, de transformer la réalité qui les entoure. Vous choisirez d'écrire votre récit à la première ou à la troisième personne.

S'ENTRAÎNER

Sujet de réflexion

La littérature, le cinéma et les autres arts permettent de découvrir la vie de personnages fictifs ou réels. Que peut vous apporter cette découverte ? Vous développerez votre point de vue en prenant appui sur des exemples précis, issus de votre culture personnelle et des œuvres étudiées lors de votre scolarité.

LES CLÉS DU SUJET

● Analyser les documents

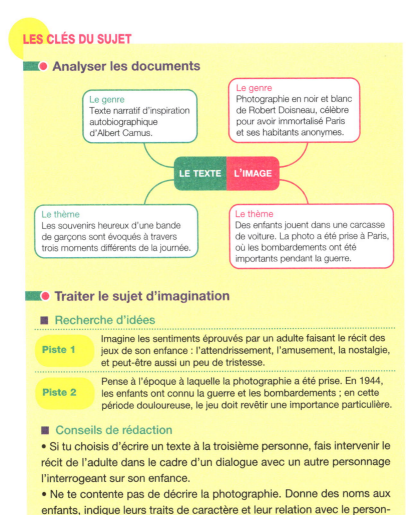

Le genre
Texte narratif d'inspiration autobiographique d'Albert Camus.

Le genre
Photographie en noir et blanc de Robert Doisneau, célèbre pour avoir immortalisé Paris et ses habitants anonymes.

LE TEXTE **L'IMAGE**

Le thème
Les souvenirs heureux d'une bande de garçons sont évoqués à travers trois moments différents de la journée.

Le thème
Des enfants jouent dans une carcasse de voiture. La photo a été prise à Paris, où les bombardements ont été importants pendant la guerre.

● Traiter le sujet d'imagination

■ Recherche d'idées

Piste 1
Imagine les sentiments éprouvés par un adulte faisant le récit des jeux de son enfance : l'attendrissement, l'amusement, la nostalgie, et peut-être aussi un peu de tristesse.

Piste 2
Pense à l'époque à laquelle la photographie a été prise. En 1944, les enfants ont connu la guerre et les bombardements ; en cette période douloureuse, le jeu doit revêtir une importance particulière.

■ Conseils de rédaction

• Si tu choisis d'écrire un texte à la troisième personne, fais intervenir le récit de l'adulte dans le cadre d'un dialogue avec un autre personnage l'interrogeant sur son enfance.

• Ne te contente pas de décrire la photographie. Donne des noms aux enfants, indique leurs traits de caractère et leur relation avec le personnage principal.

● Traiter le sujet de réflexion

■ Recherche d'idées

Piste 1 Pars de ta propre expérience pour définir les rapports que tu entretiens avec les personnages des œuvres d'art : admiration, identification, amitié, intérêt, rejet…

Piste 2 D'autres formes d'art que la littérature et le cinéma présentent des personnages ; en peinture, pense par exemple aux artistes qui ont fait leur autoportrait : Vincent Van Gogh, Francis Bacon, Frida Kahlo…

■ Conseils de rédaction

• Présente la question en introduction. Efforce-toi de formuler au moins trois idées différentes, chacune développée dans un paragraphe.
• Tire tes exemples de domaines variés tels que les romans, les films, les peintures, les photographies.
• Évite les références tirées de domaines ne relevant pas de l'art : télé-réalité, biographies de célébrités, etc.
• La conclusion rappellera très brièvement ce qui a été dit, avant d'élargir la réflexion, par exemple en évoquant l'importance de l'art dans notre société.

5 CORRIGÉ GUIDÉ ⊕

TRAVAIL SUR LE TEXTE LITTÉRAIRE ET SUR L'IMAGE

Grammaire et compétences linguistiques

▶ **1. a)** Le groupe complément d'objet direct de « savourait » est « l'unique friandise chaude et parfumée d'huile forte qu'il leur laissait ».

b) « L'usage était alors qu'il offrît une frite à chacun des camarades, qui la savourait religieusement. »

c) Deux expansions du nom « friandise » de natures grammaticales différentes : « unique », adjectif qualificatif épithète ; « qu'il leur laissait », proposition subordonnée relative.

▶ **2.** « Après que le festin était terminé, dès que plaisir et frustration étaient oubliés, c'était la course vers l'extrémité ouest de la plage. »

▶ **3.** *Les modifications sont en couleur.*

« Si par hasard deux d'entre eux avaient la pièce nécessaire, ils achetaient un cornet, avançaient gravement vers la plage, suivis du cortège respectueux des camarades et, [...], plantant leurs pieds dans le sable, ils se laissaient tomber sur les fesses, portant d'une main leur cornet bien vertical et le couvrant de l'autre. »

Compréhension et compétences d'interprétation

▶ **4. a)** La scène évoquée se répète plusieurs fois. Les compléments circonstanciels de temps « tous les jours » et « la plupart du temps » l'indiquent clairement. De plus, le texte est écrit à l'imparfait qui a ici la valeur d'imparfait d'habitude, de répétition.

b) Ce moment est particulièrement important pour les enfants, car il est rare : la plupart du temps, ils n'ont pas les moyens de s'offrir ce plaisir. Le partage du cornet est vécu comme une sorte de cérémonie : « leur camarade avançait gravement vers la plage, suivi du cortège respectueux des camarades. » Ces derniers savouraient « religieusement » la frite offerte.

▶ **5. a)** Les enfants sont particulièrement heureux au moment de la baignade. Leur précipitation est grande : « en quelques secondes », « l'instant d'après » ; leur joie est immense : « la joie [...] les faisait crier sans arrêt ».

b) Les enfants sont transformés par la baignade. Ils oublient le temps : les faveurs et les rancœurs du partage des frites (« plaisir et frustration aussitôt oubliés »), l'heure du retour également (« ils en oubliaient même l'heure »). Le plaisir les rend puissants : ces enfants sans argent deviennent des « seigneurs » qui règnent « sur la vie et sur la mer » et sont assurés de « leurs richesses irremplaçables ».

▶ **6.** Des changements apparaissent à la fin du texte. Ils concernent la lumière : le ciel change de couleur (« verdissait »), les contours sont plus nets (« la courbe des maisons [...] devenait plus distinct »), le jour tombe (« rapide crépuscule d'Afrique »). Ils portent aussi sur les personnages : le groupe d'enfants soudé se sépare : « c'était la débandade », « sans se soucier des autres ». Les bruits enfin ne sont plus les mêmes : les cris des enfants (« une joie qui les faisait crier sans arrêt ») sont remplacés par les cris des oiseaux (« les martinets avec des cris rapides »).

▶ **7.** Les titres pour chacun des trois moments évoqués dans le texte pourraient être :

– « La cérémonie du cornet » ;

– « Les seigneurs de la mer » ;

– « La fin des plaisirs ».

> **CONSEIL**
> Évite les titres trop vagues, comme « la baignade », « le partage » ; choisis plutôt des groupes nominaux avec des expansions.

▶ **8.** Les deux documents représentent le plaisir des jeux de l'enfance. Ils montrent que l'amusement des enfants n'a aucun rapport avec l'argent : la baignade est gratuite, la carcasse de voiture est abandonnée.

Les jeunes partagent un même jeu, le groupe semble soudé : grands et petits se mélangent sur la photographie et, dans le texte, les enfants sont indifférenciés lors de la baignade.

Les plaisirs évoqués paraissent intemporels : les enfants d'aujourd'hui éprouvent les mêmes joies, à travers les mêmes jeux.

DICTÉE

POINT MÉTHODE

❶ Le texte comporte de nombreux adjectifs. Identifie les noms ou pronoms auxquels ils se rapportent pour les accorder (*Ils couraient […], couverts*).

❷ Mémorise l'orthographe de ces expressions courantes : *au complet, de loin en loin, à ras bord*.

❸ Attention aux formes en *-ant* : lorsqu'il s'agit de l'adjectif verbal, on l'accorde (*des activités plaisantes*) ; lorsqu'il s'agit du participe présent, il reste invariable (*des activités plaisant aux enfants*). Pour reconnaître l'adjectif, vois si le féminin est possible.

Dès qu'ils étaient au complet, ils partaient, promenant la raquette le long des grilles rouillées des jardins devant les maisons, avec un grand bruit qui réveillait le quartier et faisait bondir les chats endormis sous les glycines poussiéreuses. Ils couraient, traversant la rue, essayant de s'attraper, couverts déjà d'une bonne sueur, mais toujours dans la même direction, vers le champ, non loin de leur école, à quatre ou cinq rues de là. Mais il y avait une station obligatoire, à ce qu'on appelait le jet d'eau, sur une place assez grande, une énorme fontaine ronde à deux étages, où l'eau ne coulait pas, mais dont le bassin, depuis longtemps bouché, était rempli jusqu'à ras bord, de loin en loin par les énormes pluies du pays.

RÉDACTION

Voici un exemple de rédaction sur chacun des deux sujets.
Attention, les indications entre crochets ne doivent pas figurer sur ta copie.

Sujet d'imagination

[Introduction] En fouillant dans un tiroir l'autre jour, je suis tombé par hasard sur une photographie en noir et blanc. Elle avait été prise à la fin de la guerre et immortalisait un moment particulier. Nous habitions à Paris lorsque le conflit avait éclaté. Dans la capitale occupée, mes parents tremblaient dès que nous échappions à leur surveillance, ce qui n'arrivait pas souvent. Puis la ville avait été libérée, et nous aussi. Paris en ruine était alors devenue un immense terrain de jeu.

[Le récit du jeu dans la carcasse du taxi] Ce jour-là, nous avions découvert la carcasse d'un taxi, fondue, sans portes ni vitres. Toujours entreprenant, mon grand frère Maxime se jucha sur l'avant du capot. Notre voisin Paul, qui avait perdu son père la première année de la guerre, s'installa à la place du chauffeur ; il ordonna à ses deux petites sœurs qui le suivaient partout de jouer les clientes. Obéissant

> **CONSEIL**
> Puisqu'il s'agit d'un souvenir, certains détails peuvent être flous. L'histoire, même lacunaire, semble alors plus authentique.

à leur idole, elles s'efforçaient de prendre l'accent distingué des bourgeoises d'avant-guerre pour ordonner avec l'autorité voulue : « Rue Vaugirard, Monsieur. » Et moi, j'avais la meilleure place. Maxime, pour une fois protecteur, m'avait placé à ses côtés, au-dessus, et je dominais notre troupe. Le regard perdu au loin, j'avais dégoté un câble que j'agitais, comme un conducteur de diligence, dans une tentative folle d'ordonner aux chevaux sous le capot d'aller plus vite. Max, lui, allait plus loin encore : il était le capitaine de notre bateau, fixant l'océan de ruines qui nous entourait et décidant du cap à suivre.

[Conclusion] Je n'ai aucun souvenir de l'adulte qui a pris la photographie. Pour moi, nous étions seuls et soudés. Ce moment où chacun trouva dans le jeu un rôle à sa mesure, symbolise vraiment dans mon esprit la fin de la guerre. Ce n'est pas sans émotion que je me rends compte, aujourd'hui, de ce qui se jouait ce jour-là : nous avions le droit, à nouveau, d'être heureux.

Sujet de réflexion

[Introduction] Que ce soit en lisant un roman, en regardant un film ou même en observant une photographie, nous découvrons la vie des personnages qui peuplent les œuvres d'art. Que nous procurent ces découvertes ?

S'ENTRAÎNER

[Élargir ses connaissances] Certaines œuvres nous présentent des indivi-dus vivant à une époque et dans un contexte très éloignés des nôtres. Nous découvrons des détails de leur existence : la lecture de la bande dessinée de Tardi, *C'était la guerre des tranchées*, nous permet d'appréhender le quoti-dien d'un soldat de la Grande Guerre, dans toute son horreur.

[Comprendre l'âme humaine] Les œuvres d'art aident également à appréhender l'esprit humain, en mettant des mots sur des sentiments que nous éprouvons confusément et que nous peinons à comprendre et à exprimer. Les ouvrages autobiographiques nous

> **CONSEIL**
> Donne au moins un exemple dans chaque paragraphe.

montrent ainsi des personnes à nu, dans toute la vérité de leur nature, comme l'expliquait Rousseau au début de ses *Confessions*. L'aspect déplaisant et torturé de la nature humaine apparaît dans les autoportraits de Francis Bacon.

[Rêver] Mais rencontrer un personnage, c'est aussi s'enthousiasmer pour un caractère, ressentir une amitié sincère pour cet individu qui nous ressemble, ou même s'identifier à cet être de papier. Qui n'a jamais rêvé d'être D'Arta-gnan, le héros des *Trois mousquetaires,* multipliant les duels, entouré de ses meilleurs amis ? Cette vie rêvée, intense, la littérature nous y donne accès.

[Trouver des modèles] Enfin, l'art choisit souvent des personnages dont la vie peut avoir valeur d'exemple. Le cinéma met fréquemment en scène des personnages altruistes, courageux et dévoués au bien-être général. Découvrir leur vie, c'est prendre conscience des valeurs qui les guident, et s'en inspirer pour notre quotidien. Le film de Justin Chadwick, *Mandela : un long chemin vers la liberté*, peut ainsi être une source d'inspiration pour beaucoup.

[Conclusion] Les raisons de s'intéresser à la vie de personnages fictifs ou réels au travers de l'art sont donc variées, preuve que l'art occupe toujours une place importante dans notre société.

Un café et quelques vers

🕐 **3 heures**
100 points

● **INTÉRÊT DU SUJET** • Dans son roman *Uranus*, Marcel Aymé s'intéresse aux bouleversements de la France d'après-guerre et met en scène Léopold, un cafetier.

DOCUMENT A **Texte littéraire**

La scène se déroule, après la Seconde Guerre mondiale, dans la ville de Blémont qui a subi d'importantes destructions.

Léopold s'assura que la troisième était au complet. Ils étaient douze élèves, quatre filles et huit garçons qui tournaient le dos au comptoir. Tandis que le professeur gagnait sa place au fond de la salle, le patron alla retirer le bec de cane[1] à la porte d'entrée afin de
5 s'assurer contre toute intrusion. Revenu à son zinc[2], il but encore un coup de vin blanc et s'assit sur un tabouret. En face de lui le professeur Didier s'était installé à sa table sous une réclame d'apéritif accrochée au mur. Il ouvrit un cahier, jeta un coup d'œil sur la classe de troisième et dit :
10 — Hautemain, récitez.

Léopold se pencha sur son siège pour voir l'élève Hautemain que lui dissimulait la poutre étayant le plafond. La voix un peu hésitante, Hautemain commença :

Seigneur, que faites-vous, et que dira la Grèce ?
15 *Faut-il qu'un si grand cœur montre tant de faiblesse[3] ?*

— Asseyez-vous, dit le professeur lorsque Hautemain eut fini. Quinze.

Il notait avec indulgence. Estimant que la plupart de ces enfants vivaient et travaillaient dans des conditions pénibles, il voulait les
20 encourager et souhaitait que l'école, autant que possible, leur offrît les sourires que leur refusait trop souvent une existence troublée.

À son zinc, Léopold suivait la récitation des écoliers en remuant les lèvres et avalait anxieusement sa salive lorsqu'il sentait hésiter ou trébucher la mémoire du récitant. Son grand regret, qu'il n'oserait
25 jamais confier à M. Didier, était de ne participer à ces exercices qu'en simple témoin. Léopold eût aimé réciter, lui aussi :

> *Captive, toujours triste, importune à moi-même,*
> *Pouvez-vous souhaiter qu'Andromaque vous aime[3] ?*

Malgré la timidité et le respect que lui inspirait Andromaque,
30 il lui semblait qu'il eût trouvé les accents propres à émouvoir le jeune guerrier. Il se plaisait à imaginer sa voix, tout amenuisée par la mélancolie et s'échappant du zinc comme une vapeur de deuil et de tendresse.

– Les cahiers de préparation, dit le professeur Didier.
35 Les élèves ayant étalé leurs cahiers, il alla de table en table s'assurer qu'ils avaient exécuté le travail portant sur un autre passage d'Andromaque. Pendant qu'il regagnait sa place, Léopold se versa un verre de blanc.

– Mademoiselle Odette Lepreux, lisez le texte. […]
40 Odette se mit à lire d'une voix claire, encore enfantine, où tremblaient des perles d'eau fraîche :

> *Où fuyez-vous, Madame ?*
> *N'est-ce point à vos yeux un spectacle assez doux*
> *Que la veuve d'Hector pleurant à vos genoux[4] ?*

45 Sur ces paroles d'Andromaque, la patronne, venant de sa cuisine, pénétra discrètement dans l'enceinte du zinc. Comme elle s'approchait du cafetier, elle eut la stupéfaction de voir les larmes ruisseler sur ses joues cramoisies et interrogea :

– Qu'est-ce que t'as ?
50 – Laisse-moi, murmura Léopold. Tu peux pas comprendre. […]
Odette Lepreux poursuivait sa lecture :

> *Par une main cruelle hélas ! J'ai vu percer*
> *Le seul où mes regards prétendaient s'adresser[4].*

La patronne considérait cet homme étrange, son mari, auquel ses
55 reproches et ses prières n'avaient jamais réussi, en trente ans de vie
commune, à tirer seulement une larme.

Ne revenant pas de son étonnement, elle oublia une minute ce
qu'elle était venue lui dire.

Marcel Aymé, *Uranus*, 1948 © Éditions Gallimard.

---

1. Bec de cane : élément de serrurerie qui permet de fermer une porte de l'intérieur sans
utiliser de clé.
2. Zinc : comptoir de bar.
3. Le texte en italique renvoie à des extraits de la tragédie *Andromaque* de Jean Racine (1667).
Après la prise de Troie, Andromaque, veuve d'Hector, devient la prisonnière de Pyrrhus, qui
tombe amoureux d'elle. Dans ces deux passages, Andromaque s'adresse à Pyrrhus pour le
convaincre de renoncer à cet amour.
4. Dans ces extraits, Andromaque s'adresse à Hermione qui devait épouser Pyrrhus.
Hermione considère donc Andromaque comme une rivale. Andromaque lui déclare qu'elle
n'aime que son mari, Hector, mort transpercé par une épée.

S'ENTRAÎNER

DOCUMENT B **Photo tirée du film *Uranus*, 1990**

© DR

Photogramme tiré du film *Uranus* réalisé par Claude Berri, 1990.

Les réponses doivent être entièrement rédigées.

Compréhension et compétences d'interprétation

▶ **1.** Où se déroule la scène ? Qui est Léopold ? Pourquoi la situation présentée peut-elle surprendre ? Justifiez votre réponse. *(4 points)*

▶ **2.** Lignes 11 à 26 : Comment se manifeste l'intérêt de Léopold pour le cours du professeur Didier ? Développez votre réponse en vous appuyant sur trois éléments significatifs. *(6 points)*

▶ **3.** Lignes 26 à 33 : Quels liens Léopold établit-il avec le personnage tragique d'Andromaque ? Comment l'expliquez-vous ?
Développez votre réponse. *(6 points)*

▶ **4.** Lignes 40 à 48 : Que ressent Léopold quand Odette lit l'extrait d'Andromaque ? Justifiez votre réponse en vous appuyant sur une image que vous analyserez. *(6 points)*

▶ **5. a)** Par quelles oppositions la scène du film reproduite page précédente cherche-t-elle à faire rire le spectateur ?
Donnez trois éléments de réponse. *(6 points)*
b) Qu'est-ce qui peut relever également du comique dans la fin du texte (l. 45-58) ? *(4 points)*

Grammaire et compétences linguistiques

▶ **6.** L'une des phrases suivantes contient une proposition subordonnée relative et l'autre une proposition subordonnée complétive :
« Léopold s'assura que la troisième était au complet » (l. 1)
« Léopold se pencha sur son siège pour voir l'élève Hautemain que lui dissimulait la poutre étayant le plafond. » (l. 11-12)
a) Trouvez dans quelle phrase se trouve la proposition subordonnée relative. Recopiez-la sur votre copie. *(1 point)*
b) Trouvez dans quelle phrase se trouve la proposition subordonnée complétive. Recopiez-la sur votre copie. *(1 point)*
c) Expliquez comment vous avez pu différencier chacune de ces deux propositions. *(3 points)*

▶ **7.** Voici deux phrases au discours direct dont le verbe introducteur est au présent :
Andromaque demande à Pyrrhus : « Seigneur, que faites-vous, et que dira la Grèce ? »
Andromaque déclare à Hermione : « J'ai vu percer le seul où mes regards prétendaient s'adresser. »

Sur votre copie, réécrivez ces deux phrases au discours indirect en mettant le verbe introducteur au passé simple. Vous ferez toutes les modifications nécessaires. *(10 points)*

▶ **8.** « La patronne considérait cet homme étrange, son mari, auquel ses reproches et ses prières n'avaient jamais réussi, en trente ans de vie commune, à tirer seulement une larme. » (l. 54-56)

a) Donnez un synonyme de l'adjectif « étrange ». *(1 point)*

b) L'adjectif « étrange » vient du latin *extraneus* qui signifiait « qui n'est pas de la famille, étranger ». Comment ce sens premier peut-il enrichir le sens de cet adjectif dans le texte ? *(2 points)*

DICTÉE	10 POINTS • ⏱ 20 min

Les noms propres « Blémont », « Saint-Euloge » et « Progrès », ainsi que le nom de l'auteur et le titre de l'œuvre sont écrits au tableau.

Marcel Aymé
Uranus, 1948
© Éditions Gallimard

Le collège de Blémont étant détruit, la municipalité avait réquisitionné certains cafés pour les mettre à la disposition des élèves, le matin de huit à onze heures et l'après-midi de deux à quatre. Pour les cafetiers, ce n'étaient que des heures creuses et leurs affaires n'en souffraient pas. Néanmoins, Léopold avait vu d'un très mauvais œil qu'on disposât ainsi de son établissement et la place Saint-Euloge avait alors retenti du tonnerre de ses imprécations. Le jour où pour la première fois les élèves étaient venus s'asseoir au café du Progrès, il n'avait pas bougé de son zinc, le regard soupçonneux, et affectant de croire qu'on en voulait à ses bouteilles. Mais sa curiosité, trompant sa rancune, s'était rapidement éveillée et Léopold était devenu le plus attentif des élèves.

RÉDACTION	40 POINTS • ⏱ 1 h 30

Vous traiterez au choix l'un des sujets suivants.

Sujet d'imagination

« – Laisse-moi, murmura Léopold. Tu peux pas comprendre. » (l. 50)
À la fin du cours, c'est à M. Didier, le professeur de français, que Léopold se confie sur son grand regret de n'avoir pu poursuivre ses études et découvrir des œuvres littéraires.

Racontez la scène et imaginez leur conversation en insistant sur les raisons que donne Léopold et sur les émotions qu'il éprouve.

Sujet de réflexion

Vous avez lu en classe ou par vous-même de nombreuses œuvres littéraires dans leur intégralité ou par extraits. Vous expliquerez ce que vous ont apporté ces lectures et vous direz pour quelles raisons il est toujours important de lire aujourd'hui.

LES CLÉS DU SUJET

● Analyser les documents

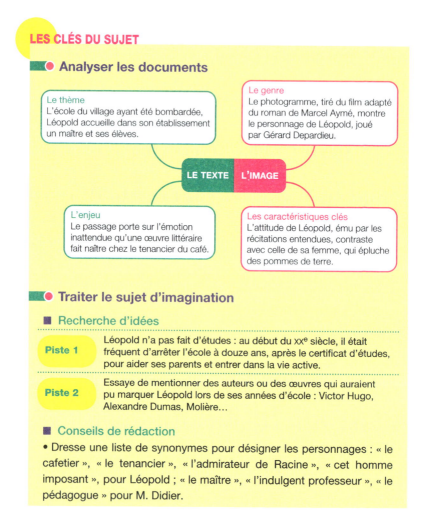

Le thème
L'école du village ayant été bombardée, Léopold accueille dans son établissement un maître et ses élèves.

Le genre
Le photogramme, tiré du film adapté du roman de Marcel Aymé, montre le personnage de Léopold, joué par Gérard Depardieu.

LE TEXTE **L'IMAGE**

L'enjeu
Le passage porte sur l'émotion inattendue qu'une œuvre littéraire fait naître chez le tenancier du café.

Les caractéristiques clés
L'attitude de Léopold, ému par les récitations entendues, contraste avec celle de sa femme, qui épluche des pommes de terre.

● Traiter le sujet d'imagination

■ Recherche d'idées

Piste 1 — Léopold n'a pas fait d'études : au début du XXe siècle, il était fréquent d'arrêter l'école à douze ans, après le certificat d'études, pour aider ses parents et entrer dans la vie active.

Piste 2 — Essaye de mentionner des auteurs ou des œuvres qui auraient pu marquer Léopold lors de ses années d'école : Victor Hugo, Alexandre Dumas, Molière…

■ Conseils de rédaction

• Dresse une liste de synonymes pour désigner les personnages : « le cafetier », « le tenancier », « l'admirateur de Racine », « cet homme imposant », pour Léopold ; « le maître », « l'indulgent professeur », « le pédagogue » pour M. Didier.

• Léopold aura le temps de parole le plus important. Le dialogue obéit à des règles précises : on ouvre les guillemets avant la première prise de parole. Un tiret signale un changement d'interlocuteur. On ferme les guillemets lorsque le dialogue est interrompu par une phrase complète du narrateur.

● Traiter le sujet de réflexion

■ Recherche d'idées

Piste 1	Pars de ton expérience pour trouver ce que peut apporter la lecture d'œuvres littéraires : enrichissement personnel, acquisition d'une culture commune, mais aussi plaisir.
Piste 2	Réfléchis également à l'intérêt de la lecture à notre époque : tu peux, par exemple, opposer les mots aux images, les livres aux films, pour comprendre l'apport supplémentaire des livres.

■ Conseils de rédaction

• Consacre un ou deux paragraphes aux apports de la lecture, puis un autre aux raisons pour lesquelles, aujourd'hui encore, la lecture reste une activité essentielle.

• Appuie-toi sur des exemples personnels. Tu peux aussi te référer au personnage de Léopold, sensible au plaisir provoqué par les mots.

S'ENTRAÎNER

6 CORRIGÉ **GUIDÉ** ✦

TRAVAIL SUR LE TEXTE LITTÉRAIRE ET SUR L'IMAGE

Compréhension et compétences d'interprétation

▶ **1.** La scène se déroule dans un café. Léopold, le patron de l'établissement, assiste à un cours de français dispensé à des élèves de troisième par leur professeur, M. Didier. Cette situation peut surprendre, mais le paratexte amène un élément de réponse : la ville de Blémont a connu « d'importantes destructions ». L'école ayant été détruite pendant la guerre, le café se transforme à certaines heures en salle de classe.

▶ **2.** Léopold semble intéressé par le cours du professeur. Il suit avec attention les récitations des élèves : « Léopold se pencha sur son siège pour voir l'élève Hautemain ». Il partage leurs appréhensions : « [Il] avalait anxieusement sa salive lorsqu'il sentait hésiter ou trébucher la mémoire du récitant. » On comprend finalement qu'il aimerait lui aussi participer à ces exercices : « Léopold eût aimé réciter, lui aussi. »

▶ **3.** Léopold éprouve de la fascination et du respect pour le personnage d'Andromaque, auquel il s'identifie. Il comprend les émotions ressenties par le personnage et s'imagine pouvoir trouver les accents propres à exprimer le destin tragique d'Andromaque. Il est également sensible à la poésie des vers de Racine. Le texte littéraire et l'émotion qu'il provoque lui permettent d'échapper à son quotidien trivial.

▶ **4.** Quand Odette lit l'extrait d'Andromaque, Léopold se met à pleurer. Il est touché, l'émotion le submerge, alors qu'il écoute la voix claire de la jeune fille, « où tremblaient des perles d'eau fraîche ».

> **INFO +**
> Le terme d'« image », dans la question, recouvre les figures de style et les procédés d'écriture particuliers.

La métaphore assimile les mots à des gouttes d'eau et souligne la grâce et la fraîcheur de la récitante. Les larmes qu'évoque la métaphore se retrouvent dans les vers cités (« la veuve d'Hector pleurante à vos genoux ») et dans les pleurs que l'on voit « ruisseler » sur les joues du cafetier.

▶ **5. a)** La scène tirée du film peut amuser par les oppositions qu'elle souligne. Le mari et la femme adoptent des attitudes très différentes : lui, debout, regardant vers le ciel d'un air heureux et inspiré, semble déclamer des vers ; elle, assise, morose, se tait, a les yeux baissés sur les pommes de terre qu'elle épluche. Ces oppositions révèlent le décalage du personnage masculin avec son milieu et peuvent prêter à rire.

b) Cette confrontation entre deux mondes, celui de l'héroïsme tragique des vers de Racine, et celui du quotidien prosaïque d'un patron de café, se retrouve à la fin du texte, où la patronne peine à comprendre ce qui arrive à celui qu'elle côtoie depuis trente ans. L'identification du cafetier au personnage d'Andromaque peut sembler touchante, mais aussi amusante dans la mesure où celui qui pleure sur les vers de Racine a les joues « cramoisies » par les trois verres de vin blanc qu'il s'est servis successivement.

Grammaire et compétences linguistiques

▶ **6. a)** « que lui dissimulait la poutre étayant le plafond » est une subordonnée relative.

b) « que la troisième était au complet » est une subordonnée complétive.

c) La subordonnée relative complète un nom (ici, « l'élève Hautemain »), tandis que la complétive est complément du verbe (ici, « s'assura »).

La première est facultative, la seconde est ici essentielle à la phrase.

▶ **7.** *Les modifications sont en couleur.*

Andromaque demanda à Pyrrhus ce qu'il faisait, et ce que dirait la Grèce.

Andromaque déclara à Hermione qu'elle avait vu percer le seul où ses regards prétendaient s'adresser.

> **REMARQUE**
> Lorsque le verbe introducteur des paroles est au passé, le présent devient de l'imparfait, le futur du conditionnel présent. L'apostrophe directe « Seigneur » est impossible à conserver.

▶ **8. a)** « bizarre » ou « curieux » sont des adjectifs synonymes d'« étrange ».
b) Le sens étymologique peut enrichir le sens de l'adjectif dans le texte : l'attitude de son mari est aussi étrange que s'il venait d'un autre monde, d'un autre milieu, où les règles et les comportements seraient différents et malaisés à comprendre.

DICTÉE

> **POINT MÉTHODE**
>
> ① Accorde le participe passé avec le sujet lorsqu'il est employé avec l'auxiliaire *être*, et non lorsqu'il est employé avec *avoir*.
>
> ② Le verbe « disposer » est au **subjonctif imparfait** : on le reconnaît grâce au *que* qui le précède.
>
> ③ Attention à certains **mots difficiles** : *réquisitionné*, *imprécations* et *soupçonneux*.
>
> Dans la phrase *ce n'étaient que des heures creuses,* l'accord du verbe à la 3ᵉ personne du singulier (terminaison *-ait*) est également possible.

Le collège de Blémont étant détruit, la municipalité avait réquisitionné certains cafés pour les mettre à disposition des élèves, le matin de huit à onze heures et l'après-midi de deux à quatre. Pour les cafetiers, ce n'étaient que des heures creuses et leurs affaires n'en souffraient pas. Néanmoins, Léopold avait vu d'un très mauvais œil qu'on disposât ainsi de son établissement et la place Saint-Euloge avait alors retenti du tonnerre de ses imprécations. Le jour où pour la première fois les élèves étaient venus s'asseoir au café du Progrès, il n'avait pas bougé de son zinc, le regard soupçonneux, et affectant de croire qu'on en voulait à ses bouteilles. Mais sa curiosité, trompant sa rancune, s'était rapidement éveillée et Léopold était devenu le plus attentif des élèves.

RÉDACTION

Voici un exemple de rédaction sur chacun des deux sujets.
Attention les indications entre crochets ne doivent pas figurer sur ta copie.

Sujet d'imagination

[Fin du cours] Les enfants avaient rangé leurs affaires. Léopold se dirigea vers l'entrée pour libérer les élèves.

[Confidences de Léopold] Le professeur se disposait lui aussi à quitter le café lorsqu'un coup d'œil sur le visage empourpré du tenancier le fit hésiter.

« Tout va bien ? Vous n'avez pas l'air dans votre assiette. Voulez-vous vous asseoir ?

– Ce n'est rien, c'est juste… Vous savez je n'ai pas… Et puis, c'est stupide de toute façon ! »

Interloqué, le maître regarda le cafetier sans comprendre ; ce dernier, pour cacher sa gêne, lui tourna le dos pour se resservir un verre de vin blanc.

M. Didier haussa les épaules et s'apprêta à partir, lorsqu'il entendit, dans un souffle, une voix murmurer avec tendresse :

> « *Seigneur, que faites-vous, et que dira la Grèce ?*
> *Faut-il qu'un cœur si grand montre tant de faiblesse ?* »

– Racine fait souvent cet effet, annonça tranquillement le professeur.

– Vraiment ? Oh, vous savez, quand j'entends les enfants réciter, je regrette de ne pas avoir été plus longtemps à l'école. Mes parents avaient besoin de moi pour la boutique. À douze ans, fini pour moi. Ce n'était pas de leur faute, allez. Pourtant j'aurais aimé continuer. C'est surtout la poésie qui m'enchantait.

GAGNE DES POINTS
Emploie un niveau de langue qui correspond au personnage.

Je me souviens de quelques vers d'Hugo que je me récitais avec délice. Quand j'entends les enfants, je deviens, je sais que vous allez trouver ça ridicule, mais je deviens cette princesse qui pleure son époux. Comment font-ils, tous ces écrivains, pour trouver les mots qui traduisent ce qu'on a en nous ? »

[Réaction du maître d'école] À la fin de sa tirade, le patron avala d'un trait le verre qu'il avait devant lui. Très ému, M. Didier lui sourit :

« Si je vous prête des livres, nous feriez-vous l'honneur de nous lire, chaque matin, un passage que vous avez apprécié ? Ce serait un plaisir pour nous de vous entendre. »

CONSEIL
N'hésite pas à reprendre des éléments du texte support : les vers de Racine que Léopold rêve de réciter, et son goût pour le vin blanc, par exemple.

M. Didier ne s'était pas moqué ! Il l'intégrait même à sa classe ! Soulagé et ravi, Léopold lui proposa : « Un petit blanc ? »

Sujet de réflexion

[Introduction] Les œuvres littéraires peuvent être découvertes grâce à l'école ou de manière personnelle. Nous verrons, tout d'abord, ce que ces lectures, imposées ou choisies, nous apportent ; nous expliquerons, ensuite, pour quelles raisons il est toujours important de lire aujourd'hui.

[La lecture est un enrichissement] Le premier apport de la lecture est sans doute l'enrichissement de sa culture personnelle. Lorsqu'un professeur impose une lecture, c'est qu'il la considère comme riche d'enseignements. Les grandes œuvres, en effet, procurent au lecteur la connaissance d'un monde qui n'est pas le leur. Comment puis-je savoir à quoi ressemblait la vie à Paris sous Louis XIII ? Grâce à la lecture des *Trois Mousquetaires* et des aventures de d'Artagnan aux prises avec le cardinal de Richelieu.

[La lecture est un plaisir] C'est toutefois un autre aspect qui me vient à l'esprit en premier lieu quand on parle des apports de la lecture : la notion de plaisir. En effet, si les œuvres littéraires du passé continuent à être lues aujourd'hui, c'est surtout pour les plaisirs qu'elles procurent : plaisir de rêver, de s'identifier aux personnages, de frémir avec eux ; plaisir de la langue également. Le personnage de Léopold, dans l'ouvrage de Marcel Aymé, témoigne du ravissement qu'apportent les œuvres littéraires.

[Il est important de lire aujourd'hui] Mais notre époque tend à détrôner les mots au profit des images. Les œuvres littéraires ont pourtant encore une place aujourd'hui. Les images figent, tandis que les mots suggèrent. La part d'interprétation est plus grande, et le plaisir ressenti plus personnel. Il n'est pas rare d'être déçu par un film adapté d'un livre, lorsqu'on a lu l'ouvrage avant. L'écrit est toujours plus riche que ce que le film nous donne à voir.

[Conclusion] Les œuvres littéraires sont d'une telle richesse qu'elles ne s'épuisent pas. Leur valeur va bien au-delà de l'époque qui les a produites ; mêmes anciennes, elles ont toujours leur place aujourd'hui.

S'ENTRAÎNER

7 · Amérique du Sud • Novembre 2018

Angoisses d'avenir

**3 heures
100 points**

INTÉRÊT DU SUJET • L'auteur nous fait part de son angoisse d'adolescent en réponse à l'une des questions préférées des adultes et en particulier de son père : quel métier va-t-il choisir ?

DOCUMENT A **Texte littéraire**

Dans son récit autobiographique Je dirai malgré tout que cette vie fut belle, *Jean d'Ormesson nous fait part des interrogations de sa jeunesse.*

J'imagine que c'est surtout à cause de moi et pour moi que mes parents envisagèrent de revenir à Paris malgré l'occupation allemande. J'avais seize ans. Je n'avais pas la moindre idée de ce que je voulais faire après le baccalauréat. À vrai dire, ce dont j'avais surtout
5 envie, c'était de ne rien faire du tout.

Très attaché à ses convictions, mais libéral et tolérant, mon père nous avait souvent répété à mon frère et à moi qu'il nous laissait libres de choisir notre avenir – à condition, bien entendu, de servir l'État. Je le comparais volontiers au vieux Ford[1] qui proposait à ses
10 acheteurs des voitures automobiles de la couleur qu'ils souhaitaient – à condition qu'elles fussent noires. Ah ! bien sûr. Nous étions libres : nous pouvions devenir diplomate, conseiller d'État, inspecteur des Finances, membre de la Cour des comptes, gouverneur de la Banque de France ou préfet, mais en aucun cas banquier, marchand de biens,
15 artiste peintre, footballeur, chanteur ou producteur de cinéma. Mon père nourrissait une particulière méfiance à l'égard des hommes d'affaires et des comédiens. J'avais un faible pour les acteurs. Il redoutait comme la peste de me voir monter sur les planches ou gagner de l'argent.
20 Je n'avais aucune envie de devenir banquier ni artiste. J'avais remarqué assez tôt que quand un doux vieillard demandait à une petite fille ce qu'elle voulait faire plus tard, elle répondait volontiers infirmière ou vétérinaire. Les garçons se voulaient plutôt pompier

ou pilote de ligne. J'avais un peu honte de constater que je n'avais

25 aucune espèce de préférence. Je le savais en secret mais il m'était impossible d'exprimer ce que je ressentais. La vraie réponse à la terrible question : « Que voudrais-tu faire plus tard ? » était : « Rien. »

Je me souviens, l'été, à Saint-Fargeau, avant et après la guerre, de redoutables promenades à pied autour de la pièce d'eau où mon père

30 me demandait avec une tendre insistance ce que je comptais faire de ma vie. La question roulait en torrent dans ma tête. Et aucune réponse ne me venait à l'esprit.

Un demi-siècle plus tard, je découvrais avec bonheur un texte de François Mauriac. L'auteur du *Bloc-Notes*, de *Thérèse Desquey-*

35 *roux*, du *Nœud de vipères* et du *Désert de l'amour* assurait qu'à défaut d'une vocation affirmée dès l'enfance un des signes les plus sûrs de la volonté de consacrer sa vie à la littérature était le refus de toute autre activité et de toute autre ambition.

J'aimais ne rien faire. J'aimais rêver – de préférence à rien. J'ai-

40 mais attendre. Attendre quoi ? Précisément, rien. J'aimais étudier. Je ne tenais pas tellement à vivre. Peut-être, après une enfance très heureuse, redoutais-je l'épreuve de la vie. Je craignais comme la peste de m'engager dans l'une ou l'autre des voies que m'offrait l'existence.

Peut-être aussi avais-je compris obscurément que les études, pour

45 dire les choses en un mot, représentaient la meilleure façon de ne pas travailler. Ou du moins de ne pas choisir un de ces compartiments du travail qui constituaient autant de pièges dont il vous est impossible de sortir dès que vous avez glissé dans l'engrenage l'ombre d'un doigt de pied.

50 J'aimais beaucoup lire. Ou faire semblant de lire.

Jean d'Ormesson, *Je dirai malgré tout que cette vie fut belle*, 2016,
© Éditions Gallimard.

---

1. Henry Ford, industriel fondateur de la marque automobile Ford.

DOCUMENT B Jean-Baptiste Greuze, *Le Petit Paresseux*, 1755

© www.bridgemanimages.com

Musée Fabre, Montpellier.

TRAVAIL SUR LE TEXTE LITTÉRAIRE ET SUR L'IMAGE
50 POINTS • ⏱ 1 h 10

Les réponses doivent être entièrement rédigées.

Grammaire et compétences linguistiques

▶ **1.** « Très attaché à ses convictions, <u>mais</u> libéral et tolérant » (l. 6). Quelle est la classe grammaticale du mot souligné ? Quel rapport logique introduit-il ? *(2 points)*

▶ **2.** Réécrivez le passage suivant en remplaçant « je » par « nous », qui désigne le narrateur et son frère. *(10 points)*
« Je me souviens, l'été, à Saint-Fargeau, avant et après la guerre, de redoutables promenades à pied autour de la pièce d'eau où mon père me demandait avec une tendre insistance ce que je comptais faire de ma vie. La question roulait en torrent dans ma tête. Et aucune réponse ne me venait à l'esprit. » (l. 28 à 32)

▶ **3.** Dans le troisième paragraphe (l. 20 à 27), relevez au moins quatre modalisateurs. Quel effet produisent-ils ? *(3 points)*

▶ **4. a)** À qui renvoie le pronom « je » dans le premier paragraphe ? *(1 point)*

b) « J'imagine » (l. 1), « J'avais » (l. 3) : quels sont les temps employés ? Comment comprenez-vous leur usage ? *(4 points)*

Compréhension et compétences d'interprétation

▶ **5.** Dans le deuxième paragraphe (l. 6 à 19), le narrateur énumère les carrières que son père souhaite pour lui. Quel est leur point commun ? *(3 points)*

▶ **6.** Que souhaite faire le narrateur ? Expliquez votre réponse en vous appuyant sur le texte. *(4 points)*

▶ **7.** « Ah ! bien sûr. Nous étions libres » (l. 11) : le narrateur pense-t-il ce qu'il écrit ?
Justifiez votre réponse en relevant au moins deux éléments entre les lignes 6 et 19. *(5 points)*

▶ **8.** « La question roulait en torrent dans ma tête » (l. 31).
Identifiez et expliquez l'image que l'auteur emploie dans cette phrase. *(5 points)*

▶ **9.** Quelle représentation de la vie d'adulte le narrateur se fait-il ? Vous vous appuierez plus particulièrement sur votre lecture des derniers paragraphes pour répondre. *(7 points)*

▶ **10.** Le texte et le tableau offrent-ils selon vous une image positive de la paresse ? *(6 points)*

S'ENTRAÎNER

DICTÉE **10 POINTS** • ⏱ **20 min**

Le titre de l'œuvre et le nom de l'auteur sont écrits au tableau.

Jean d'Ormesson
Je dirai malgré tout que cette vie fut belle
© Éditions Gallimard, 2016

Mais ce qui sépare surtout le journaliste de l'écrivain, c'est le mystère du temps. Le temps passe et il dure. Le journaliste est tout entier du côté du temps qui passe. L'écrivain est tout entier du côté du temps qui dure. Il est interdit au journaliste de réclamer si peu de temps que ce soit pour donner à l'article qui doit paraître le soir même plus de force et de tenue. Il est recommandé à l'écrivain de prendre tout son temps – de longues soirées d'hiver, des semaines entières de printemps, parfois des mois et des mois – pour effacer de ses textes la moindre faiblesse et la moindre imperfection.

RÉDACTION   40 POINTS • ⏱ 1 h 30

Vous traiterez au choix l'un des deux sujets suivants.

Sujet d'imagination

L'été suivant, lors d'un repas de famille, le père du narrateur interroge à nouveau ses fils sur leurs projets d'avenir. Les deux frères affichent des choix radicalement différents.

Imaginez le dialogue animé qui s'ensuit et les réactions des différents personnages présents autour de la table.

Sujet de réflexion

Dans le texte, le narrateur associe le travail à un piège « dont il vous est impossible de sortir » (l. 47-48).

Selon vous, s'engager dans un métier constitue-t-il un piège ou un moyen de s'épanouir ?

Vous répondrez à cette question en prenant appui sur vos connaissances, vos lectures et votre culture personnelle.

LES CLÉS DU SUJET

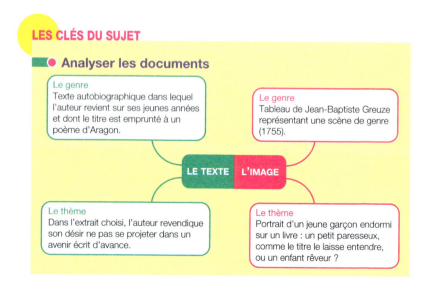

● Analyser les documents

Le genre
Texte autobiographique dans lequel l'auteur revient sur ses jeunes années et dont le titre est emprunté à un poème d'Aragon.

Le genre
Tableau de Jean-Baptiste Greuze représentant une scène de genre (1755).

LE TEXTE | **L'IMAGE**

Le thème
Dans l'extrait choisi, l'auteur revendique son désir ne pas se projeter dans un avenir écrit d'avance.

Le thème
Portrait d'un jeune garçon endormi sur un livre : un petit paresseux, comme le titre le laisse entendre, ou un enfant rêveur ?

● Traiter le sujet d'imagination

■ Recherche d'idées

Piste 1	Commence par définir le lieu, le moment et les personnages présents autour de la table.
Piste 2	• Choisis ensuite les projets d'avenir des deux frères : il s'agit en premier lieu de choix professionnels, mais cela peut être aussi le choix d'un cadre de vie, etc. • Tu peux t'autoriser une certaine fantaisie dans le choix des projets d'avenir.

■ Conseils de rédaction

Ton texte devra comporter :

• un dialogue, principalement entre le père, le narrateur et son frère, mais aussi avec d'autres membres de la famille ;

• des passages narratifs et descriptifs mettant en évidence les réactions des personnages (inquiétude, admiration, colère, indignation…).

● Traiter le sujet de réflexion

■ Recherche d'idées

Piste 1	• Fais appel à ta culture générale pour trouver des exemples qui appuient tes idées. • Ainsi, pour illustrer les aspects négatifs du travail, tu peux citer : *Germinal* d'Émile Zola, qui évoque avec réalisme le travail dans les mines au XIXe siècle ; le film *Les Temps modernes* de Charlie Chaplin, qui présente une satire du travail à la chaîne.
Piste 2	Recherche aussi des arguments positifs : le travail libère l'homme ; il lui permet de gagner sa vie ; il peut être source d'épanouissement…

■ Conseils de rédaction

Tu peux organiser ton devoir de la manière suivante.

• Introduction : présentation de la question.

• Première partie : aspects néfastes du travail (exploitation de l'homme, esclavage, tâches absurdes et répétitives, conditions inhumaines…).

• Seconde partie : aspects positifs du travail (autonomie financière, épanouissement, participation active à la société…).

• Conclusion : synthèse des deux parties.

S'ENTRAÎNER

7 CORRIGÉ **GUIDÉ** ✦

| **TRAVAIL SUR LE TEXTE LITTÉRAIRE ET SUR L'IMAGE**

Grammaire et compétences linguistiques

▶ **1.** « Mais » est une conjonction de coordination qui introduit un rapport d'opposition.

> **INFO +**
> Les conjonctions
> de coordination
> sont : *mais, ou, et,*
> *donc, or, ni, car.*

▶ **2.** *Les modifications sont en couleur.*

« Nous nous souvenons, l'été, à Saint-Fargeau, avant et après la guerre, de redoutables promenades à pied autour de la pièce d'eau où notre père nous demandait avec une tendre insistance ce que nous comptions faire de notre vie. La question roulait en torrent dans notre tête. Et aucune réponse ne nous venait à l'esprit. »

▶ **3.** Les modalisateurs sont nombreux : « Je n'avais aucune envie », « J'avais remarqué », « J'avais un peu honte de constater que je n'avais aucune espèce de préférence. », « il m'était impossible d'exprimer ce que je ressentais », « de redoutables promenades ». Ces modalisateurs permettent d'exprimer la subjectivité du narrateur : ses certitudes, ses doutes, ses peurs, etc.

▶ **4. a)** Le pronom « je » renvoie au narrateur qui n'est autre que l'auteur, puisqu'il s'agit d'un récit autobiographique.

b) Le verbe *imaginer* est conjugué au présent de l'indicatif. C'est un présent d'énonciation, le présent de l'écriture. Le verbe *avoir* est conjugué à l'imparfait de l'indicatif : c'est le temps du souvenir.

Compréhension et compétences d'interprétation

▶ **5.** Le point commun à toutes ces carrières, c'est qu'il s'agit de carrières de la fonction publique qui consistent à servir l'État.

▶ **6.** Le narrateur souhaite ne rien faire : « À vrai dire, ce dont j'avais surtout envie, c'était de ne rien faire du tout. »

Pour lui, ne rien faire, cela signifie rêver, attendre, lire, étudier, mais ne surtout pas choisir un métier, une carrière.

▶ **7.** Le narrateur ne pense pas ce qu'il écrit : cette remarque est ironique. La liberté de choix que le père laisse à ses fils est très limitée, comme l'indiquent les emplois répétés de « mais » et « à condition de ».

▶ **8.** L'auteur emploie une métaphore. La question de son père sur son avenir envahit sa conscience, obsédante, comme un torrent au flux impétueux qui emporte tout. Il ne peut plus penser à autre chose.

> **INFO +**
> Une métaphore est une comparaison qui n'est pas introduite par un outil de comparaison (*comme, tel, ainsi que…*).

▶ **9.** Le narrateur se fait une idée négative et pessimiste de l'âge adulte :

« Peut-être, après une enfance très heureuse, redoutais-je l'épreuve de la vie. » Il pense que si l'enfance est un âge heureux, insouciant et libre, l'âge adulte est fait de contraintes, de choix définitifs, de pièges redoutables qui propulsent vers un destin tout tracé dans lequel l'homme est pris comme dans un « engrenage ».

▶ **10.** Je trouve que le texte offre plutôt une image positive de la paresse ou plutôt de l'art de ne rien faire. En fait, peut-on vraiment parler de paresse ? Le narrateur ne se montre pas paresseux : il ne rechigne pas devant la lecture ni devant les études. Ce récit serait plutôt, selon moi, un éloge de l'art de rêver, d'imaginer, de penser. Quant au jeune garçon du tableau, si le titre laisse à penser qu'il s'agit d'un petit paresseux qui s'endort sur le livre qu'il devrait lire, ne pourrait-on pas imaginer aussi qu'il est en train de rêver aux aventures merveilleuses qu'il vient de lire ?

DICTÉE

POINT MÉTHODE

1 La lettre *n* devient *m* devant *m, b, p* : *temps, printemps, imperfection*.

2 Attention à ne pas confondre les homophones suivants :

– *ce* et *se* : *ce* peut être remplacé par *cela* ; *se* par *me, te*…
– *c'est, s'est* ou encore *ses* : *c'est* peut être remplacé par *cela est* ; *ses* par *mes, tes*…

Mais ce qui sépare surtout le journaliste de l'écrivain, c'est le mystère du temps. Le temps passe et il dure. Le journaliste est tout entier du côté du temps qui passe. L'écrivain est tout entier du côté du temps qui dure. Il est interdit au journaliste de réclamer si peu de temps que ce soit pour donner à l'article qui doit paraître le soir même plus de force et de tenue. Il est recommandé à l'écrivain de prendre tout son temps – de longues soirées d'hiver, des semaines entières de printemps, parfois des mois et des mois – pour effacer de ses textes la moindre faiblesse et la moindre imperfection.

| RÉDACTION

Voici un exemple de rédaction sur chacun des deux sujets.
Attention les indications entre crochets ne doivent pas figurer sur ta copie.

Sujet d'imagination

[Circonstances et introduction de la question] L'été suivant, la famille était réunie dans le jardin pour fêter l'anniversaire de grand-mère : mes parents, mon frère, mes grands-parents et une vieille tante complètement sourde. C'était une chaude journée estivale, l'atmosphère était sereine. Le repas touchait à sa fin ; j'espérais avoir échappé à la terrible question rituelle, quand mon père demanda soudain : « Alors, les garçons, quels sont vos projets d'avenir ? »

[Réponse du frère] Mon frère se lança dans une longue tirade sur ses ambitions professionnelles : il hésitait entre politique et diplomatie, mais souhaitait de tout cœur servir l'État. Des murmures approbateurs soulignèrent son discours :

> **CONSEIL**
> Tu peux alterner discours direct, indirect, indirect libre et discours narrativisé.

« Qu'il parle bien, ce petit, s'extasia ma grand-mère.

– Je suis fier de toi, mon enfant, tu es le digne fils de ton père, lança mon grand-père de sa voix tonitruante. Levons nos verres à ton bel avenir ! »

Ma mère souriait modestement. Elle était fière de son rejeton. De mon côté, je m'enfonçai profondément dans mon siège en osier, avec l'envie de disparaître… « Et toi, mon chéri ? », gazouilla ma grand-mère.

[Réponse du narrateur] Je bredouillai une réponse assez embarrassée : je n'avais pas encore fait de choix, j'étais jeune… Allez leur dire que vous ne voulez rien faire !

> **CONSEIL**
> Pense à varier les verbes de parole : *demander, s'extasier, lancer d'une voix tonitruante, gazouiller, bredouiller…*

« Qu'est-ce qu'il a dit ? », s'inquiéta la tante Rose qui n'avait rien saisi de la conversation.

Un désir de bravade s'empara de moi :

« J'aimerais bien devenir comédien à la Comédie-Française, tentai-je…

Mon père laissa tomber le cigare qu'il venait d'allumer :

– Comment peux-tu… ? Il n'y aura jamais de saltimbanque dans notre famille, hurla-t-il. Il ne manquerait plus que cela !

– Ou écrivain. J'aimerais bien écrire et, qui sait, entrer à l'Académie française.

– Tu écriras ma biographie quand je serai devenu un grand homme, s'enthousiasma mon frère.

[Conclusion] Toute l'assemblée se mit à rire. Je m'en étais bien sorti, mais ce n'était que partie remise.

Sujet de réflexion

[Introduction] Si l'on considère l'étymologie du mot qui aurait pour origine le nom d'un instrument de torture, le travail serait quelque chose de négatif, longtemps dévalorisé. Mais cette conception n'a-t-elle pas changé ?

[Le travail qui déshumanise] Aux siècles précédents, le travail est souvent dépeint comme ce qui déshumanise l'homme. Sous l'Antiquité, il était dévolu aux esclaves, considérés comme des machines. Une fois l'esclavage aboli, l'homme a continué à être exploité au profit de quelques-uns. Ainsi, lorsque Zola écrit *Germinal*, c'est pour montrer les conditions de travail inhumaines des mineurs. Même les enfants, dès leur plus jeune âge, étaient confrontés à cet enfer, ce dont s'insurge Victor Hugo dans *Melancholia.*

Si les conditions des ouvriers s'améliorent au XXe siècle, certains écrivains et cinéastes comme Céline (*Voyage au bout de la nuit*) et Charlie Chaplin (*Les Temps modernes*) dépeignent le travail à la chaîne comme une nouvelle forme d'esclavage. Lorsque Jean d'Ormesson parle d'« engrenage », comment ne pas penser à Charlot avalé par la machine ?

[Le travail source d'épanouissement] Cependant, toutes ces expériences négatives ne doivent pas nous amener à considérer le travail comme nécessairement nocif. Les conditions de travail et la conception du travail ont beaucoup changé : un métier peut apporter une grande liberté et être source d'épanouissement.

Pour cela, il faut bien sûr qu'il soit librement choisi et qu'il ait du sens. Certains préféreront des tâches manuelles (maçons, mécaniciens, boulangers…) ; d'autres choisiront d'être médecins, journalistes, ou avocats. Certains souhaiteront travailler au cœur de la nature, d'autres préféreront un environnement urbain. L'essentiel est de prendre plaisir à ce qu'on fait et d'avoir le sentiment d'apporter sa pierre à la société.

[Conclusion] Longtemps considéré de manière négative, le travail a été considérablement revalorisé. Certains peuvent craindre d'être enfermés dans un secteur professionnel, mais aucun choix n'est définitif : il est toujours possible de reprendre des études, de partir à l'étranger à la recherche d'expériences nouvelles, ou encore de créer sa propre société.

La poésie du grenier à foin

3 heures
100 points

● **INTÉRÊT DU SUJET** • Les documents font référence à la campagne d'autrefois, qui offrait jeux et rêveries aux enfants ; cet univers, qui semble révolu, pourrait toutefois constituer aujourd'hui un idéal à retrouver.

DOCUMENT A **Texte littéraire**

Le narrateur évoque avec nostalgie les paysages féériques de campagne et le grenier à foin dans lequel il jouait enfant. Ce monde est menacé de disparition...

C'est seulement au cinéma qu'on retrouve, aujourd'hui, la magie de ces paysages où les demeures semblent faites des mêmes pierres et du même bois que la montagne. Les fabricants d'effets qui font rêver les enfants – dans la saga du *Hobbit* ou *Le Seigneur des*
5 *anneaux* – montrent un certain génie pour recréer ces maisons de chaume ou de torchis[1], tonneaux pleins de choux, ces garde-manger pleins de jambons et de bonnes bouteilles. Or ce monde fait pour enchanter la jeunesse du XXIe siècle n'est pas un produit de la fantaisie hollywoodienne. C'est la simple reproduction, un peu stylisée, d'un
10 mode de vie disparu tout récemment, quoique les enfants n'en aient plus la moindre notion depuis que la normalisation économique, administrative et sécuritaire – qui est l'étape ultime de la modernité – étend partout son empire sans faille. Sauf en certains points reculés comme cette ferme où les fromages mûrissent toujours sur leurs
15 égouttoirs ; où le ruisseau sort de la montagne pour s'écouler dans un bac en grès près de l'étable ; où les poules grimpent sur le tas de fumier grassement étalé qui se soucie peu de répondre aux critères de fabrication et de stockage du compost[2].

Rien, toutefois, n'égale pour moi la poésie du grenier à foin, ce gre-
20 nier du rêve où je grimpe parfois, comme lorsque j'étais enfant, dans les fermes proches du Moulin. Compressé à grands coups de fourche

sous la charpente, le fourrage passait l'hiver sans se dessécher dans cet immense espace obscur où il formait des monticules, des tours et des châteaux parfumés prêts pour accueillir nos jeux. J'ai toujours aimé
25 gravir l'escalier de bois puis franchir la trappe qui permet d'accéder à ce royaume enchanté. Les brindilles s'accrochent aux planches, aux poutres, aux solives[3], sous les toiles d'araignée. À côté des monticules d'herbe encore verte et de fleurs des champs traînent quelques vieux chariots, quelques râteaux à foin édentés, quelques journaux jaunis
30 d'avant 1940. Et peut-être ces greniers me font-ils tant rêver parce qu'ils évoquent les secrets de la mémoire, un mystère niché tout là-haut, sous le crâne, où s'accrochent des millions de lambeaux de souvenirs comme ces brindilles sous le toit de la maison.

Il me semble en tout cas que ce mode de vie méritait tout notre
35 intérêt, tel un bien précieux ; que l'État et les communes auraient pu soutenir un modèle de recyclage et de production très ancien, au lieu d'encourager sa disparition. Aujourd'hui plus encore, quand la mondialisation des échanges impose partout une circulation frénétique[4], cette agriculture locale pourrait constituer un idéal prometteur. Rien
40 n'y fait.

Benoît Duteurtre, *Livre pour adultes*, 2016, © Éditions Gallimard.

---

1. Torchis : mélange de terre grasse et de paille ou de foin utilisé dans la construction d'un mur. 2. Compost : mélange de terre, de fumier et de résidus utilisé comme engrais. 3. Solives : pièces de charpente placées en appui sur les murs ou sur les poutres pour soutenir un plancher. 4. Frénétique : exaltée, ardente, folle.

DOCUMENT B **Photographie de Raymond Depardon, 1992. Village de Sainte-Eulalie de Cernon (Aveyron)**

ph © Raymond Depardon/Magnum Photos

**TRAVAIL SUR LE TEXTE LITTÉRAIRE
ET SUR L'IMAGE**   **50 POINTS** • ⏱ **1 h 10**

Les réponses doivent être entièrement rédigées.

Grammaire et compétences linguistiques

▶ **1.** « Aujourd'hui plus encore, quand la mondialisation des échanges impose partout une circulation frénétique, cette agriculture locale <u>pourrait</u> constituer un idéal prometteur. » (l. 37-39)
Identifiez le temps du verbe souligné et précisez sa valeur dans cette phrase. *(3 points)*

▶ **2.** Réécrivez l'extrait ci-dessous en mettant le groupe souligné au pluriel. Vous ferez toutes les modifications nécessaires. *(10 points)*
« Compressé à grands coups de fourche sous la charpente, <u>le fourrage</u> passait l'hiver sans se dessécher dans cet immense espace obscur où il formait des monticules, des tours et des châteaux parfumés prêts pour accueillir nos jeux. » (l. 21-24)

▶ **3.** « Rien, toutefois, n'égale pour moi la poésie du grenier à foin […] » (l. 19). Relevez le verbe de la proposition et indiquez quel est son sujet. *(3 points)*

▶ **4.** « Les brindilles s'accrochent aux planches, aux poutres, aux solives, sous les toiles d'araignée. » (l. 26-27)
Dans cette phrase, relevez un complément de verbe puis un complément de phrase. *(4 points)*

Compréhension et compétences d'interprétation

▶ **5.** Pourquoi le « grenier à foin », évoqué au début du second paragraphe (l. 19), est-il si important pour le narrateur ? *(5 points)*

▶ **6.** Dans le premier paragraphe (l. 1-18), relevez trois éléments qui caractérisent ce « mode de vie disparu » dont parle le narrateur et justifiez votre choix. *(4 points)*

▶ **7.** « […] le fourrage passait l'hiver sans se dessécher dans cet immense espace obscur où il formait des monticules, *des tours et des châteaux parfumés prêts pour accueillir nos jeux.* » (l. 22-24)
a) Quelle est la figure de style utilisée dans le passage en italique ? Quel est l'effet produit ? *(4 points)*
b) Citez d'autres expressions du paragraphe (l. 19-33) qui développent cette image. *(3 points)*

▶ **8.** « Il me semble en tout cas que ce mode de vie méritait tout notre intérêt, tel un bien précieux […] » (l. 34-35).
Selon vous, en quoi « ce mode vie » évoqué dans le texte peut-il, en effet, constituer « un bien précieux » ? *(7 points)*

▶ **9.** En quoi la photographie et le texte proposent-ils une vision de la campagne comme « un royaume enchanté » ? *(7 points)*

DICTÉE	10 POINTS • ⏱ 20 min

Le nom de l'auteur, le titre de l'œuvre ainsi que « 1960 » sont écrits au tableau.

Benoît Duteurtre
Livre pour adultes, 2016
© Éditions Gallimard

Au temps de ma petite enfance, dans les années 1960, les villageois de mon âge avaient encore un air farouche et sauvage. Ils vivaient dans ces fermes perdues et fréquentaient la classe unique de l'école communale où, l'hiver, ils se rendaient à pied dans la neige. Au cours des années suivantes, en pleine période de « croissance », les routes se sont élargies, les supermarchés se sont implantés, le téléphone et la télévision sont arrivés dans la vallée. Les enfants ont grandi et trouvé des emplois en ville. Certains sont devenus ouvriers, d'autres ingénieurs. Les exploitations agricoles ont dépéri avec leurs vieux parents.

RÉDACTION	40 POINTS • ⏱ 1 h 30

Vous traiterez au choix l'un des sujets suivants. Votre travail fera au moins deux pages (soit une cinquantaine de lignes).

Sujet d'imagination

Comme Benoît Duteurtre, vous retournez dans un lieu qui a marqué votre enfance.
Vous décrirez les transformations qui ont modifié cet endroit et les souvenirs qui surgissent alors. Vous insisterez sur les sentiments et les sensations associés à ces souvenirs. Votre texte mêlera récit et description.

Sujet de réflexion

Aux yeux du narrateur, rien « n'égale la poésie du grenier à foin. »
Pensez-vous que l'on puisse trouver aussi de la poésie et du mystère dans les grandes villes modernes ?
Vous répondrez à cette question en vous appuyant sur vos connaissances, vos lectures et votre culture personnelle.

LES CLÉS DU SUJET

● Analyser les documents

Le genre
Livre pour adultes est un ouvrage mêlant différents types d'écrits : récits de souvenirs personnels, réflexions, épisodes de fiction.

Le genre
Cette photographie en noir et blanc, datée de 1992, aurait toutefois pu être prise cinquante ans auparavant.

LE TEXTE **L'IMAGE**

Les caractéristiques clés
Les premier et troisième paragraphes présentent des réflexions ; le second évoque avec nostalgie un passé qui semble disparu.

Le thème
Deux enfants sont juchés sur des bottes de foin ; leur petite taille contraste avec le vaste décor où ils évoluent.

● Traiter le sujet d'imagination

■ Recherche d'idées

Piste 1 Souviens-toi d'un lieu qui a marqué ton enfance : mieux vaut en avoir une idée précise pour donner des détails vraisemblables.

Piste 2 Les sentiments associés aux souvenirs peuvent être positifs ou négatifs.

■ Conseils de rédaction

• Commence par raconter les circonstances dans lesquelles tu redécouvres ce lieu. Consacre les paragraphes suivants à la description de cet endroit : tel qu'il était auparavant et tel qu'il est maintenant.
• Emploie un vocabulaire propre à ton ressenti : surprise (« stupéfait », « incrédule », « ébahi »), joie (« ravi », « émerveillé »), déception (« chagriné », « dépité », « anéanti »).

● Traiter le sujet de réflexion

■ Recherche d'idées

Piste 1 Définis les mots « poésie » et « mystère ». Tu peux partir du sens que le texte leur donne (invitation au rêve, lieu propice à l'imagination) ou leur donner un sens plus personnel : beauté, création, recherche artistique.

Piste 2 Tu peux rédiger une réponse tranchée ou, au contraire, nuancée : la poésie et le mystère semblent impossibles en ville, pourtant des artistes, par leurs œuvres, réussissent à faire de la ville un lieu poétique.

S'ENTRAÎNER

• Dresse au brouillon une liste d'exemples à utiliser tirés de ta vie personnelle (ton expérience des grandes villes), de tes connaissances (mode de vie urbain), de ta culture personnelle (artistes s'inspirant de la ville, *street art*).
• Si tu optes pour une réponse nuancée, fais en sorte de ne pas te contredire d'une partie sur l'autre.

(8) CORRIGÉ **GUIDÉ**

TRAVAIL SUR LE TEXTE LITTÉRAIRE ET SUR L'IMAGE

Grammaire et compétences linguistiques

▶ **1.** Le verbe « pourrait » est conjugué au conditionnel présent. Le conditionnel est le mode de l'imaginaire, de l'hypothèse. Ici, l'action exprimée par le verbe est considérée comme possible dans l'avenir (valeur de potentiel).

INFO +
On distingue plusieurs valeurs pour le conditionnel : la supposition, l'atténuation, l'hypothèse (valeurs de potentiel, d'irréel du présent ou d'irréel du passé).

▶ **2.** *Les modifications sont en couleur.*

Compressés à grands coups de fourche sous la charpente, les fourrages passaient l'hiver sans se dessécher dans cet immense espace obscur où ils formaient des monticules, des tours et des châteaux parfumés prêts pour accueillir nos jeux.

▶ **3.** Le verbe « égale » a pour sujet le pronom indéfini « rien ».

▶ **4.** « Aux planches » est un complément de verbe, au même titre que « aux poutres » ou « aux solives ». Il n'y a en revanche qu'un seul complément de phrase : « sous les toiles d'araignée ».

INFO +
On repère un complément de phrase à sa place variable dans la phrase : ici, on peut le déplacer en tête de phrase, avant le verbe, après le verbe, en fin de phrase.

Compréhension et compétences d'interprétation

▶ **5.** Le grenier à foin fait référence à un souvenir réel du narrateur, lorsqu'il était enfant et prenait plaisir à pénétrer dans « ce royaume enchanté » où tous les jeux étaient possibles. Adulte, le narrateur se réfugie parfois dans un grenier « du rêve » inspiré de celui où il grimpait enfant. Le grenier à foin est important, car il fonctionne comme un symbole des plaisirs et pouvoirs de l'imagination, et des secrets de la mémoire.

▶ **6.** Le mode de vie disparu dont parle le narrateur se caractérise par la présence d'animaux (« les poules, les oies, les canards et les cochons ») ; la nourriture produite sur place (« tonneaux pleins de choux », « où les fromages mûrissent toujours sur leurs égouttoirs ») ; l'usage de matériaux naturels (« maisons de chaume ou de torchis », « sols en terre battue », récupération de l'eau du ruisseau, « tas de fumier »). Toutes ces notations renvoient à un mode de vie rural et paysan, mis à mal par « la mondialisation des échanges ».

▶ **7. a)** La figure de style utilisée est une métaphore, qui transforme le tas de foin en édifices de contes de fées ; l'effet produit est alors double : insister sur la hauteur des monticules et, en même temps, les faire passer du domaine du réel à celui du rêve et de l'imaginaire.

b) Les expressions « royaume enchanté » (l. 26) et « mystère niché tout là-haut » (l. 31-32) développent cette image dans la suite du paragraphe.

▶ **8.** Le mode de vie rural et traditionnel évoqué dans le texte peut en effet constituer « un bien précieux » : la modernisation et le désir de rentabilité ont produit des désastres écologiques, qu'un mode de vie plus traditionnel aurait sans doute réussi à limiter. L'utilisation des ressources locales (eau, cultures) et le goût d'une vie plus simple et plus saine pourraient éviter des transports de marchandises coûteux et les problèmes de santé induits par l'utilisation de pesticides.

▶ **9.** La photographie montre deux enfants, debout sur des bottes de foin, au moins aussi grandes qu'eux. Dans cet univers campagnard, le terrain de jeux choisi par les enfants semble très vaste, et correspond à cette image du « royaume enchanté » présente dans le texte de Benoît Duteurtre. L'arche de pierre qui les abrite paraît dater d'une époque révolue, où « les demeures semblent faites des mêmes pierres et du même bois que la montagne ». On pourrait croire que cette photographie a été prise à l'époque de l'enfance du narrateur du texte, si la date ne nous indiquait pas son caractère récent.

DICTÉE

> **POINT MÉTHODE**
>
> ❶ La dictée compte de nombreux participes passés : employés avec l'auxiliaire *être*, ils s'accordent avec le sujet ; mais ils ne s'accordent pas avec celui-ci s'ils sont employés avec *avoir*.
>
> ❷ Attention, deux participes passés sont utilisés avec des verbes pronominaux à sens passif : le participe doit alors s'accorder avec le sujet.
>
> ❸ Retiens ces expressions qui s'écrivent au singulier : *à pied, en ville*.

Au temps de ma petite enfance, dans les années 1960, les villageois de mon âge avaient encore un air farouche et sauvage. Ils vivaient dans ces fermes perdues et fréquentaient la classe unique de l'école communale où, l'hiver, ils se rendaient à pied dans la neige. Au cours des années suivantes, en pleine période de « croissance », les routes se sont élargies, les supermarchés se sont implantés, le téléphone et la télévision sont arrivés dans la vallée. Les enfants ont grandi et trouvé des emplois en ville. Certains sont devenus ouvriers, d'autres ingénieurs. Les exploitations agricoles ont dépéri avec leurs vieux parents.

RÉDACTION

Voici un exemple de rédaction sur chacun des deux sujets.
Attention les indications entre crochets ne doivent pas figurer sur ta copie.

Sujet d'imagination

[Mise en place du récit] L'autre jour, avec mes parents, nous sommes passés revoir la demeure qui avait appartenu à mon arrière-grand-mère. Lorsque j'étais petite, on m'y envoyait l'été ; mon arrière-grand-mère vivait seule dans cette grande maison, à la campagne, près de Bordeaux.

[Souvenirs] J'en garde le souvenir d'étés interminables. À la chaleur de l'extérieur s'opposait la fraîcheur de la maison. J'étais seule et m'ennuyais. Je parcourais les pièces innombrables qui ne servaient jamais, inventais des jeux dans ma tête, et cherchais un improbable coffre-fort derrière tous les tableaux.

> **CONSEIL**
> Fais apparaître le vocabulaire des sentiments et des sensations dans ton récit.

À table, seul le tic-tac de l'horloge se faisait entendre, et les repas étaient longs… Mais les après-midi étaient de vrais moments de plaisir, que je passais dehors, à me rouler dans l'herbe, à poursuivre les chats, à observer les vaches ou à me cacher dans les vignes. Heureusement, la campagne était vaste.

[Description] Mais, surprise ! Lorsque nous nous sommes arrêtés devant la maison, je me suis rendu compte des changements opérés : l'autoroute passait désormais à proximité ; on la voyait… et on l'entendait. Des champs et des vaches aux alentours : nulle trace. Horrifiée, j'ai découvert tous les petits pavillons et leurs minuscules jardins qui entouraient désormais la maison, délabrée et anachronique. Partout des voitures, et le bruit constant de l'autoroute. Comment, en l'espace de sept ans, cet endroit avait-il pu changer autant ?

[Conclusion de l'épisode] J'étais abasourdie. Et pourtant, ce n'était pas un lieu auquel je pensais souvent ; mais j'étais écœurée de le voir ainsi dégradé par tous ces changements. C'est alors que sur le seuil de la maison apparut un petit garçon ; agitant sa peluche, il éclata de rire en apercevant un papillon et se mit à le poursuivre, réveillant un peu, pour moi, les joies d'autrefois.

Sujet de réflexion

[Introduction] B. Duteurtre associe le grenier à foin de son enfance au rêve et à l'imagination. Les villes modernes sont-elles dénuées de la poésie et du mystère que l'auteur trouvait dans l'univers campagnard de son enfance ?

[La ville semble incompatible avec la poésie] Les grandes villes se caractérisent par une occupation intense de l'espace. La concentration est forte, les espaces verts sont rares ; les terrains de jeux pour les enfants sont encadrés, délimités, réglementés. Près de chez moi, le petit square où jouent les enfants compte cinq zones de jeux, et cinq panneaux d'interdiction ! Dans cet univers bien strict, les secrets et les mystères semblent improbables.

[La poésie s'invite pourtant en ville] Toutefois, on peut aussi parfois trouver une part de poésie en ville. Certains lieux, à première vue lugubres et déprimants, sont investis par des artistes. Le *street art* n'apporte-t-il pas de la poésie dans un lieu qui en est *a priori* totalement dépourvu, comme a pu le faire l'artiste Banksy ? Les messages des anonymes qui ornent les murs des grandes villes sont parfois aussi des appels à l'imagination.

GAGNE DES POINTS
Dynamise ta réflexion par l'usage de types de phrase variés : phrases nominales, interrogatives ou exclamatives.

[La poésie ne dépend pas d'un lieu] Enfin, le principe de l'imagination et de la poésie n'est-il pas de permettre de dépasser les limites du réel ? On peut trouver poésie et mystère dans n'importe quel lieu, pour peu que l'esprit soit désireux d'en créer. Des poètes ont ainsi écrit en prison, comme Verlaine.

[Conclusion] La ville moderne semble incompatible avec la poésie et le mystère. Mais il est possible de faire de l'univers urbain un lieu d'expression artistique et de beauté. En définitive, le pouvoir de l'imagination est tel qu'il peut s'appuyer sur différents lieux.

Paysage d'enfance

⏱ **3 heures**
100 points

● **INTÉRÊT DU SUJET** • Le texte de Colette et le tableau de Renoir mettent en scène deux univers enfantins très différents : ceux d'une jeune intrépide et d'une petite fille modèle.

S'ENTRAÎNER

DOCUMENT A **Texte littéraire**

Dans ce récit de Colette, rédigé en collaboration avec Willy, le personnage, Claudine, raconte sa jeunesse.

Je m'appelle Claudine, j'habite Montigny ; j'y suis née en 1884 ; probablement je n'y mourrai pas.

Mon *Manuel de géographie départementale* s'exprime ainsi : « Montigny-en-Fresnois, jolie petite ville de 1 950 habitants, construite en
5 amphithéâtre sur la Thaize ; on y admire une tour sarrasine[1] bien conservée… » Moi, ça ne me dit rien du tout, ces descriptions-là. D'abord, il n'y a pas de Thaize ; je sais bien qu'elle est censée traverser des prés au-dessous du passage à niveau ; mais en aucune saison vous n'y trouveriez de quoi laver les pattes d'un moineau. Montigny
10 construit « en amphithéâtre[2] » ? Non, je ne le vois pas ainsi ; à ma manière, c'est des maisons qui dégringolent, depuis le haut de la colline jusqu'en bas de la vallée ; ça s'étage en escalier au-dessous d'un gros château, rebâti sous Louis XV et déjà plus délabré que la tour sarrasine, épaisse, basse, toute gainée de lierre[3], qui s'effrite par en
15 haut, un petit peu chaque jour. C'est un village, et pas une ville ; les rues, grâce au ciel, ne sont pas pavées ; les averses y roulent en petits torrents, secs au bout de deux heures ; c'est un village, pas très joli même, et que pourtant j'adore.

Le charme, le délice de ce pays fait de collines et de vallées si
20 étroites que quelques-unes sont des ravins, c'est les bois, les bois profonds et envahisseurs, qui moutonnent et ondulent jusque là-bas, aussi loin qu'on peut voir… Des prés verts les trouent par places, de petites cultures aussi, pas grand-chose, les bois superbes dévorant

tout. De sorte que cette belle contrée est affreusement pauvre, avec
25 ses quelques fermes disséminées, si peu nombreuses, juste ce qu'il
faut de toits rouges pour faire valoir le vert velouté des bois.

Chers bois ! Je les connais tous ; je les ai battus si souvent. Il y a
les bois-taillis, des arbustes qui vous agrippent méchamment la figure
au passage, ceux-là sont pleins de soleil, de fraises, de muguet, et
30 aussi de serpents. J'y ai tressailli de frayeurs suffocantes à voir glisser
devant mes pieds ces atroces petits corps lisses et froids ; vingt fois
je me suis arrêtée, haletante, en trouvant sous ma main, près de la
« passe-rose »[4], une couleuvre bien sage, roulée en colimaçon[5] régulièrement, sa tête en dessus, ses petits yeux dorés me regardant ; ce
35 n'était pas dangereux, mais quelles terreurs ! Tant pis, je finis toujours par y retourner seule ou avec des camarades ; plutôt seule, parce
que ces petites grandes filles m'agacent, ça a peur de se déchirer aux
ronces, ça a peur des petites bêtes, des chenilles veloutées et des arai-
gnées des bruyères, si jolies, rondes et roses comme des perles, ça crie,
40 c'est fatigué – insupportables enfin.

Colette, *Claudine à l'école*, 1900.

_____

1. Tour sarrasine : tour construite au Moyen Âge à l'époque des conquêtes arabes. 2. Amphithéâtre : lieu de spectacle antique en arc de cercle avec des gradins. 3. Gainée de lierre : entourée du végétal qu'est le lierre. 4. Passe-rose : variété de fleur. 5. En colimaçon : en spirale.

DOCUMENT B **Pierre-Auguste Renoir, *Fillette au cerceau*, 1885**

ph © National Gallery of Art, Washington/Chester Dale Collection

Huile sur toile, National Gallery of Art, Washington.

TRAVAIL SUR LE TEXTE LITTÉRAIRE ET SUR L'IMAGE
50 POINTS • ⏱ 1 h 10

Les réponses doivent être entièrement rédigées.

Grammaire et compétences linguistiques

▶ **1.** Ligne 31 : « ces atroces petits corps lisses et froids ».
a) Que désigne ce groupe nominal ? *(1 point)*
b) Quelle est la classe grammaticale du mot « atroces » ? Quel nom complète-t-il ? Relevez dans ce groupe nominal les autres mots de la même classe grammaticale. *(3 points)*

▶ **2.** Réécriture :
a) « vingt fois je me suis arrêtée, haletante, en trouvant sous ma main, près de la "passe-rose", une couleuvre bien sage, roulée en colimaçon régulièrement, sa tête en dessus, ses petits yeux dorés me regardant. » (l. 31-34)
Réécrivez ce passage en remplaçant « une couleuvre » par « des serpents ». *(5 points)*
b) « C'est un village, et pas une ville ; les rues, grâce au ciel, ne sont pas pavées ; les averses y roulent en petits torrents, secs au bout de deux heures ; c'est un village, pas très joli même, et que pourtant j'adore. » (l. 15-18)
Réécrivez ce passage en mettant les verbes conjugués à l'imparfait de l'indicatif. *(5 points)*

▶ **3.** Ligne 22 : « Des prés verts les trouent par places ». Donnez la fonction de « les ». Quel groupe nominal remplace-t-il ? *(3 points)*

▶ **4.** Justifiez l'orthographe de « battus » (l. 27). *(3 points)*

Compréhension et compétences d'interprétation

▶ **5. a)** Lignes 19 à 26 : quelles sont les caractéristiques attribuées aux bois dans le troisième paragraphe ? *(3 points)*
b) Quels sont les éléments du paysage qui échappent aux « bois superbes dévorant tout » ? *(2 points)*

▶ **6.** Lignes 35 et 36 : « mais quelles terreurs ! Tant pis, je finis toujours par y retourner ». Pour quelles raisons Claudine finit-elle toujours par retourner dans les bois ? *(6 points)*

▶ **7.** Lignes 37 à 40 : « ça a peur de se déchirer […] fatigué ». Qui le pronom « ça » désigne-t-il ? En quoi ce choix de pronom est-il surprenant ? Pourquoi est-il selon vous employé ? *(6 points)*

▶ **8.** D'après vous, Claudine est-elle heureuse de vivre à Montigny, dans ce « pays fait de collines et de vallées » ? Vous justifierez votre réponse en vous appuyant sur des éléments précis de l'ensemble du texte. *(7 points)*

▶ **9.** Comparez le texte et l'image : les deux documents offrent-ils la même représentation de l'enfance et de ses jeux ? *(6 points)*

DICTÉE   **10 POINTS • ⏱ 20 min**

Le nom de l'auteur, le titre de l'œuvre ainsi que les mots « Montigny » et « Sapinière » sont écrits au tableau. Il est précisé que le « je » est un personnage féminin.

Colette
Claudine à l'école, 1900

Ah ! les bois, les chers bois de Montigny ! À cette heure-ci, je le sais bien, comme ils bourdonnent ! Les guêpes et les mouches qui pompent dans les fleurs des tilleuls et des sureaux font vibrer toute la forêt comme un orgue ; et les oiseaux ne chantent pas, car à midi ils se tiennent debout sur les branches, cherchent l'ombre, lissent leurs plumes, et regardent le sous-bois avec des yeux mobiles et brillants. Je serais couchée, au bord de la Sapinière d'où l'on voit toute la ville, en bas au-dessous de soi, avec le vent chaud sur ma figure, à moitié morte d'aise et de paresse…

RÉDACTION   **40 POINTS • ⏱ 1 h 30**

Vous traiterez au choix l'un des sujets suivants. Votre travail fera au moins deux pages (soit une cinquantaine de lignes).

Sujet d'imagination

Évoquez un lieu de votre enfance qui a représenté pour vous un espace de jeux et de découvertes.
Votre texte mêlera description et narration et cherchera à faire partager les sensations et les sentiments que vous avez alors éprouvés.

Sujet de réflexion

Vivre à la campagne ou vivre en ville : selon vous, où un enfant trouve-t-il le plus de possibilités de jeux et d'aventures ?
Vous répondrez à cette question en vous appuyant sur votre expérience, sur les textes étudiés en classe ainsi que sur votre culture personnelle.

LES CLÉS DU SUJET

● Analyser les documents

Le genre
Roman d'inspiration autobiographique de Colette, *Claudine à l'école*, appartenant à la série des *Claudine*.

Le genre
Tableau impressionniste de Pierre-Auguste Renoir (1841-1919).

LE TEXTE **L'IMAGE**

Le thème
Derrière le personnage de Claudine se cache l'auteure, Colette, qui évoque son enfance.

Le thème
Portrait d'une fillette jouant au cerceau en tenue de petite fille modèle : robe ceinturée d'un gros nœud et souliers vernis.

S'ENTRAÎNER

● Traiter le sujet d'imagination

■ Recherche d'idées

Piste 1
• Commence par choisir le lieu que tu vas évoquer et qui te tient à cœur. Tu n'es pas obligé(e) de choisir un univers champêtre.
• Demande-toi quels étaient les jeux auxquels tu t'y adonnais et les personnes avec qui tu les partageais.

Piste 2
Prends le temps de visualiser, de recréer, de revivre cet endroit privilégié, et cherche à retrouver les sentiments liés à ce lieu : plaisir de la découverte, sensation de liberté, bonheur de partager…

■ Conseils de rédaction

• Ton texte doit comporter obligatoirement :

– des passages descriptifs (description des lieux) ;

– des passages narratifs (récit des différents jeux pratiqués ou d'un épisode particulier).

• Emploie le lexique des sentiments et des sensations pour montrer combien ce lieu et les souvenirs qui y sont attachés te sont chers : « plaisir », « bonheur », « aimer », « heureux », « nostalgie »…

▮▮● Traiter le sujet de réflexion

▪ Recherche d'idées

Piste 1	Demande-toi d'abord ce que tu préfères entre la ville et la campagne. Où te sens-tu le plus libre, par exemple ? Tu n'es pas obligé(e) de choisir, tu peux trouver des avantages à l'une et à l'autre.

Piste 2	N'oublie pas, comme te le demande le sujet, de faire des références à des lectures ou des films : les romans de Marcel Pagnol, par exemple.

▪ Conseils de rédaction

Voici une proposition de plan.
- Introduction : présentation de la question.
- Première partie : les possibilités offertes par la campagne.
- Seconde partie : les possibilités offertes par la ville.
- Conclusion.

---

9 CORRIGÉ **GUIDÉ** ✦

| TRAVAIL SUR LE TEXTE LITTÉRAIRE ET SUR L'IMAGE

Grammaire et compétences linguistiques

▶ **1. a)** Le groupe nominal « ces atroces petits corps lisses et froids » désigne les serpents.

b) Le mot « atroces » est un adjectif qualificatif. Il complète le nom « corps » dont il est épithète. Il est accompagné de trois autres adjectifs épithètes : « petits », « lisses » et « froids ».

▶ **2.** *Les modifications sont en couleur.*

a) « vingt fois je me suis arrêtée, haletante, en trouvant sous ma main, près de la "passe-rose", des serpents bien sages, roulés en colimaçon régulièrement, leur(s) tête(s) en dessus, leurs petits yeux dorés me regardant. »

REMARQUE
Le GN « leur tête » peut être mis au singulier ou au pluriel : chaque serpent n'a qu'une tête, mais il y a plusieurs têtes puisqu'il y a plusieurs serpents.

b) « C'était un village, et pas une ville ; les rues, grâce au ciel, n'étaient pas pavées ; les averses y roulaient en petits torrents, secs au bout de deux heures ; c'était un village, pas très joli même, et que pourtant j'adorais. »

▶ **3.** « Les » est complément d'objet direct (COD) du verbe « trouent ». Il remplace le groupe nominal suivant : « les bois, les bois profonds et envahisseurs ».

▶ **4.** Le participe passé « battus » est employé avec l'auxiliaire avoir. Il s'accorde donc avec le pronom personnel COD « les » mis pour « mes chers bois » (masculin pluriel), puisque ce COD est placé avant le verbe.

INFO +
Le COD est construit sans préposition, contrairement au COI.
Les pronoms *le*, *la*, *les*, *l'* sont toujours COD.

Compréhension et compétences d'interprétation

▶ **5. a)** Les bois ont des caractéristiques ambiguës : ils sont à la fois charmants, délicieux et inquiétants. Ils sont doux, d'« un vert velouté », mais aussi « profonds et envahisseurs », dévorant la végétation alentour.

b) Les éléments du paysage qui échappent aux « bois superbes dévorant tout », sont les prés, les petites cultures et les quelques fermes disséminées dans le paysage.

▶ **6.** Claudine finit toujours par retourner dans les bois malgré ses terreurs, car elle aime le sentiment de découverte qu'elle ressent en les explorant. C'est comme un jeu : « ce n'était pas dangereux, mais quelles terreurs ! » Claudine joue à se faire peur, s'imagine aventurière dans un univers plein de périls, affrontant des serpents qu'elle sait n'être que d'inoffensives couleuvres.

▶ **7.** Le pronom « ça » désigne les camarades de la narratrice, « ces petites grandes filles » qui ont peur d'aller dans les bois. Ce choix de pronom est surprenant, car il est habituellement employé pour parler de choses et non de personnes. La narratrice l'utilise pour exprimer son mépris vis-à-vis de ces demoiselles effarouchées qui craignent les ronces et les petites bêtes. L'oxymore « ces petites grandes filles » accentue l'expression de ce mépris.

▶ **8.** D'après moi, Claudine est heureuse de vivre à Montigny. Elle aime ce village. Elle y est très attachée : « c'est un village, pas très joli même, et que pourtant *j'adore*. », « *Chers* bois ! ». C'est le paysage de son enfance. Elle y vit dans une grande liberté, en communion avec la nature. Elle peut laisser libre cours à son imagination, se sentir aventurière, exploratrice, tour à tour s'émerveiller de ses découvertes et affronter ses peurs d'enfant.

▶ **9.** Le texte et l'image n'offrent pas la même représentation de l'enfance et des activités ludiques. Claudine nous apparaît comme une jeune sauvageonne laissée libre d'inventer ses jeux. Son terrain de jeu, c'est la nature environnante et en particulier les bois profonds qui gardent leur part de mystère et ne demandent qu'à être explorés.

La petite fille représentée sur le tableau de Renoir est une enfant sage s'adonnant à un jeu sage : le cerceau. Elle est habillée comme une petite

S'ENTRAÎNER

fille modèle : socquettes, jolie robe, chaussures vernies… tenue peu adaptée à l'exploration de la forêt ou autres activités salissantes. Elle évoque les « petites grandes filles » dont parle Claudine. Le lieu de ses jeux est un jardin ou un parc, un environnement où la nature est domestiquée.

DICTÉE

POINT MÉTHODE

1 Attention à l'accord des verbes. Nombreux sont ceux qui ont un sujet au pluriel : *bourdonnent* (les bois), *pompent* (les guêpes et les mouches), *chantent*, *se tiennent*, *cherchent*, *lissent*, *regardent* (les oiseaux).

2 Sois attentif au **pluriel des noms en -*eau*** qui prennent un « x » : *sureaux*, *oiseaux*.

3 Le verbe *serais couchée* est au **conditionnel** (-*ais*) et non au futur (-*ai*). Claudine s'imagine couchée dans ce paysage champêtre.

Ah ! les bois, les chers bois de Montigny ! À cette heure-ci, je le sais bien, comme ils bourdonnent ! Les guêpes et les mouches qui pompent dans les fleurs des tilleuls et des sureaux font vibrer toute la forêt comme un orgue ; et les oiseaux ne chantent pas, car à midi ils se tiennent debout sur les branches, cherchent l'ombre, lissent leurs plumes, et regardent le sous-bois avec des yeux mobiles et brillants. Je serais couchée, au bord de la Sapinière d'où l'on voit toute la ville, en bas au-dessous de soi, avec le vent chaud sur ma figure, à moitié morte d'aise et de paresse…

RÉDACTION

Voici un exemple de rédaction sur chacun des deux sujets.
Attention les indications entre crochets ne doivent pas figurer sur ta copie.

Sujet d'imagination

[Présentation du lieu] Il est un lieu qui restera à jamais lié aux souvenirs heureux de mon enfance. Il n'avait pourtant, à première vue, rien d'idyllique : c'était un quartier d'immeubles, dans une petite ville, doté de quelques espaces verts et d'un bac à sable. Les enfants aimaient s'y retrouver pour jouer ensemble. À mes yeux, c'était le paradis.

CONSEIL
Emploie des termes mélioratifs (*paradis*, *trésors*…) pour exprimer ton attachement au lieu évoqué.

[Évocation des jeux] J'avais environ six ans. Ma mère me laissait m'amuser dans ce quartier avec mes camarades après l'école. Je me rappelle avec délice nos jeux d'alors : cache-cache, marelle dessinée à la craie sur le trottoir, exploration des quelques parcs. Nous partions en expédition et revenions les bras chargés de petits trésors : fleurs et feuillages, cailloux colorés, nids d'oiseaux…

Les jeux changeaient avec les saisons. L'hiver, les flaques d'eau se transformaient en patinoires sous nos yeux émerveillés ; l'été, nous adorions nous faire tremper par le système d'arrosage des pelouses.

Je prenais parfois mon vélo pour aller chez ma meilleure amie qui habitait à quelques rues de chez moi. J'aimais ce sentiment de grande liberté. Ce petit monde nous appartenait.

[Récit d'un épisode particulier] Je me rappelle particulièrement un épisode qui reste vivant dans ma mémoire ; je le revois comme si c'était hier. J'étais allée retrouver deux voisines un peu plus âgées que moi, qui me prenaient sous leur aile. C'était un soir d'orage. Les éclairs zébraient le ciel, le tonnerre grondait. La pluie se mit à tomber violemment. J'avais peur, mais la présence de mes deux amies me réconfortait. Nous courûmes nous réfugier dans la cave de l'immeuble. Mon cœur battait délicieusement. En rentrant chez moi, trempée et frissonnante, j'avais l'impression d'avoir vécu une aventure périlleuse et excitante.

[Conclusion] Lorsque mes parents m'annoncèrent que nous devions déménager, ce fut une déchirure : jamais je n'ai retrouvé ce bonheur tout simple lié à mon enfance.

Sujet de réflexion

[Introduction de la question] Vivre à la campagne ou en ville : quels sont les lieux capables d'offrir à un enfant le plus d'opportunités d'épanouissement ?

[La campagne comme lieu de liberté, de communion avec la nature et d'aventures] La réponse qui vient en premier lieu est que la campagne propose des paysages plus propices aux jeux, au rêve et à l'aventure. La faune et la flore s'offrent librement aux petits curieux qui font l'école buissonnière : on peut se rouler dans l'herbe, observer les insectes, jouer à l'explorateur dans un environnement souvent encore préservé.

On peut parcourir des chemins à vélo, construire des cabanes, faire de la luge sur les pentes enneigées ou encore se baigner dans des ruisseaux.

Marcel, le narrateur du *Château de ma mère* de M. Pagnol, relate avec délice ses escapades avec son jeune ami Lili dans la Provence de ses vacances.

[La ville comme lieu d'exploration et de découvertes]
Cependant, la ville peut aussi offrir bien des espaces de jeux aux petits citadins. Joseph Joffo, au début d'*Un sac de billes*, raconte combien il a aimé devenir explorateur dans le dédale des rues du quartier de son enfance, le XVIIIe arrondissement de Paris, en

CONSEIL
Marque le passage d'une partie à l'autre en employant un connecteur logique (ici, *cependant*).

compagnie de son frère, Maurice. Zézé, le petit héros brésilien de *Mon bel oranger* de José Mauro de Vasconcelos, transforme par le pouvoir de son imagination les quelques arbres de son jardin en forêt amazonienne, et un tout petit oranger en confident et compagnon de jeu.

Et puis, bien sûr, pour les enfants en panne d'imagination, les villes possèdent souvent des parcs aux attractions toujours plus ludiques ou vertigineuses.

Et n'oublions pas les musées, les monuments qui peuvent devenir des espaces à explorer pour les jeunes citadins en quête d'aventures. Ainsi, comment ne pas se sentir archéologue en parcourant les galeries du Louvre sur les traces des momies de l'Égypte ancienne ?

[Conclusion] Pourquoi devoir choisir entre la ville et la campagne ? Chacune offre son lot de surprises et de découvertes pour les enfants curieux et imaginatifs.

Une inégale répartition des tâches

**3 heures
100 points**

● **INTÉRÊT DU SUJET** • La narratrice porte un regard teinté d'ironie sur l'inégale répartition des tâches dans un couple, ce qu'illustre parfaitement l'image sexiste que la publicité donne des femmes dans les années 1950.

DOCUMENT A **Texte littéraire**

Elle a trente ans, elle est professeur, mariée à un « cadre », mère de deux enfants. Elle habite un appartement agréable. Pourtant, c'est une femme gelée. C'est-à-dire que, comme des milliers d'autres femmes, elle a senti l'élan, la curiosité, toute une force heureuse présente en elle se figer au fil des jours entre les courses, le dîner à préparer, le bain des enfants, son travail d'enseignante. Tout ce que l'on dit être la condition « normale » d'une femme.

Un mois, trois mois que nous sommes mariés, nous retournons à la fac, je donne des cours de latin. Le soir descend plus tôt, on travaille ensemble dans la grande salle. Comme nous sommes sérieux et fragiles, l'image attendrissante du jeune couple moderno-intellectuel.
5 Qui pourrait encore m'attendrir si je me laissais faire, si je ne voulais pas chercher comment on s'enlise, doucettement. En y consentant lâchement. D'accord je travaille La Bruyère ou Verlaine dans la même pièce que lui, à deux mètres l'un de l'autre. La cocotte-minute, cadeau de mariage si utile vous verrez, chantonne sur le gaz. Unis, pareils.
10 Sonnerie stridente du compte-minutes, autre cadeau. Finie la ressemblance. L'un des deux se lève, arrête la flamme sous la cocotte, attend que la toupie folle ralentisse, ouvre la cocotte, passe le potage et revient à ses bouquins en se demandant où il en était resté. Moi. Elle avait démarré, la différence. Par la dînette. Le restau universitaire fermait
15 l'été. Midi et soir je suis seule devant les casseroles. Je ne savais pas plus que lui préparer un repas, juste les escalopes panées, la mousse au chocolat, de l'extra, pas du courant. Aucun passé d'aide-culinaire dans

les jupes de maman ni l'un ni l'autre. Pourquoi de nous deux suis-je la seule à me plonger dans un livre de cuisine, à éplucher des carottes,
20 laver la vaisselle en récompense du dîner, pendant qu'il bossera son droit constitutionnel. Au nom de quelle supériorité. Je revoyais mon père dans la cuisine. Il se marre, « non mais tu m'imagines avec un tablier peut-être ! Le genre de ton père, pas le mien ! ». Je suis humiliée. Mes parents, l'aberration, le couple bouffon. Non je n'en ai pas
25 vu beaucoup d'hommes peler des patates. Mon modèle à moi n'est pas le bon, il me le fait sentir. Le sien commence à monter à l'horizon, monsieur père laisse son épouse s'occuper de tout dans la maison, lui si disert, cultivé, en train de balayer, ça serait cocasse, délirant, un point c'est tout. À toi d'apprendre ma vieille. Des moments d'angoisse et de
30 découragement devant le buffet jaune canari du meublé, des œufs, des pâtes, des endives, toute la bouffe est là, qu'il faut manipuler, cuire. Fini la nourriture-décor de mon enfance, les boîtes de conserve en quinconce, les bocaux multicolores, la nourriture surprise des petits restaurants chinois bon marché du temps d'avant. Maintenant, c'est
35 la nourriture corvée.

Annie Ernaux, *La Femme gelée*, 1981, © Éditions Gallimard, www.gallimard.fr.

DOCUMENT B **Publicité Moulinex, 1959**

Coll. Kharbine-Tapabor

TRAVAIL SUR LE TEXTE LITTÉRAIRE ET SUR L'IMAGE
50 POINTS • ⏱ 1 h 10

Les réponses doivent être entièrement rédigées.

Grammaire et compétences linguistiques

▶ **1.** Quel est le temps employé majoritairement dans le texte ? Quelle est sa valeur ? Quel effet cet emploi produit-il sur le lecteur ? *(3 points)*

▶ **2.** « La cocotte-minute, cadeau de mariage si utile <u>vous</u> verrez, chantonne sur le gaz. » (l. 8-9).
a) Précisez la classe grammaticale et la fonction du pronom souligné. *(2 points)*
b) Qui désigne-t-il selon vous ? *(1 point)*
c) À quel type de message cette phrase vous fait-elle penser ? *(2 points)*

▶ **3.** « Je suis humiliée. Mes parents, l'aberration, le couple bouffon. Non je n'en ai pas vu beaucoup d'hommes peler des patates. Mon modèle à moi n'est pas le bon, il me le fait sentir. » (l. 23-26) Réécrivez ce passage en remplaçant « je » par « nous » (en conservant le genre féminin). Vous procéderez à toutes les transformations nécessaires. *(9 points)*

Compréhension et compétences d'interprétation

▶ **4.** Quelle est la situation des deux personnages du texte ? Relevez deux citations pour appuyer votre réponse. *(2 points)*

▶ **5.** « jeune couple moderno-intellectuel » (l. 4) : expliquez le sens de cette expression en vous reportant au portrait du couple dans le texte. *(4 points)*

▶ **6.** À quelle personne le texte est-il rédigé ? Quelle indication cela vous donne-t-il sur le genre du texte ? *(3 points)*

▶ **7.** « Elle avait démarré, la différence. » (l. 13-14). De quelle différence s'agit-il ? Commentez ce propos de la narratrice en faisant un parallèle avec le propos cité plus haut (l. 10-11) : « Finie la ressemblance. » *(6 points)*

▶ **8.** « À toi d'apprendre ma <u>vieille</u>. […] toute la <u>bouffe</u> est là […]. » (l. 29-31). À quel niveau de langue appartiennent les mots soulignés ? Justifiez leur emploi dans le texte. *(4 points)*

▶ **9.** Pourquoi peut-on dire que la narratrice est une « femme gelée », ainsi que l'annonce le titre de l'œuvre ? Relevez trois éléments dans le texte pour appuyer votre réponse. *(6 points)*

S'ENTRAÎNER

▶ **10.** Quels sont les éléments qui rapprochent l'image et le texte ? *(4 points)*

▶ **11.** Cette publicité pourrait-elle, selon vous, être encore utilisée à notre époque ? *(4 points)*

DICTÉE

10 POINTS • ⏱ 20 min

Le nom de l'auteur et le titre de l'œuvre sont écrits au tableau au début de la dictée.

Simone de Beauvoir

Le Deuxième Sexe, tome II, 1949
© Éditions Gallimard, www.gallimard.fr

Dans les romans d'aventures ce sont les garçons qui font le tour du monde, qui voyagent comme marins sur des bateaux, qui se nourrissent dans la jungle du fruit de l'arbre à pain. Tous les événements importants arrivent par les hommes. La réalité confirme ces romans et ces légendes. Si la fillette lit les journaux, si elle écoute la conversation des grandes personnes, elle constate qu'aujourd'hui comme autrefois les hommes mènent le monde. Les chefs d'État, les généraux, les explorateurs, les musiciens, les peintres qu'elle admire sont des hommes ; ce sont des hommes qui font battre son cœur d'enthousiasme.

RÉDACTION

40 POINTS • ⏱ 1 h 30

Vous traiterez au choix l'un des deux sujets. Votre rédaction sera d'une longueur minimale de deux pages.

Sujet de réflexion

Selon vous, est-il facile aujourd'hui pour une femme de concilier vie familiale et vie professionnelle ?

Sujet d'imagination

À la suite d'un accident, la jeune enseignante doit se reposer. Son mari la remplace dans la maison.
Vous imaginerez la suite du récit en montrant que le mari se rend compte progressivement de l'inégalité qui existait entre eux.

LES CLÉS DU SUJET

● Analyser les documents

Le genre
Extrait d'un roman d'inspiration autobiographique comme la plupart des œuvres d'Annie Ernaux.

Le genre
Publicité pour l'électroménager de la marque Moulinex datant de la fin des années 1950.

LE TEXTE **L'IMAGE**

Le thème
Évocation de la condition des femmes et de la nécessité de la faire évoluer.

Le thème
L'image illustre le rôle alors imposé aux femmes : celui de la femme au foyer, bonne ménagère dévouée à son mari.

S'ENTRAÎNER

● Traiter le sujet de réflexion

■ Recherche d'idées

Piste 1
Commence par choisir la thèse que tu vas développer : oui (ou non) il est (ou il n'est pas) plus facile aujourd'hui pour une femme de concilier vie professionnelle et vie familiale.

Piste 2
Appuie-toi sur ce que tu as pu observer dans ta famille sur la répartition des tâches. Tu peux comparer la vie de ta mère à celle de tes grands-mères.

■ Conseils de rédaction

Voici une proposition de plan si tu optes pour la thèse : « Il est plus facile aujourd'hui pour une femme de concilier sa vie professionnelle et sa vie familiale ».

• Argument n° 1 : les mentalités ont changé, les hommes sont moins réticents à prendre en charge une partie des tâches ménagères.

• Argument n° 2 : le développement des crèches et des aides sociales permet aux femmes de faire plus facilement garder leurs enfants.

• Contre-argument n° 1 : les préjugés ont la vie dure.

• Contre-argument n° 2 : l'inégalité face à l'emploi subsiste entre les hommes et les femmes.

• Synthèse : les mentalités ont bien évolué, mais il reste du chemin à parcourir pour une parfaite égalité.

○ Traiter le sujet d'imagination

■ Recherche d'idées

Piste 1	• Tout d'abord, imagine rapidement l'accident. • Envisage ensuite toutes les tâches ménagères qui peuvent s'accumuler dans un foyer : cuisine, vaisselle, lessive…
Piste 2	Enfin, prends en compte les réticences du mari, sa maladresse et son manque d'habitude.

■ Conseils de rédaction

• Il s'agit d'une suite de texte. N'oublie pas d'en respecter la forme :
– récit à la première personne (la narratrice = la femme) ;
– emploi majoritairement du présent.
• Garde la simplicité du style (phrases courtes, souvent non verbales).
• Évite cependant d'utiliser un lexique familier.

10 CORRIGÉ GUIDÉ ✦

TRAVAIL SUR LE TEXTE LITTÉRAIRE ET SUR L'IMAGE

Grammaire et compétences linguistiques

▶ **1.** Le temps employé majoritairement est le présent de l'indicatif. Il a une valeur de présent d'habitude, de répétition. Cela donne une impression d'uniformité, d'ennui, de routine.

> **ZOOM**
> Le présent peut avoir plusieurs valeurs : présent de l'énonciation, présent de narration, présent de répétition, présent de vérité générale.

▶ **2. a)** Il s'agit d'un pronom personnel sujet.
b) Il désigne les lecteurs.
c) Cette phrase peut faire penser à un message publicitaire.

▶ **3.** *Les modifications sont mises en couleur.*
« Nous sommes humiliées. Nos parents, l'aberration, le couple bouffon. Non nous n'en avons pas vu beaucoup d'hommes peler des patates. Notre modèle à nous n'est pas le bon, il nous le fait sentir. »

Compréhension et compétences d'interprétation

▶ **4.** Ils sont mari et femme et encore étudiants. La narratrice assure aussi un emploi d'enseignante : « Un mois, trois mois que nous sommes mariés, nous retournons à la fac, je donne des cours de latin. »

▶ **5.** Les deux personnages semblent former un « jeune couple moderno-intellectuel ». Tout d'abord, ils travaillent tous les deux, d'où l'idée de couple moderne. Ensuite, ils poursuivent des études, de lettres pour elle, de droit pour lui, d'où l'idée de couple intellectuel.

▶ **6.** Ce texte est rédigé à la première personne. Cela peut laisser penser à une autobiographie, une œuvre dans laquelle l'auteur raconte, à la première personne, sa propre vie.

▶ **7.** « Elle avait démarré, la différence. » La narratrice entend par là que l'égalité dans le couple s'arrête à ces moments d'étude partagés. En effet, il n'est nulle-ment question de se répartir équitable-

INFO +
Le machisme est une idéologie fondée sur l'idée que l'homme domine socialement la femme.

ment les tâches ménagères qui toutes incombent à la jeune femme. Son mari considère que ce ne sont pas des tâches dignes d'un homme. Il fait preuve de machisme.

▶ **8.** Les mots « (ma) vieille » et « bouffe » appartiennent au niveau de langage familier. Ils sont employés dans une sorte de dialogue intérieur qui mêle les réflexions du mari et celles que la narratrice se fait à elle-même. Ce registre de langue met en évidence l'autodénigrement de la jeune femme face au manque de considération de son époux et la banalité, la trivialité de son quotidien.

▶ **9.** On peut dire que la narratrice est « une femme gelée », comme l'indique le titre de l'œuvre, car à travers cette image métaphorique, on entrevoit com-bien la vie qui l'attend va être différente de celle à laquelle elle aspirait. Le gel évoque à la fois quelque chose qui emprisonne et quelque chose qui glace, qui chasse toute chaleur, tout désir, tout élan, toute résistance. La jeune femme se voit coincée, figée dans un quotidien déprimant fait de corvées ména-gères répétitives dans lequel « on s'enlise, doucettement », « en y consentant lâchement. » Elle perd peu à peu sa joie de vivre, sa fantaisie, sa combativité, engluée dans des « moments d'angoisse et de découragement ».

▶ **10.** Le texte et la publicité évoquent tous les deux la même image de la femme : celle de la bonne ménagère à laquelle incombe le devoir de confec-tionner de « bons petits plats » pour son mari. Tous deux mettent en scène les appareils ménagers, considérés comme les cadeaux idéaux pour la maîtresse de maison : la cocotte-minute, le compte-minutes… La publicité valorise cette image (l'épouse semble rayonnante et comblée) contrairement au texte qui se montre critique face à une telle conception de la femme.

S'ENTRAÎNER

▶ **11.** Une telle publicité ne serait plus possible de nos jours : l'image de la femme et du couple a profondément changé. Les femmes ont livré de nombreux combats pour faire évoluer leur condition et réclament toujours plus d'égalité entre les sexes. Une telle affiche serait accusée de sexisme.

DICTÉE

> **POINT MÉTHODE**
>
> **1** Attention à ne pas confondre ce pronom démonstratif et se pronom personnel réfléchi. On peut remplacer *ce* par *cela* et *se* par *me* ou *te*.
>
> **2** Il y a trois noms qui ont un pluriel en *x* : un bateau/des bateaux, un journal/des journaux, un général/des généraux.

Dans les romans d'aventures ce sont les garçons qui font le tour du monde, qui voyagent comme marins sur des bateaux, qui se nourrissent dans la jungle du fruit de l'arbre à pain. Tous les événements importants arrivent par les hommes. La réalité confirme ces romans et ces légendes. Si la fillette lit les journaux, si elle écoute la conversation des grandes personnes, elle constate qu'aujourd'hui comme autrefois les hommes mènent le monde. Les chefs d'État, les généraux, les explorateurs, les musiciens, les peintres qu'elle admire sont des hommes ; ce sont des hommes qui font battre son cœur d'enthousiasme.

RÉDACTION

Voici un exemple de rédaction sur chacun des deux sujets. Attention les indications entre crochets ne doivent pas figurer sur ta copie.

Sujet de réflexion

[Présentation de la thèse] De nos jours, il est sans doute plus facile pour une femme de concilier vie familiale et vie professionnelle.

[Arguments] En effet, les mentalités ont changé. Les hommes considèrent de moins en moins les tâches ménagères et l'éducation des enfants comme réservées aux femmes ; ils assument leur part, apprennent à changer les couches et aiment cuisiner. Les femmes revendiquent de leur côté le droit à une vie professionnelle et se sont décomplexées.

CONSEIL
Pense à aller à la ligne à chaque nouvel argument et à les introduire au moyen d'un connecteur logique.

De plus, les parents peuvent bénéficier d'une aide pour faire garder leurs enfants. L'offre, si elle est encore insuffisante, est variée : crèches, assistantes maternelles… Décidément, la vie de nos mères ne ressemble pas à celle de nos grands-mères.

[Contre-arguments] Cependant, il reste bien des résistances. Les mentalités peinent à évoluer. Les enquêtes et sondages montrent que ce sont encore les femmes qui doivent prendre en charge la plus grande partie des tâches ménagères. Si un certain nombre d'hommes aiment cuisiner le week-end, la cuisine-corvée de tous les jours est majoritairement réservée aux femmes.

Par ailleurs, les femmes sont souvent freinées dans leur carrière par leur vie familiale : certaines entreprises sont réticentes à embaucher des femmes prétextant qu'elles risquent de s'absenter lorsqu'elles seront enceintes ou pour garder leurs enfants lorsqu'ils seront malades. Cela dépend évidemment du milieu social. Il est plus facile de concilier vie familiale et vie professionnelle dans les milieux aisés ; c'est beaucoup plus compliqué dans les milieux défavorisés.

[Conclusion] Pour conclure, si les choses ont évolué, il y a encore du chemin à faire dans les mentalités pour que le partage des tâches soit équitable et que les femmes ne soient plus écartelées entre vie professionnelle et vie de famille. Pourquoi ne pas commencer par expliquer aux garçons que l'entretien de la maison et l'éducation des enfants ne sont pas réservés aux filles ?

Sujet d'imagination

[L'accident] Il m'est arrivé un petit accident providentiel : je me suis cassé le bras en tombant dans l'escalier. Le bras droit, bien évidemment. Et, cerise sur le gâteau, foulé le poignet gauche. Me voilà dans l'incapacité de faire la cuisine, le ménage, la lessive, le repassage. Sur le moment, j'ai été prise de panique, mais ensuite je me suis dit que c'était l'occasion de faire évoluer les choses.

[Les étapes de la prise de conscience] Le premier jour, mon mari me propose d'aller au restaurant. Cela lui semble plus simple. C'est agréable, mais je sais que nos finances ne nous permettront pas de le faire tous les jours.

> **CONSEIL**
> Pour montrer l'évolution de la situation, tu peux employer des compléments circonstanciels de temps : *au début, deux jours plus tard*, etc.

Le deuxième jour, en pestant dans sa barbe, il se met à la recherche d'une boîte de conserve. Encore lui faut-il trouver l'ouvre-boîte. Le résultat de l'opération se révèle peu concluant : les petits pois ont brûlé au fond de la casserole ; ils sont immangeables.

Le lendemain matin, il constate avec mauvaise humeur qu'il n'y a plus que des chaussettes dépareillées au fond du tiroir de la commode et que sa chemise n'est pas repassée.

S'ENTRAÎNER

Le soir, lorsqu'il ouvre le réfrigérateur, force lui est de constater qu'il n'y a plus ni œufs, ni fromage, ni pizza surgelée. Il doit courir jusqu'à l'épicerie du coin en espérant qu'elle ne soit pas déjà fermée. De retour, il s'acharne sur la cocotte-minute : « comment ça marche, ce machin ? ! » J'ai un peu pitié de lui, mais je trouve l'expérience assez drôle.

Le cinquième jour, il a des cernes sous les yeux. « Je me demande bien ce que je vais faire à manger, soupire-t-il. Une soupe, ça ira ? »

À la fin de la semaine, la vaisselle s'entasse dans l'évier, le panier de linge sale déborde et le congélateur est désespérément vide. Mon mari semble déboussolé, débordé. J'ai presque envie de le consoler, de le réconforter. Il a troqué son costume-cravate contre l'infamant tablier de la ménagère et sa cuisine s'améliore : il semble fier des petits plats qu'il nous concocte.

[Conclusion : une nouvelle répartition des tâches] À la fin du mois, lorsqu'on me retire mon plâtre, il reconnaît qu'il avait des idées fausses sur le rôle des hommes et des femmes, et qu'il n'avait pas conscience de tous les travaux que j'avais à assumer dans la maison. Il me promet d'être moins égoïste et me propose une nouvelle répartition des tâches : à lui la cuisine et la vaisselle, à moi la lessive et le repassage.

Une vengeance bien particulière

**3 heures
100 points**

● **INTÉRÊT DU SUJET** • Dans les deux documents présentés, des personnages ordinaires sont confrontés à l'irruption du surnaturel, provoquant stupéfaction, terreur et folie pour ceux qui en sont les malheureuses victimes.

S'ENTRAÎNER

DOCUMENT A   **Texte littéraire**

Dutilleul est un petit employé qui possède le don de passer à travers les murs. Personne n'est au courant de ce pouvoir. Il est mis à l'écart par son supérieur, M. Lécuyer, dans une petite pièce à côté de son bureau.

    Un jour, le sous-chef fit irruption dans le réduit[1] en brandissant une lettre et il se mit à beugler :

    — Recommencez-moi ce torchon ! Recommencez-moi cet innommable torchon qui déshonore mon service !

5   Dutilleul voulut protester, mais M. Lécuyer, la voix tonnante, le traita de cancrelat routinier[2], et, avant de partir, froissant la lettre qu'il avait en main, la lui jeta au visage. Dutilleul était modeste, mais fier. Demeuré seul dans son réduit, il fit un peu de température et, soudain, se sentit en proie à l'inspiration. Quittant son siège, il entra

10 dans le mur qui séparait son bureau de celui du sous-chef, mais il y entra avec prudence, de telle sorte que sa tête seule émergeât de l'autre côté. M. Lécuyer, assis à sa table de travail, d'une plume encore nerveuse déplaçait une virgule dans le texte d'un employé, soumis à son approbation[3], lorsqu'il entendit tousser dans son bureau. Levant les

15 yeux, il découvrit avec un effarement indicible la tête de Dutilleul, collée au mur à la façon d'un trophée de chasse. Et cette tête était vivante. À travers le lorgnon à chaînette[4], elle dardait sur lui un regard de haine. Bien mieux, la tête se mit à parler.

    — Monsieur, dit-elle, vous êtes un voyou, un butor et un galopin[2].

20   Béant d'horreur, M. Lécuyer ne pouvait détacher les yeux de cette apparition. Enfin, s'arrachant à son fauteuil, il bondit dans le couloir

et courut jusqu'au réduit. Dutilleul, le porte-plume à la main, était
installé à sa place habituelle, dans une attitude paisible et laborieuse.
Le sous-chef le regarda longuement et, après avoir balbutié quelques
25 paroles, regagna son bureau. À peine venait-il de s'asseoir que la tête
réapparaissait sur la muraille.

– Monsieur, vous êtes un voyou, un butor et un galopin.

Au cours de cette seule journée, la tête redoutée apparut vingt-
trois fois sur le mur et, les jours suivants, à la même cadence. Dutil-
30 leul, qui avait acquis une certaine aisance à ce jeu, ne se contentait
plus d'invectiver[5] contre le sous-chef. Il proférait des menaces obscures, s'écriant par exemple d'une voix sépulcrale[6], ponctuée de rires
vraiment démoniaques :

– Garou ! garou ! Un poil de loup ! (rire). Il rôde un frisson à
35 décorner tous les hiboux (rire).

Ce qu'entendant, le pauvre sous-chef devenait un peu plus pâle,
un peu plus suffocant, et ses cheveux se dressaient bien droits sur sa
tête et il lui coulait dans le dos d'horribles sueurs d'agonie. Le premier jour, il maigrit d'une livre[7]. Dans la semaine qui suivit, outre
40 qu'il se mit à fondre presque à vue d'œil, il prit l'habitude de manger
le potage avec sa fourchette et de saluer militairement les gardiens
de la paix. Au début de la deuxième semaine, une ambulance vint le
prendre à son domicile et l'emmena dans une maison de santé.

Marcel Aymé, *Le Passe-Muraille*, 1941,
© Éditions Gallimard, www.gallimard.fr.

1. Réduit : petite pièce de la taille d'un placard.
2. Cancrelat routinier ; voyou, butor, galopin : insultes.
3. Approbation : accord.
4. Lorgnon à chaînette : lunettes à un seul verre tenues par une petite chaîne.
5. Invectiver : dire des paroles violentes et injurieuses contre quelqu'un.
6. Sépulcrale : voix glaçante qui semble surgie d'un tombeau.
7. Livre : unité de masse, équivalant à 500 grammes.

DOCUMENT B **Chris Van Allsburg, « Sous la moquette »,**
dans *Les Mystères d'Harris Burdick*, 1985

Note : dessin en noir et blanc.

TRAVAIL SUR LE TEXTE LITTÉRAIRE ET SUR L'IMAGE

50 POINTS • 🕐 1 h 10

Les réponses doivent être entièrement rédigées.

Grammaire et compétences linguistiques

▶ **1.** « – Recommencez-moi ce torchon ! Recommencez-moi cet innommable torchon qui déshonore mon service ! » (lignes 3 à 4)

a) Identifiez le mode du verbe « Recommencez ». (*1 point*)

b) Quel est le type de phrase employé ? (*1 point*)

c) Quelle émotion est ainsi exprimée ? (*1 point*)

▶ **2.** « indicible » (ligne 15).

a) Analysez la formation de ce mot en nommant les éléments qui le composent. (*1,5 point*)

b) Expliquez son sens. (*0,5 point*)

▶ **3. a)** Quelle forme de discours est majoritairement utilisée pour rapporter les paroles des personnages ? (*1 point*)
b) Sur quels indices, dans le texte, vous êtes-vous appuyé ? (*2 points*)
c) Quel est l'effet produit par ce choix ? (*2 points*)

▶ **4.** « le pauvre sous-chef » (ligne 36)
a) Donnez la classe grammaticale de « pauvre » ainsi que sa fonction. (*2 points*)
b) Quelle est la différence de sens entre un « pauvre sous-chef » et un sous-chef pauvre ? (*2 points*)

▶ **5.** Réécrivez le passage ci-dessous au présent de l'indicatif en remplaçant « il » par « elles ».
Faites toutes les modifications nécessaires. (*10 points*)
« Demeuré seul dans son réduit, il fit un peu de température et, soudain, se sentit en proie à l'inspiration. Quittant son siège, il entra dans le mur qui séparait son bureau de celui du sous-chef. » (lignes 8 à 10)

Compréhension et compétences d'interprétation

▶ **6.** Lignes 15 à 22 : identifiez deux réactions successives de M. Lécuyer lorsqu'il aperçoit pour la première fois la tête de Dutilleul qui sort du mur. Justifiez votre réponse en citant le texte. (*4 points*)

▶ **7.** Lignes 24 à 35.
a) Repérez deux actes que Dutilleul effectue à l'encontre de son patron. (*3 points*)
b) Qu'en déduisez-vous sur la stratégie adoptée par Dutilleul envers M. Lécuyer ? (*2 points*)
c) Comment évolue-t-elle au fil des jours ? (*2 points*)

▶ **8.** Pour quelle raison Dutilleul agit-il ainsi envers son supérieur ? (*2 points*)

▶ **9.** Lignes 36 à 43 : analysez l'évolution de l'état de santé physique et mental de M. Lécuyer au fil des jours. (*4 points*)

▶ **10.** Que veut dénoncer Marcel Aymé dans cet extrait ? (*3 points*)

▶ **11. a)** Quelle atmosphère se dégage du dessin intitulé « Sous la moquette » ? Justifiez votre réponse en donnant au moins deux éléments de description. (*2 points*)
b) Quels rapprochements pouvez-vous faire entre le texte et l'image ? (*4 points*)

DICTÉE   10 POINTS • ⏱ 20 min

Le nom de l'auteur, le titre de l'œuvre, ainsi que « Dutilleul », « larcin » et « Garou-Garou » sont écrits au tableau.

Marcel Aymé
Le Passe-Muraille, 1941.
© Éditions Gallimard, www.gallimard.fr

Le premier cambriolage auquel se livra Dutilleul eut lieu dans un grand établissement de crédit de la rive droite. Ayant traversé une douzaine de murs et de cloisons, il pénétra dans divers coffres-forts, emplit ses poches de billets de banque et, avant de se retirer, signa son larcin à la craie rouge, du pseudonyme de Garou-Garou, avec un fort joli paraphe qui fut reproduit le lendemain par tous les journaux. Au bout d'une semaine, ce nom de Garou-Garou connut une extraordinaire célébrité. La sympathie du public allait sans réserve à ce prestigieux cambrioleur qui narguait si joliment la police.

S'ENTRAÎNER

RÉDACTION   40 POINTS • ⏱ 1 h 30

Vous traiterez au choix un des deux sujets de rédaction suivants. Votre travail fera au moins deux pages (soit une cinquantaine de lignes).

Sujet d'imagination

Un mois plus tard, M. Lécuyer, guéri, revient au travail. Il retrouve donc Dutilleul. Faites le récit des événements qui ont lieu lors de ce retour.
Vous veillerez à respecter les caractéristiques de la narration et du cadre spatio-temporel du texte et à prendre en compte le caractère de chaque personnage.

Sujet de réflexion

Dans l'extrait étudié, Marcel Aymé dénonce les mauvaises conditions de travail.
Pensez-vous que les œuvres d'art (littérature, cinéma, musique, peinture…) sont efficaces pour dénoncer les travers de la société ?
Vous répondrez à cette question en vous appuyant sur votre expérience, vos lectures, votre culture artistique et vos connaissances personnelles.

LES CLÉS DU SUJET

● Analyser les documents

Le genre
La nouvelle présente les aventures d'un homme ordinaire découvrant qu'il possède le pouvoir de passer à travers les murs.

Les caractéristiques clés
Le caractère fantastique de l'illustration et l'usage du noir et blanc conduisent à une interprétation inquiétante.

LE TEXTE   L'IMAGE

Le thème
Dutilleul se sert de ce don pour se venger de son supérieur ; puis pour cambrioler des banques.

Le genre
L'image est tirée d'un recueil de dessins insolites qui offrent de nombreuses interprétations.

● Traiter le sujet d'imagination

■ Recherche d'idées

Piste 1 | Dutilleul a compris le potentiel de ce don ; il est probable qu'il en fera à nouveau usage.

Piste 2 | Réfléchis aux caractères des personnages : est-il vraisemblable que M. Lécuyer continue à rudoyer Dutilleul ? Ce dernier, s'estime-t-il suffisamment vengé ? Comment leurs relations vont-elles évoluer ?

■ Conseils de rédaction

• Trouve des synonymes pour désigner les personnages : « le sous-chef », « le tyran », « le directeur », pour M. Lécuyer. Ajoute ensuite des expansions qui précisent ces noms : « malheureux », « cruel », « misérable », « qui n'avait plus rien d'arrogant ». Fais de même pour Dutilleul.
• Respecte les caractéristiques de la narration, en utilisant les temps du récit et en reprenant certains éléments du texte : caractéristiques des personnages, paroles obscures prononcées par Dutilleul…

● Traiter le sujet de réflexion

■ Recherche d'idées

Piste 1 | Trouve des exemples d'œuvres d'art engagées : pour le cinéma, *Le Dictateur* de Charlie Chaplin ; pour la littérature, le roman *Germinal* d'Émile Zola ; pour la peinture, les œuvres d'Otto Dix ; pour la musique les chansons censurées.

Piste 2 | Ta réponse peut être nuancée ; même si tu as un avis tranché sur la question, prends le temps d'imaginer les arguments du camp adverse.

■ Conseils de rédaction

• Pour ton introduction, pars de la dénonciation contenue dans le texte de Marcel Aymé. Reprends ensuite la question du sujet.

• Veille à varier les domaines où tu puises des exemples. Essaye de donner des références précises à chaque fois (titre et auteur).

11 CORRIGÉ **GUIDÉ**

TRAVAIL SUR LE TEXTE LITTÉRAIRE ET SUR L'IMAGE

Grammaire et compétences linguistiques

▶ **1. a)** Le verbe est conjugué à l'impératif.

b) Il s'agit d'une phrase injonctive, utilisée pour donner un ordre.

c) La colère et l'exaspération sont exprimées ici : le sous-chef méprise ouvertement Dutilleul.

> **INFO+**
> On parle de phrase **injonctive** plutôt que de phrase impérative : on peut en effet donner un ordre sans utiliser l'impératif (ex. : Tu recommenceras ce torchon).

▶ **2. a)** L'adjectif est composé d'un préfixe *in-*, du radical du verbe dire, du suffixe *-ible*.

b) Le suffixe *-ible* indique l'idée de capacité. Le préfixe privatif *in-* indique un sens contraire ; « indicible » qualifie donc ce qui ne peut pas être dit.

▶ **3. a)** Les paroles sont rapportées au discours direct.

b) Les tirets précédés des deux points, les propositions incises précisant qui parle (« dit-elle ») et l'emploi du présent dans les paroles (« vous êtes ») nous l'indiquent.

c) Le discours direct produit un effet de réel : le lecteur a l'impression d'assister à la scène. Les paroles rapportées ainsi sont plus frappantes, et les émotions plus aisément compréhensibles.

▶ **4. a)** « Pauvre » est un adjectif qualificatif, qui a pour fonction d'être épithète liée du nom « sous-chef ».

b) L'adjectif change de sens selon sa place. Il signifie « malheureux » dans l'expression « pauvre sous-chef » ; mais, placé après le nom, il désigne quelqu'un ayant des moyens financiers limités.

▶ **5.** *Les modifications sont en couleur.*

Demeurées seules dans leur réduit, elles font un peu de température et, soudain, se sentent en proie à l'inspiration. Quittant leur siège, elles entrent dans le mur qui sépare leur bureau de celui du sous-chef.

Compréhension et compétences d'interprétation

▶ **6.** M. Lécuyer ressent de la peur lorsqu'il aperçoit pour la première fois la tête sortant du mur (« effarement » et « horreur »). Il est aussi fasciné par cette apparition fantastique : « ne pouvant détacher les yeux ».

▶ **7. a)** Dutilleul passe sa tête à travers le mur, insulte son patron (« voyou »), puis prononce des menaces énigmatiques entrecoupées de rires.

b) Dutilleul veut donc se venger de son patron en l'effrayant ; il comprend alors qu'il est en train de le rendre fou et continue à soulager sa rancune en se moquant de lui.

c) La répétition des apparitions révèle que Dutilleul savoure sa vengeance. Il veut éprouver la résistance de M. Lécuyer.

▶ **8.** Dutilleul éprouve du ressentiment. M. Lécuyer l'a en effet traité sans égard, a dénigré son travail (« ce torchon »), l'a humilié (« lui jeta au visage » la lettre).

▶ **9.** L'état de santé de M. Lécuyer ne cesse de se dégrader : il éprouve d'abord toutes les manifestations physiques de l'angoisse : il pâlit, suffoque, transpire, puis perd du poids. Son état mental se dégrade également, il accomplit des actes absurdes (manger le potage avec une fourchette). Sa folie est reconnue lorsqu'une ambulance vient l'emmener.

▶ **10.** Marcel Aymé dénonce les actes tyranniques d'un petit chef se croyant autorisé à rudoyer et humilier ses employés, sans aucun égard pour leur travail ni pour leur susceptibilité.

INFO+
Dans le début de la nouvelle, on apprend que M. Lécuyer avait déjà commis à l'encontre de Dutilleul un certain nombre d'actes visant à l'humilier.

▶ **11. a)** Une atmosphère fantastique se dégage du dessin. La scène a lieu la nuit. Le noir et blanc et les ombres contribuent à la mise en place de l'angoisse. Le contraste est grand entre le décor tranquille et la forme effrayante qui se déplace sous la moquette.

b) Dans les deux documents, les personnages semblent ordinaires. Ils évoluent dans un univers tranquille : les bureaux d'un ministère ou un salon douillet. Ils sont face à un phénomène inexplicable et en éprouvent de la frayeur.

DICTÉE

> **POINT MÉTHODE**
>
> ❶ Ne confonds pas le pronom *se*, toujours employé devant un verbe, et *ce, déterminant démonstratif* employé devant un nom ou un adjectif : *se donner, se décommander*, mais *ce jeune homme, ce héros.*
>
> ❷ Certains noms sont composés : ils sont formés à l'aide de deux mots. Au pluriel, seuls le nom et l'adjectif peuvent s'accorder, et seulement si le sens le permet : *des canapés-lits,* mais *des gratte-ciel.*

Le premier cambriolage auquel se livra Dutilleul eut lieu dans un grand établissement de crédit de la rive droite. Ayant traversé une douzaine de murs et de cloisons, il pénétra dans divers coffres-forts, emplit ses poches de billets de banque et, avant de se retirer, signa son larcin à la craie rouge, du pseudonyme de Garou-Garou, avec un fort joli paraphe qui fut reproduit le lendemain par tous les journaux. Au bout d'une semaine, ce nom de Garou-Garou connut une extraordinaire célébrité. La sympathie du public allait sans réserve à ce prestigieux cambrioleur qui narguait si joliment la police.

RÉDACTION

Voici un exemple de rédaction sur chacun des deux sujets.
Attention, les indications entre crochets ne doivent pas figurer sur ta copie.

Sujet d'imagination

[La nouvelle du retour] Trente jours plus tard exactement, M. Lécuyer fit sa réapparition au ministère. Dutilleul avait passé un mois délicieux à travailler au calme. Retrouvant la routine qui lui était chère, il peaufinait les courriers qu'il rédigeait, et se concentrait depuis plusieurs jours sur un épineux problème de syntaxe : fallait-il placer le point à l'intérieur ou à l'extérieur des guillemets ?

[Description de M. Lécuyer] Le remue-ménage dans le couloir lui fit quitter le petit réduit qui lui servait de bureau ; M. Lécuyer, quand il l'aperçut, fut pris d'une faiblesse et s'assit sur une chaise. Le teint vert et flottant dans ses vêtements, il n'avait plus rien de l'arrogant personnage qui avait fait de la vie de ses employés un enfer.

[Relations au travail] Les jours suivants, tout le monde n'eut plus qu'une idée en tête : se venger de l'ancien tyran. Les uns se moquaient ouvertement de son apparence craintive ; d'autres le traitaient avec grossièreté ; certains allaient jusqu'à le bousculer. Dutilleul était le seul à se montrer compatissant.

[Actes de Dutilleul] Désireux de protéger celui qu'il voyait comme une nouvelle victime, Dutilleul reprit l'activité qui lui avait si bien réussi :

« Garou ! Garou ! Poil de loup » criait-il en passant la tête dans les bureaux occupés par les nouveaux bourreaux. Chacun sait que les paroles énigmatiques font beaucoup d'effet. Au bout d'une semaine, la moitié des employés démissionnait ; la

GAGNE DES POINTS
Au sein de ton récit, tu peux intercaler des commentaires du narrateur, faits au présent de vérité générale.

semaine suivante, cinq ambulances emmenèrent les derniers fonctionnaires. Lorsque M. Lécuyer s'aperçut qu'il ne restait plus que lui et Dutilleul, il s'enfuit sans chapeau ni pardessus. Nul ne sait ce qu'il est devenu.

Sujet de réflexion

[Introduction] Dans *Le Passe-Muraille*, Aymé met en scène M. Dutilleul, employé consciencieux, harcelé par un chef autoritaire. Il dénonce par le biais d'un texte de fiction, les abus de pouvoir dans le monde du travail. Les œuvres d'art sont-elles efficaces pour dénoncer les défauts de la société ?

[La dénonciation des abus par l'art engagé] De nombreuses œuvres d'art dénoncent des injustices. Des chansons remettant en cause des décisions politiques ont ainsi été censurées par le pouvoir, qui craignait leur influence, comme la chanson *Le Déserteur*, de Boris Vian. En peinture, l'art est aussi souvent considéré comme un moyen de dénoncer un comportement. Ainsi, Picasso, en peignant la gigantesque toile *Guernica*, voulait montrer l'horreur des bombardements subis par une population civile.

[Transition] Les artistes se servent donc de leur art pour défendre des idées qui leur sont chères. Mais cette dénonciation est-elle réellement efficace ?

[L'efficacité de la dénonciation] On pourrait penser que les moyens d'action tels

CONSEIL
Ménage une transition entre les deux parties de ton développement : récapitule ce que tu as dit, insère un connecteur logique, annonce ce qui va suivre.

que la grève, l'opposition politique directe ont plus d'effet que des poèmes ou des films. Pourtant, les œuvres d'art possèdent une durée dans l'histoire supérieure à celle d'un discours politique. La dénonciation peut alors sembler plus efficace. La Fontaine, quand il écrit ses fables, veut dénoncer certains travers : l'arbitraire du pouvoir royal, les défauts et la bêtise des hommes. En utilisant la littérature, il donne un tour plaisant à cette dénonciation, et la rend plus efficace, puisque nous lisons encore ses fables aujourd'hui.

[Conclusion] L'art n'est pas le seul moyen de défendre des idées. Il permet toutefois de donner visibilité et efficacité à cette dénonciation et de toucher ainsi le plus grand nombre.

Des mots et des maux

🕒 3 heures
100 points

● **INTÉRÊT DU SUJET** • Les documents montrent que, quelles que soient les précautions prises, les informations que l'on aimerait garder secrètes finissent par être connues des personnes mêmes à qui on voulait les cacher.

DOCUMENT A **Texte littéraire**

Jeunes gens, prenez garde aux choses que vous dites.
Tout peut sortir d'un mot qu'en passant vous perdîtes.
Tout, la haine et le deuil ! – Et ne m'objectez[1] pas
Que vos amis sont sûrs et que vous parlez bas… –
5 Écoutez bien ceci :
               Tête-à-tête, en pantoufle,
Portes closes, chez vous, sans un témoin qui souffle,
Vous dites à l'oreille au plus mystérieux
De vos amis de cœur, ou, si vous l'aimez mieux,
10 Vous murmurez tout seul, croyant presque vous taire,
Dans le fond d'une cave à trente pieds sous terre,
Un mot désagréable à quelque individu[2] ;
Ce mot que vous croyez qu'on n'a pas entendu,
Que vous disiez si bas dans un lieu sourd et sombre,
15 Court à peine lâché, part, bondit, sort de l'ombre !
Tenez, il est dehors ! Il connaît son chemin.
Il marche, il a deux pieds, un bâton à la main,
De bons souliers ferrés, un passeport en règle ;
– Au besoin, il prendrait des ailes comme l'aigle ! –
20 Il vous échappe, il fuit, rien ne l'arrêtera.
Il suit le quai, franchit la place, *et cætera*[3],
Passe l'eau sans bateau dans la saison des crues,
Et va, tout à travers un dédale de rues,
Droit chez l'individu dont vous avez parlé.
25 Il sait le numéro, l'étage ; il a la clé,

Il monte l'escalier, ouvre la porte, passe,
Entre, arrive, et, railleur[4], regardant l'homme en face,
Dit : – Me voilà ! je sors de la bouche d'un tel[5]. –

Et c'est fait. Vous avez un ennemi mortel.

Victor Hugo, *Toute la Lyre*, III, XXI, 1888.

_____

1. Objecter : formuler une objection, opposer un argument.
2. Un mot désagréable à quelque individu : un mot désagréable à propos de quelque individu.
3. *Et cætera* : locution latine abrégée généralement en français par *etc.*, qu'on emploie au terme d'une énumération et qui signifie « et ainsi de suite ».
4. Railleur : moqueur, ironique.
5. Un tel : désigne ici la personne qui a parlé.

DOCUMENT B **Norman Rockwell, *The Gossips (Les Commérages)*, 1948**

Peinture pour une couverture du *Saturday Evening* (6 mars 1948), huile sur toile, collection privée.
Vous pouvez visionner cette peinture sur la page :
bit.ly/Rockwell_Gossips

TRAVAIL SUR LE TEXTE LITTÉRAIRE ET SUR L'IMAGE
50 POINTS • ⏱ 1 h 10

Les réponses doivent être entièrement rédigées.

Grammaire et compétences linguistiques

▶ **1. a)** Donnez le mode et le temps de : « prenez » (vers 1), « objectez » (vers 3), « Écoutez » (vers 5). (*2 points*)
b) Pourquoi ce mode est-il utilisé ? (*2 points*)

▶ **2.** Vers 1 à 3 : relevez les déterminants contenus dans les trois premières phrases du texte. (*2 points*)

▶ **3.** Réécrivez le passage suivant en remplaçant « il » par « ils ». Faites toutes les modifications nécessaires. (*10 points*)
« Il vous échappe, il fuit, rien ne l'arrêtera.
Il suit le quai, franchit la place, *et cætera*,
Passe l'eau sans bateau dans la saison des crues,
Et va, tout à travers un dédale de rues,
Droit chez l'individu dont vous avez parlé. » (vers 20 à 24)

▶ **4.** « Et ne m'objectez pas/Que vos amis sont sûrs [...] » (vers 3 et 4).
a) Quelle est la nature de « que » ? (*2 points*)
b) Justifiez votre réponse. (*2 points*)

Compréhension et compétences d'interprétation

▶ **5.** Expliquez les conséquences qu'entraîne, selon ce texte, le fait de prononcer un « mot désagréable » (vers 12).
Justifiez votre réponse en vous appuyant sur deux éléments du texte. (*4 points*)

▶ **6.** Vers 3 à 11 : quelles sont les précautions que les « jeunes gens » peuvent estimer avoir prises pour éviter que leurs paroles ne soient rapportées ? Citez au moins deux éléments en prenant appui sur le texte. (*4 points*)

▶ **7.** Vers 12 à 27 :
a) À quel terme renvoie le pronom « il » ? (*2 points*)
b) Quelle figure de style est ici utilisée ? (*2 points*)
c) Quel effet cette figure de style produit-elle ? (*2 points*)

▶ **8.** Vers 14 : « Que vous disiez si bas dans un lieu sourd et sombre ».
a) Quel effet sonore remarquez-vous dans ce vers ? (*2 points*)
b) Pourquoi le poète l'emploie-t-il ? (*3 points*)

▶ **9.** Quel conseil le poète souhaite-t-il adresser aux « jeunes gens » dans ce texte ? Selon vous, quel passage l'illustre avec le plus de force ? Expliquez pourquoi. (*5 points*)

▶ **10. a)** Dans le tableau de Norman Rockwell, pourquoi chaque personnage est-il représenté deux fois ? (*2 points*)
b) Comparez le texte et le tableau de Norman Rockwell. Dans les deux documents, comment la parole prononcée se retourne-t-elle contre son locuteur ? (*4 points*)

S'ENTRAÎNER

DICTÉE **10 POINTS • ⏱ 20 min**

Le nom « la Croix-de-Colbas », ainsi que le nom de l'auteur et le titre de l'œuvre sont écrits au tableau.

Victor Hugo
Les Misérables, 1862

L'homme baissa la tête, ramassa le sac qu'il avait déposé à terre, et s'en alla.

Il prit la grande rue. Il marchait devant lui au hasard, rasant de près les maisons comme un homme humilié et triste. Il ne se retourna pas une seule fois. S'il s'était retourné, il aurait vu l'aubergiste de la Croix-de-Colbas sur le seuil de sa porte, entouré de tous les voyageurs de son auberge et de tous les passants de la rue, parlant vivement et le désignant du doigt ; et, aux regards de défiance et d'effroi du groupe, il aurait deviné qu'avant peu son arrivée serait l'événement de toute la ville.

Il ne vit rien de tout cela. Les gens accablés ne regardent pas derrière eux. Ils ne savent que trop que le mauvais sort les suit.

RÉDACTION **40 POINTS • ⏱ 1 h 30**

Vous traiterez au choix le sujet d'imagination ou le sujet de réflexion.

Sujet d'imagination

Dans votre quartier, les habitants s'interrogent sur la soudaine fortune d'un voisin.
Les rumeurs les plus extravagantes circulent.
Imaginez les conversations qui s'ensuivent, jusqu'à ce que la vérité éclate.
Vous veillerez à caractériser les personnages et à mêler récit et dialogue.
Votre texte produira un effet comique.

Sujet de réflexion

« Jeunes gens, prenez garde aux choses que vous dites. » (vers 1)
Selon vous, faut-il redouter, rechercher ou même désirer le pouvoir de la parole ?
Vous répondrez à cette question en vous appuyant sur votre expérience, sur les textes étudiés en classe ainsi que sur votre culture personnelle.

LES CLÉS DU SUJET

● Analyser les documents

Le genre
Victor Hugo, qui a pratiqué tous les genres littéraires, nous offre ici un poème en alexandrins.

Le genre
Ce tableau possède un rendu photographique ; sa tonalité comique est manifeste : les visages sont proches de la caricature.

LE TEXTE **L'IMAGE**

Le thème
Le poème se présente comme un conseil donné aux jeunes gens : évitez les médisances, car leur diffusion est inexorable.

Le thème
La diffusion des commérages, à la manière du téléphone arabe, jusqu'à revenir à la personne qui en est la source.

● Traiter le sujet d'imagination

■ Recherche d'idées

Piste 1
La fortune du voisin est aussi soudaine qu'inattendue ; imagine les causes plausibles d'un tel événement : héritage, promotion professionnelle ou vente d'un bien.

Piste 2
• Formule ensuite les explications les plus extravagantes à cette fortune : meurtre, chantage, trafic, détournement de fonds, découverte d'un trésor…
• Chaque habitant mentionnera une hypothèse proche de ses préoccupations : le détournement de fonds pour un banquier, le trésor pour un jeune garçon féru d'aventures romanesques, etc.

■ Conseils de rédaction

• Le sujet n'impose pas une situation d'énonciation précise : tu peux écrire un récit à la première comme à la troisième personne.
• Les conversations et rumeurs occupent une place importante dans le devoir. Efforce-toi de varier les manières de rapporter les paroles : discours direct, indirect, indirect libre.

●● Traiter le sujet de réflexion

■ Recherche d'idées

Piste 1	Pars du constat souligné par le sujet : le pouvoir de la parole. Réfléchis aux cas où la puissance des mots est dangereuse : pense aux discours de certains dictateurs qui ont su obtenir l'adhésion des foules.
Piste 2	Trouve ensuite des situations où il serait souhaitable d'utiliser le pouvoir de la parole, comme lorsqu'on veut défendre une cause qui nous est chère.

■ Conseils de rédaction

• Tu peux répondre à la question posée de manière univoque : il faut redouter (ou au contraire rechercher) le pouvoir de la parole ; mais tu peux aussi proposer une réponse nuancée.

• Illustre tes arguments par des exemples tirés de tes lectures (textes contre la peine de mort), de ta culture (discours d'Hitler), de tes expériences (désir de convaincre un ami).

12 CORRIGÉ **GUIDÉ**

TRAVAIL SUR LE TEXTE LITTÉRAIRE ET SUR L'IMAGE

Grammaire et compétences linguistiques

▶ **1. a)** Les trois verbes sont conjugués à l'impératif présent.

b) L'impératif est le mode de l'ordre. Le poète utilise ce mode pour s'adresser aux « jeunes gens » : il leur donne des conseils ayant valeur d'injonctions.

▶ **2.** Les déterminants présents dans les trois premiers vers sont « aux (choses) », « un (mot) », « la (haine) », « le (deuil) ».

> **INFO +**
> « Aux » est la contraction de la préposition « à » et du déterminant défini « les ».

▶ **3.** *Les modifications sont en couleur.*

« Ils vous échappent, ils fuient, rien ne les arrêtera.

Ils suivent le quai, franchissent la place, *et cætera*,

Passent l'eau sans bateau dans la saison des crues,

Et vont, tout à travers un dédale de rues,

Droit chez l'individu dont vous avez parlé. »

> **ATTENTION !**
> Le mot « droit » n'est pas un adjectif ici, mais un adverbe, que l'on reconnaît en le remplaçant par « directement ». Il reste donc invariable.

▶ **4. a)** Le mot « que » est une conjonction de subordination.

b) La proposition principale « Et ne m'objectez pas » est en effet suivie d'une proposition subordonnée conjonctive « que vos amis sont sûrs », qui a une fonction essentielle dans la phrase : COD du verbe « objecter ».

Compréhension et compétences d'interprétation

▶ **5.** Le fait de prononcer un « mot désagréable » entraîne des conséquences. Même prononcé en secret, le mot se propage : il « court à peine lâché, part, bondit, sort de l'ombre ». On ne pourra pas le ravaler : « il vous échappe », et parviendra forcément aux oreilles de l'intéressé, qui vous en tiendra rigueur : « Vous avez un ennemi mortel. »

▶ **6.** Les jeunes gens peuvent prendre certaines précautions. Ils peuvent chuchoter (« parler bas, à l'oreille, murmurez »), dans un lieu privé (« portes closes, chez vous, dans le fond d'une cave à trente pieds sous terre »), ne s'adresser qu'à une personne de confiance (« au plus mystérieux de vos amis de cœur »), voire même être seul (« tout seul »). Mais la médisance se propagera pourtant malgré ces précautions.

▶ **7. a)** Le pronom « il » désigne le mot désagréable prononcé au sujet de quelque individu.

b) Ce mot désagréable possède des caractéristiques propres à un être humain : « marche, un bâton à la main, il a la clé, ouvre la porte… ». Il s'agit ici d'une personnification.

c) La figure de style souligne l'idée que le mot, une fois lâché, a une existence autonome et échappe au contrôle de celui qui l'a prononcé.

▶ **8. a)** Le vers 14 est marqué par de nombreuses répétitions de sons. On relève ainsi une allitération en s : « si, sourd, sombre ».

b) L'allitération en s met en valeur les mots qui évoquent le secret et la dissimulation. Le son lui-même évoque celui que ferait le secret susurré à l'oreille.

> **INFO +**
> Le vers présente aussi des allitérations en *d*, *b* et *z*, et une assonance en *i*.

▶ **9.** Le poète conseille aux jeunes gens d'éviter de médire d'un individu. Quelles que soient les circonstances dans lesquelles les paroles seront prononcées, elles parviendront aux oreilles de l'intéressé.

Ce conseil de sagesse est illustré avec force dans le dernier vers de l'extrait : « Et c'est fait. Vous avez un ennemi mortel. » Le commérage anodin du début a pris de l'ampleur et accouche d'une haine véritable. Cette dernière phrase fonctionne comme une chute, à la fois brutale et inattendue, ce qui est souligné par l'espace qui isole ce vers des précédents.

S'ENTRAÎNER

▶ **10. a)** Chaque personnage est représenté une fois quand il entend le commérage et une autre fois lorsqu'il le répète.

b) Dans les deux documents, la parole une fois prononcée se propage vite (la personnification de « il marche » dans le poème ou le téléphone dans l'image), et parvient à la personne visée. Contrairement à tous les intermédiaires, cette parole ne l'amuse pas : « l'ennemi mortel » dont parle le texte se reconnaît dans le dernier personnage masculin du tableau, dont la colère et la rancune envers la femme à l'origine du commérage sont manifestes.

| **DICTÉE**

> **POINT MÉTHODE**
>
> **1** Plusieurs verbes du 1er groupe sont conjugués à la 3e personne du singulier au passé simple, dont la terminaison est –*a*.
>
> **2** Le participe passé employé avec *être* s'accorde avec le sujet. Avec *avoir*, il ne s'accorde qu'avec le COD si celui-ci précède le verbe.
> Employé sans auxiliaire, il fonctionne comme un adjectif.
>
> **3** Sois attentif au mot *tout*. Suivi d'un groupe nominal ou d'un pronom, il en prend les caractéristiques de genre et de nombre : *tout le monde, tous les gens, toutes celles*.

L'homme baissa la tête, ramassa le sac qu'il avait déposé à terre, et s'en alla.

Il prit la grande rue. Il marchait devant lui au hasard, rasant de près les maisons comme un homme humilié et triste. Il ne se retourna pas une seule fois. S'il s'était retourné, il aurait vu l'aubergiste de la Croix-de-Colbas sur le seuil de sa porte, entouré de tous les voyageurs de son auberge et de tous les passants de la rue, parlant vivement et le désignant du doigt ; et, aux regards de défiance et d'effroi du groupe, il aurait deviné qu'avant peu son arrivée serait l'événement de toute la ville.

Il ne vit rien de tout cela. Les gens accablés ne regardent pas derrière eux. Ils ne savent que trop que le mauvais sort les suit.

RÉDACTION

Sujet d'imagination

[Une richesse inexpliquée] Un vendredi, alors que je rentrais de l'école avec mon frère, une Ferrari nous dépassa, faisant rugir son moteur, et se gara un peu plus loin : rouge, étincelante, et décapotable ! Au comble de la stupeur, nous vîmes M. Blancar en sortir pour pénétrer dans son petit pavillon, tout semblable au nôtre. M. Blancar était professeur d'histoire au lycée voisin ; nous l'apercevions toujours plongé dans les livres.

INFO +
L'abréviation de « Monsieur » est « M. », et non « Mr. » qui correspond à l'abréviation du terme anglais *Mister*.

[Des suppositions fantasques] « Ça alors ! Mais ça vaut une fortune ! dis-je.

– Ce n'est pas normal ! Je n'ai jamais vu un prof posséder une voiture pareille, reprit Mathis.

– Peut-être qu'il l'a volée ? » suggérai-je plein d'espoir.

Le soir à table, M. Blancar fut l'unique sujet de conversation :

« C'est bizarre, affirma mon père. À mon avis, il y a quelque chose de pas net dans cette affaire. En plus, il a toujours été du genre sournois…

– Il a dû vendre des sujets d'examen ! Les sujets du bac, ça doit en faire des gens prêts à payer pour les connaître à l'avance, lança mon frère, qui était en classe de première. Est-ce que l'année prochaine… » Ma mère l'obligea alors à se taire.

Les jours suivants, on ne parla que de ça. Boris, qui travaillait au garage, racontait que c'était l'argent de la drogue : plus jeune, il avait fait quelques bêtises et fréquenté des revendeurs, alors depuis, il savait les reconnaître, ça oui ! La mère de ma copine Marie faisait des suppositions plus noires encore :

« Il a été marié autrefois. Je parie qu'il a tué son ex-femme, qui venait d'une grande famille et qui n'avait pas modifié son testament. Il a réussi à faire croire à un accident, mais il a dû laisser un indice et il se fera prendre, forcément. » Forcément, car c'était une grande lectrice de romans policiers.

[L'explication] La vérité nous parvint peu après, lorsque mon frère alla lui demander effrontément d'où lui venait tout cet argent.

Amusé, M. Blancar répondit : « Des livres. »

Devant l'air interloqué de mon frère, il ajouta :

« J'écris, sous pseudonyme, des récits de science-fiction. J'ai toujours eu des lecteurs fidèles, mais jamais de grand succès. Récemment, un producteur de cinéma a lu mon dernier roman et en a acheté les droits.

Et toi l'école, ça marche bien ? »

Sujet de réflexion

[Introduction] Dans l'Antiquité, l'art de l'éloquence était enseigné selon des règles précises. Si cet enseignement n'est plus vraiment dispensé aujourd'hui, tout le monde reconnaît le pouvoir de la parole. On peut le trouver effrayant, mais aussi utile ou séduisant.

> **CONSEIL**
> Évite les répétitions en remplaçant « le pouvoir de la parole » par des substituts : *l'éloquence, l'art oratoire, la force de conviction*, etc.

[Le danger d'une parole puissante] La parole publique est souvent faite pour convaincre les auditeurs. Les hommes politiques travaillent leurs qualités d'orateurs et s'efforcent en prononçant leurs discours de se montrer persuasifs. Ils y parviennent parfois très bien, ce qui peut représenter un danger, si la parole est mise au service d'idées périlleuses. On s'accorde en effet à dire que Hitler était un très bon orateur, qui savait susciter l'adhésion des foules…

[L'utilité d'une parole puissante] Pourtant, maîtriser l'art de la parole peut se révéler indispensable dans certains cas. Qui ne s'est jamais retrouvé dans une situation où il devait défendre efficacement son opinion, mobilisé par des enjeux importants ? Dans la sphère privée, il faut savoir se montrer convaincant pour dissuader un proche de commettre une action que l'on estime mauvaise. De même, la peine de mort n'aurait peut-être pas été abolie, si certains hommes maîtrisant le pouvoir de la parole ne s'étaient pas exprimés pour son abolition. Les œuvres de Victor Hugo ou les discours de Robert Badinter révèlent leur grande maîtrise de l'art oratoire.

[Conclusion] La parole est une arme, qu'il peut être nécessaire d'utiliser ; mais il faut savoir aussi s'en méfier, quand elle sert à véhiculer des idées dangereuses. Maîtriser l'art oratoire permet alors d'être moins subjugué par l'éloquence de certains.

13 — Polynésie française • Juin 2018

Dans l'enfer du front

3 heures
100 points

INTÉRÊT DU SUJET • L'extrait met en scène l'horreur vécue par les « poilus » sur le front à travers les machinations d'un lieutenant arriviste et sans scrupule.

DOCUMENT A **Texte littéraire**

Première Guerre mondiale. Albert est un soldat français, sous les ordres de Pradelle, un ambitieux qui rêve de devenir capitaine. Depuis plusieurs jours, soldats français et allemands se tiennent tranquilles. Pradelle décide cependant d'envoyer deux poilus en reconnaissance. On entend trois coups de feu. Aucun des deux hommes ne revient. Lorsque Pradelle commande à ses hommes d'aller venger leurs camarades, tout le monde s'élance. Dans sa course vers les lignes allemandes, Albert découvre les cadavres des deux poilus…

Albert ne sait pas ce qui lui prend, une intuition, il attrape l'épaule du vieux et le pousse. Le mort bascule lourdement et se couche sur le ventre. Il lui faut quelques secondes pour réaliser, à Albert. Puis la vérité lui saute au visage : quand on avance vers l'ennemi, on ne
5 meurt pas de deux balles dans le dos.

Il enjambe le cadavre et fait quelques pas, toujours baissé […]. Le voici devant le corps du petit Louis. […] Albert ne voit pas son visage tout maculé de boue. Il ne voit que son dos. Une balle. Avec les deux balles du vieux, ça fait trois. Le compte y est.
10 Lorsqu'il se relève, Albert est encore tout hébété[1] de cette découverte. De ce que ça veut dire. À quelques jours de l'armistice, les gars n'étant plus très pressés d'aller chatouiller les Boches, la seule manière de les pousser à l'assaut, c'était de les foutre en pétard : où était donc Pradelle lorsque les deux gars se sont fait tirer dans le dos ?
15 Bon Dieu…

Stupéfié par ce constat, Albert se retourne et découvre alors, à quelques mètres, le lieutenant Pradelle qui se rue sur lui en courant aussi vite que lui permet son harnachement[2].

Son mouvement est déterminé, sa tête parfaitement droite. Ce
20 qu'Albert voit, surtout, c'est son regard clair et direct, au lieutenant.
Totalement résolu. Tout s'éclaire d'un coup, toute l'histoire.

C'est à cet instant qu'Albert comprend qu'il va mourir.

Il tente quelques pas, mais plus rien ne marche, ni son cerveau,
ni ses jambes, rien. Tout va trop vite. Je vous l'ai dit, ça n'est pas un
25 rapide, Albert. En trois enjambées, Pradelle est sur lui. Juste à côté,
un large trou béant, un trou d'obus.

Albert reçoit l'épaule du lieutenant en pleine poitrine, il en a le
souffle coupé. Il perd pied, tente de se rattraper et tombe en arrière,
dans le trou, les bras en croix. […]

30 Arrivé au fond de la fosse, Albert roule sur lui-même, à peine
freiné par son barda³. Il s'empêtre les jambes dans son fusil, réussit à
se relever et se colle aussitôt à la paroi pentue, comme s'il s'adossait
précipitamment à une porte, dans la crainte d'être entendu ou surpris. […] Albert lève les yeux. Là-haut, campée en surplomb au bord
35 du trou comme l'ange de la mort, se découpe la haute silhouette du
lieutenant Pradelle.

Pierre Lemaitre, *Au revoir là-haut*, 2013.

---

1. Hébété : abasourdi, sidéré, choqué par cette découverte. 2. Harnachement : l'équipement
du soldat. 3. Barda : le harnachement, l'équipement du soldat, ses affaires.

DOCUMENT B **Carlos Schwabe, *La Mort et le fossoyeur*, 1900**

© La Mort et le fossoyeur/Carlos Schwabe/1900/Domaine
public/Mc Leod/Wikimédia

Musée d'Orsay.

TRAVAIL SUR LE TEXTE LITTÉRAIRE ET SUR L'IMAGE
50 POINTS • ⏱ 1 h 10

Les réponses doivent être entièrement rédigées.

Grammaire et compétences linguistiques

Relisez le troisième paragraphe, de « Lorsqu'il se relève » (l. 10) à « Bon Dieu… » (l. 15).

▶ **1. a)** Quelle est la particularité grammaticale de la phrase suivante : « Bon Dieu… » ? *(2 points)*
b) À votre avis, pourquoi l'auteur a-t-il choisi de finir cette phrase avec des points de suspension ? *(4 points)*

▶ **2.** Dans ce troisième paragraphe, relevez deux expressions appartenant au registre de langue familier. Justifiez l'emploi de ce registre. *(4 points)*

▶ **3.** Recopiez ces passages en remplaçant « Albert » par « Albert et son camarade » et en effectuant toutes les modifications grammaticales nécessaires. *(10 points)*
• « Stupéfié par ce constat, Albert se retourne et découvre alors, à quelques mètres, le lieutenant Pradelle qui se rue sur lui […]. »
• « Ce qu'Albert voit, surtout, c'est son regard clair et direct, au lieutenant. »
• « C'est à cet instant qu'Albert comprend qu'il va mourir. Il tente quelques pas, mais plus rien ne marche, ni son cerveau, ni ses jambes, rien. »

Compréhension et compétences d'interprétation

▶ **4.** « Tout s'éclaire d'un coup, toute l'histoire. » (l. 21)
a) De quelle « histoire » s'agit-il ? *(4 points)*
b) Comment cette « histoire » s'est-elle reconstituée progressivement dans l'esprit d'Albert ? *(4 points)*
c) Quelle pouvait être la motivation du lieutenant Pradelle ? *(2 points)*

▶ **5.** Relisez le passage de la ligne 16 à la fin.
a) En quoi les actions de Pradelle traduisent-elles sa détermination ? Que pensez-vous de ce personnage ? *(4 points)*
b) Quels sont les différents éléments qui contribuent à créer de l'angoisse ? *(4 points)*

▶ **6.** D'après le troisième paragraphe, à quel moment précis de la guerre se situe l'action ? Quelle est l'importance de cette information ? *(2 points)*

S'ENTRAÎNER ⏱

▶ **7.** Quelles réflexions sur l'être humain ce passage du roman vous inspire-t-il ? Justifiez. *(4 points)*

▶ **8.** Observez l'image. Quels points communs et quelles différences relevez-vous entre la scène décrite dans le texte et celle de l'image ? *(6 points)*

| **DICTÉE** | **10 POINTS** • ⏱ **20 min** |

Les noms propres « Maillard », « Pradelle », « Grisonnier », ainsi que le nom de l'auteur et le titre de l'œuvre sont écrits au tableau.

Pierre Lemaitre
Au revoir là-haut
© Éditions Albin Michel, 2013

Dès son premier coup de sifflet, quand les hommes avaient commencé à charger, il s'était placé à bonne distance sur la droite, afin d'empêcher les soldats de dériver dans la mauvaise direction. Son sang n'avait fait qu'un tour lorsqu'il avait vu ce type, comment s'appelle-t-il déjà, un gars avec un visage triste et de ces yeux, on dirait qu'il va toujours se mettre à pleurer, Maillard, c'est ça, s'arrêter là-bas, sur la droite, à se demander comment, sorti du boyau, il avait pu arriver jusque-là […].

Pradelle l'avait vu s'immobiliser, revenir sur ses pas, s'agenouiller, intrigué, et repousser le corps du vieux Grisonnier. Or ce corps-là, Pradelle l'avait à l'œil depuis le début de l'attaque parce qu'il devait absolument s'en occuper et, le plus vite possible, le faire disparaître […].

| **RÉDACTION** | **40 POINTS** • ⏱ **1 h 30** |

Vous traiterez au choix l'un des deux sujets suivants.

Sujet d'imagination

Que va-t-il se passer pour le soldat Albert ? Imaginez la suite de ce texte.

Sujet de réflexion

Faut-il être prêt à tout pour atteindre ses objectifs ?

LES CLÉS DU SUJET

● Analyser les documents

Le genre
Roman mettant en scène des personnages fictifs dans le contexte historique de l'après-guerre 1914-1918.

Le genre
Tableau (aquarelle, gouache et mine de plomb) du peintre suisse symboliste Carlos Schwabe (1866-1926).

LE TEXTE **L'IMAGE**

Le thème
Le roman raconte le montage d'une escroquerie aux monuments aux morts par deux anciens « poilus ».

Le thème
Un vieux fossoyeur affronte sa mort représentée sous la forme allégorique d'un ange aux traits féminins.

S'ENTRAÎNER ⏱

● Traiter le sujet d'imagination

■ Recherche d'idées

Piste 1 Il s'agit d'une suite de texte. Relis l'extrait, afin de reprendre fidèlement les indications de lieu et celles concernant les personnages.

Piste 2 On te demande un sujet d'invention : même si tu as lu le livre ou vu le film, évite de répéter ce que l'auteur a écrit ; laisse aller ton imagination. C'est à toi de décider du sort d'Albert.

■ Conseils de rédaction

• Prolonge l'effet de tension créé par l'auteur. Ne va pas trop vite vers le dénouement. Exprime bien les sentiments des personnages.

• Alterne passages narratifs, descriptifs et éventuellement dialogues.

• Le texte est au présent de narration. Continue à employer ce temps.

• L'action est racontée du point de vue d'Albert. Continue ainsi.

● Traiter le sujet de réflexion

■ Recherche d'idées

Piste 1 Peut-on réussir si on n'y croit pas vraiment ? Penses-tu avoir le droit de tricher pour gagner à un jeu ou dans un sport ? Est-ce bien de s'enrichir en étant malhonnête ou en exploitant les autres ?

Piste 2 Tu peux élargir ta réflexion à un niveau historique, en t'interrogeant, par exemple, sur la décision prise par le gouvernement américain de larguer deux bombes atomiques sur le Japon en 1945 pour mettre fin à la guerre. À ton avis, la fin justifie-t-elle les moyens ?

■ Conseils de rédaction

Tu peux suivre le plan suivant.

• Introduction : présentation de la question posée.

• Première partie : il est nécessaire de tout mettre en œuvre pour réussir, sinon les chances d'y parvenir sont limitées.

• Seconde partie : cependant, nul n'a le droit de sacrifier les autres pour arriver à ses fins.

• Conclusion : la fin ne saurait toujours justifier les moyens.

  CORRIGÉ GUIDÉ

TRAVAIL SUR LE TEXTE LITTÉRAIRE ET SUR L'IMAGE

Grammaire et compétences linguistiques

▶ **1. a)** « Bon Dieu… » est une phrase nominale : il s'agit d'une interjection.

INFO +
Une phrase nominale est une phrase sans verbe, constituée d'un nom ou d'un groupe nominal.

b) Les points de suspension mettent en évidence la prise de conscience par Albert d'une vérité qu'il ne peut pas encore admettre, tant elle est choquante.

▶ **2.** Les expressions « chatouiller les Boches » et « foutre en pétard » relèvent du langage familier. Il s'agit du dialogue intérieur d'Albert qui s'exprime dans la langue des tranchées.

INFO +
Il y a trois niveaux de langage : familier, courant et soutenu.

▶ **3.** *Les modifications sont en couleur.*

• « Stupéfiés par ce constat, Albert et son camarade se retournent et découvrent alors, à quelques mètres, le lieutenant Pradelle qui se rue sur eux. »

• « Ce qu'Albert et son camarade voient, surtout, c'est son regard clair et direct, au lieutenant. »

• « C'est à cet instant qu'Albert et son camarade comprennent qu'ils vont mourir. Ils tentent quelques pas, mais plus rien ne marche, ni leur cerveau, ni leurs jambes, rien. »

Compréhension et compétences d'interprétation

▶ **4. a)** Albert comprend que c'est le lieutenant Pradelle qui a tiré dans le dos des deux poilus pour faire croire à une attaque des Allemands. Pradelle souhaitait pousser ses hommes à aller au combat pour venger leurs deux camarades.

b) Albert découvre tout d'abord que les poilus ont reçu les balles dans le dos : ce ne peut donc pas être l'œuvre des Allemands qui leur font face. Ensuite, il lit dans le regard de Pradelle toute sa détermination à le tuer à son tour.

c) La motivation de Pradelle est l'ambition : il aimerait finir la guerre par une action d'éclat et en retirer de la gloire, pour accéder au grade de capitaine.

▶ **5. a)** Les actions de Pradelle traduisent sa détermination : il se rue sur Albert ; il a la tête droite et le regard résolu ; il se jette sur lui et le projette d'un coup d'épaule dans un trou d'obus. Il s'agit d'un personnage dépourvu de toute humanité. On ne peut ressentir pour lui qu'une profonde aversion.

b) Plusieurs éléments contribuent à créer de l'angoisse. Tout d'abord, le caractère inattendu et soudain de l'action qui surprend Albert et le lecteur. Ensuite, c'est son issue inéluctable : « Albert comprend qu'il va mourir. » Enfin, c'est la silhouette menaçante de Pradelle vue en contre-plongée, et qui tient Albert à sa merci. La comparaison « comme l'ange de la mort » renforce ce sentiment d'angoisse.

▶ **6.** L'action se situe à quelques jours de l'armistice : les combats sont désormais inutiles et l'ordre d'attaquer absurde.

▶ **7.** Ce passage révèle combien l'ambition peut amener un homme à sacrifier ses semblables pour son profit. Le lieutenant Pradelle, dans son désir de gloire, considère la mort de ses hommes comme le moyen de parvenir à ses fins : il ne ressent aucune compassion, tout à la satisfaction de son ambition.

▶ **8.** La scène décrite dans le texte semble s'inspirer directement du tableau. Le lieutenant Pradelle est en effet comparé à « l'ange de la mort » dont la vue annonce une fin imminente. L'ange et Pradelle dominent tous deux l'homme promis à la mort qui se trouve en contrebas dans une fosse : une tombe qu'il est en train de creuser pour le fossoyeur, un trou d'obus pour Albert.

Cependant, si les deux documents inspirent la même angoisse, celle de l'inéluctabilité de la mort, de son implacabilité, l'ange du tableau est une figure féminine, à la fois inquiétante et enveloppante, alors que le personnage de Pradelle ne montre aucune compassion. Si le fossoyeur semble accepter son sort – son heure est arrivée – Albert se révolte et cherche à échapper à cette mort absurde que l'on peut qualifier d'assassinat.

DICTÉE

POINT MÉTHODE

❶ Attention à ne pas confondre *ses*, *ces* et *c'est*.

• *revenir sur ses pas* = *revenir sur ses propres pas.*

• *ces yeux* = *ces yeux-là.*

• *c'est* = *cela est.*

❷ Attention à ne pas confondre **participe passé** et **infinitif** :
Tu peux remplacer *commencé* par *entrepris* → c'est un participe passé.
Tu peux remplacer *charger* par *partir au combat* → c'est un infinitif.

Dès son premier coup de sifflet, quand les hommes avaient **commencé** à **charger**, il s'était placé à bonne distance sur la droite, afin d'empêcher les soldats de dériver dans la mauvaise direction. Son sang n'avait fait qu'un tour lorsqu'il avait vu ce type, comment s'appelle-t-il déjà, un gars avec un visage triste et de **ces** yeux, on dirait qu'il va toujours se mettre à pleurer, Maillard, **c'est** ça, s'arrêter là-bas, sur la droite, à se demander comment, sorti du boyau, il avait pu arriver jusque-là […].

Pradelle l'avait vu s'immobiliser, revenir sur **ses** pas, s'agenouiller, intrigué, et repousser le corps du vieux Grisonnier. Or ce corps-là, Pradelle l'avait à l'œil depuis le début de l'attaque parce qu'il devait absolument s'en occuper et, le plus vite possible, le faire disparaître […].

RÉDACTION

Voici un exemple de rédaction sur chacun des deux sujets.
Attention les indications entre crochets ne doivent pas figurer sur ta copie.

Sujet d'imagination

[Introduction] Là-haut, campée en surplomb au bord du trou comme l'ange de la mort, se découpe la haute silhouette du lieutenant Pradelle.

[La résignation d'Albert] Albert sent que sa dernière heure est venue, que ce trou d'obus sera sa tombe.

CONSEIL
Tu peux commencer en reprenant la dernière phrase du texte.

À quelques jours de l'armistice, il est révolté par une telle injustice. Quelle mort absurde ! Albert se recroqueville contre la paroi boueuse de l'excavation. Il craint que l'officier ne tire sur lui. Il est fait comme un rat. La silhouette qui le domine ne manifeste aucune émotion, impassible, impitoyable. Tout cela pour une médaille, songe Albert, quelle futilité après la boucherie de ces quatre années, ces millions de poilus morts, mutilés, défigurés, traumatisés ! Il a envie de lui hurler sa haine, son profond mépris, mais à quoi bon…

[Un secours inattendu] Soudain, tout s'enchaîne très vite. Albert perçoit un mouvement brusque : il ferme les yeux. Tout est fini, pense-t-il. Un corps s'abat à ses côtés ; le visage de Pradelle s'enfonce dans la boue. Au-dessus de la fosse se découpe une silhouette, bienveillante cette fois, qui tend une main secourable à Albert et l'extirpe de la fosse. C'est un officier : « Deux de vos camarades sont venus me prévenir, apprend-il à Albert. Cet homme répondra de ses crimes devant la cour martiale. »

[Dénouement] Albert regarde s'éloigner Pradelle les mains liées dans le dos. Il ne ressent aucune joie, juste un sentiment de tristesse profonde et d'incompréhension devant l'attitude de cet homme prêt à sacrifier ses hommes pour satisfaire des rêves de gloire bien dérisoires. La guerre va finir, mais il ne sera plus jamais le même, hanté par le souvenir de ceux qui ne reviendront pas.

Sujet de réflexion

[Introduction] Faut-il être prêt à tout pour atteindre ses objectifs ?

[De la nécessité d'être déterminé pour réussir] Il est nécessaire d'être déterminé pour réussir dans une entreprise, un projet. C'est vrai dans le sport, par exemple. Ne devient champion qu'un athlète prêt à bien des sacrifices pour parvenir au plus haut niveau : entraînement très dur, renoncement à certains loisirs, hygiène de vie stricte. De plus, lors d'une compétition, il faut être prêt à aller au bout de soi pour gagner et surpasser ses adversaires.

Il en est de même pour les études : pour réussir un concours, il faut travailler dur et renoncer à son temps libre. On n'obtient rien sans rien donner.

[Le respect d'autrui] Cependant, cette détermination a une limite : celle du respect d'autrui.

Ainsi, on ne saurait être un champion en trichant, sans respecter les règles et ses adversaires. De même, il est révoltant que certains s'enrichissent en exploitant le travail des enfants ou en vendant de la drogue.

À un niveau historique, on peut s'interroger aussi sur le largage par les Américains des bombes atomiques sur Hiroshima et Nagasaki, qui a certes mis fin à la guerre avec le Japon, mais au prix de souffrances terribles pour les populations civiles : était-ce un acte de guerre justifié ou un crime contre l'humanité ?

> **CONSEIL**
> Illustre tes arguments avec des exemples précis : cela leur donnera plus de poids. Tu peux les choisir dans tes lectures, tes cours d'histoire ou encore dans l'actualité sociale, politique, sportive…

[Conclusion] Il faut donc être prêt à tout pour réussir, mais dans la limite du respect d'autrui. Nul n'a le droit de sacrifier les autres pour sa réussite personnelle ou son profit. La fin ne saurait toujours justifier les moyens.

S'ENTRAÎNER

Deux tempêtes dévastatrices

 **3 heures
100 points**

● **INTÉRÊT DU SUJET** • L'extrait met en scène deux terribles tempêtes, conséquences tragiques probables du dérèglement climatique.

DOCUMENT A **Texte littéraire**

À dix années de distance, les deux catastrophes ont emprunté le même chemin. Le 26 décembre 1999, quand la tempête baptisée Martin a déferlé sur l'Europe, je venais tout juste d'emménager dans La Jeanne-Marcelle, une sorte de manoir bâti deux siècles plus
5 tôt sur les ruines d'un château incendié lors des troubles révolutionnaires. Je dormais dans l'une des chambres refaites, sous les combles, lorsque les premières bourrasques avaient fait grincer la charpente, et je m'étais laissé un moment bercer par ce qui, dans mes songes, s'apparentait au travail du bois d'un navire chahuté par les flots. Un cra-
10 quement de naufrage m'avait jeté hors du lit. Je m'étais précipité vers la fenêtre pour voir le faîte d'un orme[1] tomber au milieu du mail[2] bordé d'arbres centenaires qui menait à la grille. Le vent imprimait ses marques sur le paysage, comme une main gigantesque agitant une chevelure. Une rafale d'une force inouïe s'était soudain frayé un
15 passage dans cette nature mouvante, courbant tout ce qui acceptait de se soumettre, détruisant la moindre résistance. En une seconde, plus rien ne subsistait de cette allée majestueuse, qu'un enchevêtrement de branches maîtresses, au sol, d'où émergeaient les blessures blafardes des troncs brisés. Un cimetière, sous la lune.
20 Dix ans plus tard, les paulownias[1] qui ont remplacé les ormes meurtris n'ont eu à subir aucune attaque, et le déferlement rageur de Xynthia, en février 2009, les a simplement débarrassés de leurs bois morts. Le danger, cette fois, n'a pas pris la forme impalpable des airs mais celle tout aussi imparable des eaux. La tempête s'est alliée aux grandes
25 marées, au vent de mer, pour bousculer les obstacles que la patience humaine avait disposés pour protéger ses refuges. Les flots venus de l'océan ont envahi l'embouchure des fleuves, des rivières, emportant

tout sur leur passage, barques, baraques sur pilotis, matériel ostréicole, pierraille arrachée aux digues… Des corps aussi, par dizaines. […]
30 Deux heures plus tard, quand les éléments avaient fini par se calmer, j'étais allé me coucher dans mon manoir transformé en île.

Didier Daeninckx, « Cimetière d'Afrique »,
in *L'Espoir en contrebande*, 2003.

_____

1. Orme, paulownias : arbres qui poussent en France métropolitaine.
2. Mail : chemin de promenade public.

DOCUMENT B **Lasserpe, dessin publié dans *Sud-Ouest.fr***

© Lasserpe/Iconovox

TRAVAIL SUR LE TEXTE LITTÉRAIRE ET SUR L'IMAGE
50 POINTS • 1 h 10

Les réponses doivent être entièrement rédigées.

Grammaire et compétences linguistiques

▶ **1.** « impalpable », « imparable » : comment ces mots sont-ils formés ? Quel avertissement apportent-ils sur la suite de l'histoire ? *(4 points)*

▶ **2.** « Un cimetière, sous la lune » : quelle particularité présente cette phrase ? Quel événement tragique du deuxième paragraphe annonce le terme « cimetière » ? Développez votre réponse. *(4 points)*

▶ **3.** « Les flots venus de l'océan ont envahi l'embouchure des fleuves, des rivières, emportant tout sur leur passage, barques, baraques sur pilotis, matériel ostréicole, pierraille arrachée aux digues… Des corps aussi, par dizaines. » (l. 26-29)

a) Donnez la classe grammaticale et la fonction du mot « tout ». *(2 points)*
b) Par quoi est-il ensuite développé ? *(2 points)*
c) Quelle est l'impression produite ? *(2 points)*

▶ **4.** « La tempête s'est alliée aux grandes marées, au vent de mer, pour bousculer les obstacles que la patience humaine avait disposés pour protéger ses refuges. » (l. 24-26)

Réécrivez ce passage en remplaçant respectivement « La tempête » par « Les ouragans », « les obstacles » par « les constructions », « la patience humaine » par « les hommes ». Procédez à toutes les transformations nécessaires. *(10 points)*

Compréhension et compétences d'interprétation

▶ **5.** Qu'évoque ce texte à deux reprises ? Détaillez votre réponse. *(4 points)*

▶ **6.** Quel point de vue est employé dans ce récit ? Justifiez. Pourquoi l'auteur a-t-il choisi ce point de vue ? *(3 points)*

▶ **7.** Quels sont les deux sens avec lesquels le héros-narrateur perçoit les événements dans le premier paragraphe ? Justifiez votre réponse en relevant dans le texte des termes précis. *(3 points)*

▶ **8.** « les blessures blafardes des troncs brisés » (l. 18-19), « les ormes meurtris » (l. 20-21), « le déferlement rageur de Xynthia » (l. 21-22), « La tempête s'est alliée aux grandes marées » (l. 24-25) :

a) Comment appelle-t-on la figure de style employée ? *(2 points)*
b) Quel effet permet-elle dans ce texte ? *(2 points)*

▶ **9.** Expliquez la comparaison finale du manoir avec une « île ». *(2 points)*

▶ **10.** Selon son étymologie grecque, « catastrophe » signifie « bouleversement ». En quoi les événements vécus par le héros-narrateur constituent-ils un bouleversement pour lui ? *(2 points)*

▶ **11.** Que montre le dessin ? Répondez en détail et mettez en relation les éléments décrits. *(4 points)*

▶ **12.** Quel rapport établissez-vous avec le texte ? Quel ton l'artiste emploie-t-il dans son dessin et quel est son but ? Justifiez. *(4 points)*

DICTÉE   10 POINTS • ⏱ 20 min

Les chiffres simples (en un mot) doivent être écrits en toutes lettres.
Les mots suivants sont écrits au tableau : « Alan », « îles Sous-le-Vent », « Huahine »,
« Tahiti », « Météo France », « Polynésie », « El Niño ».

Article publié dans *La Dépêche du Midi,* 27 avril 1998

La dépression Alan qui a frappé au cours du week-end les îles Sous-le-Vent, a fait au moins huit morts, un disparu, une vingtaine de blessés et a causé d'importants dégâts.

L'île de Huahine a été balayée dans la nuit de samedi à dimanche par des vents forts et des pluies abondantes provoqués par la dépression Alan. Hier matin, la dépression a repris sa progression est-sud-est et se trouvait à une centaine de kilomètres au nord de l'île de Tahiti. Météo France prévoit pour la journée de fortes pluies et des vents violents ; les mêmes consignes de sécurité que pour la population des îles Sous-le-Vent ont été données aux habitants de Tahiti.

La Polynésie aura payé un très lourd tribut au phénomène El Niño et à la saison cyclonique qu'il a provoquée : depuis le mois de novembre 97, cinq dépressions ou tempêtes tropicales ont entraîné la mort de 26 personnes dont de nombreux enfants, totalement ravagé deux îles, et causé des millions de dégâts.

RÉDACTION   40 POINTS • ⏱ 1 h 30

Vous traiterez au choix l'un des sujets suivants. Votre texte comportera au moins deux pages.

Sujet d'imagination

Imaginez que vous vous retrouviez au sein d'une catastrophe naturelle ; racontez comment elle se déroule, du début jusqu'à la fin. Vous décrirez ses conséquences et vos réactions face à cet événement exceptionnel.

Sujet de réflexion

Vous êtes un scientifique de renommée mondiale et on fait appel à vous lors d'une réunion à l'ONU pour présenter un projet de sauvegarde de la planète. Dans un premier temps, vous soulignerez les problèmes actuels afin de sensibiliser votre auditoire au réchauffement climatique et ses conséquences ; dans un second temps, vous chercherez à convaincre les responsables gouvernementaux d'entreprendre des actions précises qui permettront, selon vous, de répondre aux problèmes exposés auparavant. Vous rédigerez ce discours dans un développement argumenté et organisé.

LES CLÉS DU SUJET

● Analyser les documents

Le genre
Extrait d'une nouvelle autobiographique de D. Daeninckx dont le recueil a reçu le prix Goncourt de la nouvelle en 2012.

Le genre
Dessin de presse satirique de Lasserpe paru sur le site Internet du journal *Sud-Ouest*.

LE TEXTE **L'IMAGE**

Le thème
L'auteur évoque les traumatismes vécus lors du passage de deux tempêtes en 1999 et 2009 qui ont dévasté sa propriété.

Le thème
Le dessin porte un regard ironique sur les suites données aux ravages de la tempête Xynthia (2009).

● Traiter le sujet d'imagination

■ Recherche d'idées

Piste 1
• Commence par choisir le type de catastrophe naturelle que tu vas affronter : séisme, éruption volcanique, tsunami, ouragan, crue…
• Remémore-toi les reportages ou les articles que tu as pu voir ou lire sur ces sujets.

Piste 2
Choisis le lieu de la catastrophe : en France ou dans un autre pays ? Sois crédible : par exemple, il ne peut pas y avoir d'éruption volcanique à Paris, mais une crue catastrophique de la Seine est envisageable.

■ Conseils de rédaction

• Introduction : précise les circonstances de l'événement. Où te trouves-tu ? avec qui ? pourquoi ?
• Tu peux ensuite organiser ton récit en deux parties :
1. les signes avant-coureurs de la catastrophe, puis son déchaînement ;
2. tes réactions successives : impressions, sentiments, actions…
• Conclusion : décris les lieux après le passage de la catastrophe. Exprime tes sentiments : cet événement a-t-il changé ta manière de voir la vie, le monde qui t'entoure ?

⬛⚫ Traiter le sujet de réflexion

⬛ Recherche d'idées

Piste 1
• Interroge-toi sur les conséquences du changement climatique : fonte des glaces, montée du niveau de la mer, disparition d'espèces animales…
• Appuie-toi sur ce que tu as pu étudier en cours, voir dans des reportages ou lire dans les journaux.

Piste 2
Livre-toi aussi à une réflexion personnelle sur ce que les gouvernements et tout un chacun pourraient faire pour lutter contre la pollution, principale cause du réchauffement du climat de notre planète.

⬛ Conseils de rédaction

• Commence par une formule d'introduction et n'oublie pas de te présenter (tu es un grand scientifique mondialement reconnu !).

• Respecte le plan qui t'est proposé dans le sujet lui-même : présente d'abord les conséquences du réchauffement climatique puis les actions à mettre en œuvre pour protéger la planète.

• N'oublie pas de conclure !

S'ENTRAÎNER ⏱

---

14 CORRIGÉ **GUIDÉ**

TRAVAIL SUR LE TEXTE LITTÉRAIRE ET SUR L'IMAGE

Grammaire et compétences linguistiques

▶ **1.** Les mots « impalpable » et « imparable » sont formés selon le même modèle : le préfixe *im-* qui indique le contraire et le suffixe *-able* qui permet de former des adjectifs encadrent le radical (*palp* et *par*). Ces deux adjectifs annoncent la catastrophe à venir comme quelque chose d'imprévisible et d'inéluctable auquel il est impossible de résister.

▶ **2.** « Un cimetière, sous la lune » : il s'agit d'une phrase nominale (ou non verbale). Le terme « cimetière » annonce un événement tragique du deuxième paragraphe : ce ne sont pas seulement des éléments matériels qui sont emportés par les flots, mais des « corps aussi, par dizaines ». La tempête Xynthia a été meurtrière, elle a tué des hommes.

▶ **3. a)** « Tout » est un pronom indéfini. Il est complément d'objet direct du verbe « emporter ».

b) Il est suivi d'une énumération de cinq noms ou groupes nominaux COD : « barques, baraques sur pilotis, matériel ostréicole, pierraille arrachée aux digues… Des corps aussi, par dizaines. »

c) Cela donne l'impression d'un flux irrépressible d'éléments hétérogènes emportés par la puissance des flots. Il s'agit d'une gradation : l'énumération se termine par la vision tragique de corps sans vie charriés par la crue.

▶ **4.** *Les modifications sont en couleur.*

« Les ouragans se sont alliés aux grandes marées, au vent de mer, pour bousculer les constructions que les hommes avaient disposées pour protéger leurs refuges. »

> **REMARQUE**
> Le participe passé *disposées* est employé avec l'auxiliaire *avoir* et s'accorde avec le COD placé devant *que*, mis pour *les constructions*.

Compréhension et compétences d'interprétation

▶ **5.** Le texte évoque deux catastrophes naturelles subies par le narrateur dans son manoir : les tempêtes Martin (1999) et Xynthia (2009).

▶ **6.** Le point de vue employé par l'auteur est le point de vue interne. C'est un récit à la 1re personne du singulier (« Je »). Il s'agit d'un témoignage vécu.

> **INFO +**
> Il existe trois points de vue : interne, externe et omniscient.

▶ **7.** Tout d'abord, le narrateur perçoit les événements au moyen de l'ouïe, puisqu'il est couché. Ce sont les bruits qui l'alertent : « les premières bourrasques avaient fait grincer la charpente », « je m'étais laissé un moment bercer par ce qui, dans mes songes, s'apparentait au travail du bois d'un navire chahuté par les flots. Un craquement de naufrage m'avait jeté hors du lit. »

Ensuite, c'est la vue qui prend le relais : « Je m'étais précipité vers la fenêtre pour voir le faîte d'un orme tomber au milieu du mail. »

▶ **8. a)** La figure de style employée est la personnification.

b) Les personnifications apportent une plus grande dramatisation des faits. La tempête prend vie : elle est évoquée comme une armée en furie, s'alliant à d'autres ennemis pour venir tout dévaster avant de se calmer. Les arbres sont décrits comme des victimes, des soldats « blessés », « meurtris » après le passage de l'armée ennemie.

> **INFO +**
> La personnification est une figure de style qui consiste à attribuer des propriétés humaines à une chose inanimée ou abstraite.

▶ **9.** Le manoir est comparé à une île, car il est entouré d'eau : toutes les terres environnantes ont été submergées par les flots.

▶ **10.** Les événements vécus par le narrateur ont été particulièrement trau-matisants, comme pourrait l'être une guerre. Il a vécu deux cataclysmes. La violence des vents et des flots a dévasté son univers et laissé des images indélébiles d'arbres brisés, mais aussi et surtout de corps humains sans vie.

▶ **11.** Le dessin de presse de Lasserpe montre un homme réfugié sur le toit de sa maison et son chat juché sur la cime d'un arbre. Tout autour, le paysage a disparu sous les eaux. Au-dessus de l'image, une légende évoque le coût financier de la tempête Xynthia. Le personnage, sonné et anéanti par l'expé-rience traumatisante qu'il est en train de vivre, s'adresse au lecteur et à l'État pour leur demander une aide financière.

▶ **12.** Le dessin correspond parfaitement à la situation du narrateur prisonnier de son manoir transformé en île, isolé par les flots. Le dessinateur de presse, Lasserpe, utilise l'humour et joue avec les mots pour dénoncer l'urgence de la situation : le mot « liquide » employé ici pour parler de l'argent, des espèces – billets de banque et pièces de monnaie – résonne ironiquement et prend un double sens, par association d'idées avec la crue meurtrière.

DICTÉE

POINT MÉTHODE

❶ Attention à l'accord du participe passé employé avec *avoir* : il s'ac-corde avec le COD uniquement s'il est placé avant. Dans la dictée, tous les COD sauf un sont placés après, le participe passé ne s'accorde donc pas (*frappé*, *causé*…). Seule exception, le participe passé *provoquée* s'accorde avec le COD placé avant *qu'* mis pour *la saison cyclonique*.

❷ Le participe passé employé avec *être* s'accorde avec le sujet. Ainsi *balayée* s'accorde avec le sujet *L'île de Huahine* et *données* avec *les mêmes consignes de sécurité*.

La dépression Alan qui a frappé au cours du week-end les îles Sous-le-Vent, a fait au moins huit morts, un disparu, une vingtaine de blessés et a causé d'importants dégâts.

L'île de Huahine a été balayée dans la nuit de samedi à dimanche par des vents forts et des pluies abondantes provoqués par la dépression Alan. Hier matin, la dépression a repris sa progression est-sud-est et se trouvait à une centaine de kilomètres au nord de l'île de Tahiti. Météo France prévoit pour la journée de fortes pluies et des vents violents ; les mêmes consignes de sécurité que pour la population des îles Sous-le-Vent ont été **données** aux habitants de Tahiti.

La Polynésie aura **payé** un très lourd tribut au phénomène El Niño et à la saison cyclonique qu'il a **provoquée** : depuis le mois de novembre 97, cinq dépressions ou tempêtes tropicales ont **entraîné** la mort de 26 personnes dont de nombreux enfants, totalement **ravagé** deux îles, et **causé** des millions de dégâts.

RÉDACTION

Voici un exemple de rédaction sur chacun des deux sujets.
Attention les indications entre crochets ne doivent pas figurer sur ta copie.

Sujet d'imagination

[Introduction] J'étais en vacances avec deux amis en Indonésie. Nous étions dans notre chambre d'hôtel, au cinquième et dernier étage, et nous nous apprêtions à nous rendre à la piscine.

[Récit de la catastrophe naturelle] Soudain, un étrange silence s'est fait : nous nous sommes approchés de la fenêtre et avons d'abord remarqué que les vacanciers présents sur la plage regardaient fixement un point à l'horizon, comme stupéfaits, paralysés par la surprise. C'est alors que nous l'avons vue : une vague gigantesque déferlait vers nous à la vitesse d'un cheval au galop. C'était un spectacle à la fois

> **CONSEIL**
> Tu peux imaginer, à la manière de Didier Daeninckx, des comparaisons, métaphores ou personnifications pour donner plus de force à ton texte.

stupéfiant et terrifiant. On aurait dit une armée de cavaliers fonçant pour nous anéantir, envahisseurs venus d'ailleurs pour tout ravager sur leur passage.

Déjà les fragiles embarcations de pêcheurs étaient avalées par la vague géante qui se ruait vers nous. Le bruit était devenu assourdissant et couvrait le cri des baigneurs qui avaient commencé à fuir en désordre vers l'hôtel à la recherche d'un refuge. La vague a envahi la plage désertée et a submergé les constructions les plus basses. Les vacanciers, paniqués, cherchaient à s'agripper à tout ce qu'ils pouvaient pour éviter d'être emportés par les eaux : arbres, balcons…

[Conséquences et réactions] De notre étage élevé, nous avons vu la mer envahir l'hôtel. Nous étions tétanisés par l'horreur de la situation. De crainte de voir les eaux monter encore, nous avons grimpé sur le toit. De là, nous dominions un paysage méconnaissable, dévasté : ce qui avait été un lieu paradisiaque n'était plus qu'une immense étendue liquide. Ci et là, quelques rescapés surnageaient accrochés à des branches d'arbres ou à des objets divers, attendant les secours qui n'allaient pas tarder à s'organiser, du moins l'espérions-nous.

[Conclusion] Ce n'est qu'après que nous avons mis le mot « tsunami » sur la catastrophe. Nous avons terminé notre séjour en participant à l'aide humanitaire mise en place. Cette expérience traumatisante nous a profondément et durablement changés.

Sujet de réflexion

Mesdames et Messieurs,

[Introduction] Je suis extrêmement flatté(e) d'avoir été convié(e) en tant que scientifique, à l'ONU, pour vous parler d'un combat qui nous concerne tous : sauver la planète des terribles périls que lui fait courir le réchauffement climatique.

[Les conséquences du réchauffement climatique] J'aimerais en premier lieu vous rappeler quelques-unes des conséquences dramatiques du réchauffement climatique pour notre planète. Tout d'abord, celui-ci entraîne la fonte des glaces et provoque par là même une hausse du niveau de la mer. Certains territoires pourraient être submergés par les eaux, et des îles entières disparaître. Ensuite, le réchauffement des mers génère une multiplication de phénomènes climatiques extrêmes, voire dévastateurs : tempêtes tropicales, ouragans qui se succèdent et donnent lieu à bien des tragédies humaines. Et, pour ne citer qu'un dernier exemple des nombreux dangers qui nous guettent, évoquons enfin l'érosion de la biodiversité qui provoquerait l'extinction d'espèces animales.

CONSEIL
Marque bien tes différentes parties au moyen de connecteurs argumentatifs : *dans un premier temps*, *dans un second temps*, *tout d'abord*, *ensuite…*

[Les mesures à prendre] En second lieu, je voudrais vous convaincre, vous tous qui avez le pouvoir d'agir, ministres et responsables gouvernementaux, d'œuvrer ensemble et d'unir vos forces pour remédier à ce qui menace de plus en plus notre belle planète. Quels moyens mettre en œuvre ? Il nous faut de toute urgence renoncer à toutes les énergies polluantes pour nous tourner vers les énergies renouvelables, celles du futur que sont le solaire et l'éolien. Développons des moyens de transport propres et écologiques. Changeons nos habitudes de consommation : choisissons plutôt des produits de proximité, qui ne sont pas acheminés par avion depuis des pays lointains. Cela limitera d'autant la pollution atmosphérique.

[Conclusion] Il est urgent d'agir ! Nous sommes en train de dépasser le seuil de l'irréversible et bientôt, il sera trop tard. Nous risquons de laisser aux générations futures une planète dévastée. C'est pourquoi nous devons tout mettre en œuvre dès maintenant pour sauvegarder notre terre et protéger les espèces qui la peuplent.

Polynésie française • Juillet 2019

Destin tragique

**3 heures
100 points**

INTÉRÊT DU SUJET • Les documents racontent comment les migrants, originaires d'Afrique, tentent de rejoindre l'Europe en traversant la Méditerranée. Leur périple s'apparente souvent à une tragédie.

DOCUMENT A **Texte littéraire**

Des migrants clandestins espèrent entrer en Europe par la côte italienne. Pour cela, ils payent très cher le passage illégal à des marins qui semblent prêts à courir ce risque. Le début du texte se situe au moment où ils embarquent sur un navire en très mauvais état. Parmi ces migrants, le narrateur met en évidence un personnage, une jeune femme, qui fait le voyage avec son enfant.

L'équipage était constitué d'une dizaine d'hommes, silencieux et précis. Ce sont eux qui donnèrent le signal de l'embarquement. Les centaines d'ombres confluèrent alors vers la petite passerelle et le bateau s'ouvrit. Elle fut une des premières à embarquer. Elle s'installa
5 sur le pont contre la rambarde et observa le lent chargement de ceux qui la suivaient. Ils ne tardèrent pas à être serrés les uns contre les autres. Le bateau ne semblait plus aussi vaste que lorsqu'elle était sur le quai. C'était maintenant un pont étroit piétiné par des centaines d'hommes et de femmes.
10 Ils levèrent l'ancre au milieu de la nuit. La mer était calme. Les hommes, en sentant la carcasse du navire s'ébranler, reprirent courage. Ils partirent enfin. […]
Mais il y eut ces cris poussés à l'aube du deuxième jour, ces cris qui renversèrent tout et marquèrent le début du second voyage. De
15 celui-là, elle se rappelait chaque instant. Depuis deux ans, elle le revivait sans cesse à chacune de ses nuits. De celui-là, elle n'était jamais revenue.
Les cris avaient été poussés par deux jeunes Somalis[1]. Ils s'étaient réveillés avant les autres et donnèrent l'alarme. L'équipage avait dis-
20 paru. Ils avaient profité de la nuit pour abandonner le navire à l'aide

138

de l'unique canot de sauvetage. La panique s'empara très vite du bateau. Personne ne savait piloter pareil navire. Personne ne savait non plus où l'on se trouvait. […] Ils se rendirent compte avec désespoir qu'il n'y avait pas de réserve d'eau ni de nourriture. Que la radio
25 ne marchait pas. Ils étaient pris au piège. Encerclés par l'immensité de la mer. Dérivant avec la lenteur de l'agonie. […][2]

Son esprit assommé ne pensa plus à rien. La fatigue l'envahit. À partir de cet instant, elle renonça. Elle se laissa glisser dans un coin, s'agrippa à la rambarde et ne bougea plus. Elle n'était plus
30 consciente de rien. Elle dérivait avec le navire. Elle mourait, comme tant d'autres autour d'elle, et leurs souffles fatigués s'unissaient dans un grand râle continu.

Ils dérivèrent jusqu'à la troisième nuit. La frégate[3] italienne les intercepta à quelques kilomètres de la côte des Pouilles[4]. Au départ
35 de Beyrouth[5], il y avait plus de cinq cents passagers à bord. Seuls trois cent quatre-vingt-six survécurent. Dont elle. Sans savoir pourquoi. Elle qui n'était ni plus forte, ni plus volontaire que les autres. Elle à qui il aurait semblé juste et naturel de mourir après l'agonie de son enfant. Elle qui ne voulait pas lâcher la rambarde […].

40 Elle raconta tout cela avec cette lenteur et précision. Pleurant parfois, tant le souvenir de ces heures, était encore vif en elle. Le commandant Piracci ignorait que la femme eût un enfant mais, en d'autres occasions, sur d'autres mers, il avait dû, parfois, arracher des nourrissons inertes à leur mère. Il connaissait ces histoires de mort
45 lente, de rêve brisé. Pourtant le récit de cette femme le bouleversa. Il repensa à cette destinée saccagée, à la laideur des hommes. Il essaya de mesurer la colère qui devait y avoir en elle et il sentit qu'elle était au-delà de toute mesure. Et pourtant durant tout son récit, elle ne s'était pas départie de la pleine dignité de ceux que la vie gifle sans
50 raison et qui restent debout.

Il repensa à l'argent qu'il avait dans un de ses livres de sa bibliothèque et il lui demanda : « Que voulez-vous ? » […] Il était bouleversé et il était prêt à donner autant qu'il pouvait.

   Elle le regarda droit dans les yeux et sa réponse le laissa stupéfait.
55 Elle lui dit d'une voix posée :
   « Je voudrais que vous me donniez une arme. »

Laurent Gaudé, *Eldorado*, 2006.

_____

1. Somalis : habitants de Somalie, pays situé à l'extrémité orientale de la Corne de l'Afrique.
2. Dans le passage coupé, les cadavres sont jetés par-dessus bord, par peur d'une contamination, y compris l'enfant, mort, de la jeune femme.
3. Frégate : bateau de guerre rapide à trois mâts (et aussi grand oiseau des mers dont la femelle ne couve qu'un œuf par an).
4. Les Pouilles : région du Sud de l'Italie en Europe formant le talon de la botte.
5. Beyrouth : capitale du Liban, pays du Proche-Orient.

DOCUMENT B **Alain Dambès, *Rives de l'Eldorado*, 2013**

Huile sur toile.

TRAVAIL SUR LE TEXTE LITTÉRAIRE ET SUR L'IMAGE
50 POINTS • 1 h 10

Les réponses doivent être entièrement rédigées.

Grammaire et compétences linguistiques

▶ **1. a)** Dans le premier paragraphe, par quels groupes nominaux désigne-t-on respectivement l'équipage et les passagers ? (*2 points*)

b) Que désigne le mot « la » à la ligne 6 ? Indiquez la classe grammaticale et la fonction de ce mot. (*3 points*)

▶ **2.** « Encerclés par l'immensité de la mer. » (lignes 25-26)
a) À quelle classe grammaticale le mot « encerclés » appartient-il ? (*1 point*)
b) Expliquez la composition de ce mot et précisez son sens dans le contexte. (*2 points*)

▶ **3.** « L'équipage avait disparu. » (l. 19-20).
Indiquez le temps et la valeur du verbe. (*2 points*)

▶ **4.** « La fatigue l'envahit. À partir de cet instant, elle renonça. Elle se laissa glisser dans un coin, s'agrippa à la rambarde et ne bougea plus. Elle n'était plus consciente de rien. » (l. 27-30).
Réécrivez ce passage en remplaçant « elle » par « elles » et faites toutes les modifications nécessaires. (*10 points*)

Compréhension et compétences d'interprétation

▶ **1.** Au début du texte, à quel moment de la journée le navire lève-t-il l'ancre ? Pour quelle raison, selon vous ? (*2 points*)

▶ **2.** D'après le premier paragraphe, précisez dans quelles conditions les voyageurs sont embarqués. (*3 points*)

▶ **3. a)** Pourquoi le narrateur parle-t-il de « second voyage » à la ligne 14 ? (*2 points*)
b) Montrez que les passagers sont véritablement « pris au piège » (l. 25). (*2 points*)
c) Combien de passagers survivent à ce terrible voyage ? (*1 point*)

▶ **4.** Quelles impressions la situation du personnage féminin produit-elle sur vous ? Justifiez votre réponse en vous appuyant précisément sur le texte. (*4 points*)

▶ **5.** Pourquoi le commandant Piracci est-il bouleversé par le récit de la femme ? Développez votre réponse en vous appuyant sur le texte. (*4 points*)

▶ **6.** Dans les trois dernières lignes du texte, comment comprenez-vous l'attitude et les paroles du personnage féminin ? (*2 points*)

▶ **7.** À quel procédé littéraire avez-vous été le plus sensible dans le texte ? Justifiez votre choix. (*2 points*)

▶ **8.** Quelles réflexions ce texte vous inspire-t-il ? (*2 points*)

▶ **9.** Comment le peintre Alain Dambès représente-t-il la tragédie actuelle des migrants, qui quittent leurs pays pour se rendre clandestinement en Europe ? (*6 points*)

| **DICTÉE** | **10 POINTS** • ⏱ **20 min** |

Le nom de l'auteur et le titre de l'œuvre sont écrits au tableau.

Laurent Gaudé
Eldorado, 2006.

Le bateau lui sembla énorme. C'était une haute silhouette immobile, et cette taille imposante la rassura. Elle se dit que les passeurs avec qui elle avait traité devaient être sérieux et accoutumés à ces traversées s'ils possédaient de tels bateaux.

On la fit attendre sur le quai, au pied du monstre endormi. Les camionnettes ne cessaient d'arriver. Il en venait de partout, déposant leur chargement humain et repartant dans la nuit. La foule croissait sans cesse. Tant de gens. Tant de silhouettes peureuses qui convergeaient vers ce quai. Des jeunes hommes pour la plupart. N'ayant pour seule richesse qu'une veste jetée sur le dos. Elle aperçut quelques familles et d'autres enfants comme le sien, emmitouflés dans de vieilles couvertures. Cela aussi la rassura. Elle n'était pas la seule mère.

| **RÉDACTION** | **40 POINTS** • ⏱ **1 h 30** |

Vous traiterez au choix un des deux sujets de rédaction suivants. Votre travail fera au moins deux pages (soit une cinquantaine de lignes).

Sujet d'imagination

Le commandant Piracci refuse de donner une arme à la jeune femme. Imaginez ce qu'il lui dit, en prenant soin de développer son discours. La jeune femme peut éventuellement prendre la parole.

Sujet de réflexion

Selon vous, de quelle manière peut-on exercer sa solidarité envers ceux qui en ont besoin ? Développez et argumentez votre point de vue.

LES CLÉS DU SUJET

● Analyser les documents

> **Le genre**
> Une partie du roman se concentre sur un commandant italien chargé d'intercepter les navires de migrants clandestins.

> **Le genre**
> Reprise du tableau de Géricault, *Le Radeau de la Méduse* (1819) où les naufragés furent contraints de se manger entre eux.

LE TEXTE **L'IMAGE**

> **Le thème**
> Touché par le récit dramatique d'une jeune femme, le commandant tente ensuite la traversée en sens inverse.

> **Les caractéristiques clés**
> A. Dambès actualise le tableau : les naufragés sont devenus des immigrés, et la terre, donc l'espoir, s'aperçoit au loin.

S'ENTRAÎNER

● Traiter le sujet d'imagination

■ Recherche d'idées

Piste 1 — Tu dois écrire la suite immédiate du texte, en imaginant la réponse négative donnée par le commandant à cette demande d'arme.

Piste 2 — Réfléchis aux arguments qu'il va utiliser pour essayer de dissuader la jeune femme de se venger sur les passeurs malhonnêtes dont les agissements ont entraîné la mort de son enfant.

■ Conseils de rédaction

• Le commandant doit s'exprimer au discours direct : ses paroles auront alors plus de poids, et tu pourras plus facilement utiliser le registre des émotions. Utilise les caractéristiques de ce discours : deux points, guillemets, présent de l'énonciation comme temps de référence.

• Des interventions du narrateur sont toutefois possibles, mais les paroles du personnage doivent composer l'essentiel du devoir.

▬● Traiter le sujet de réflexion

■ Recherche d'idées

Piste 1	Commence par définir « solidarité ». Étymologiquement, ce terme désigne un rapport de dépendance réciproque entre les personnes.
Piste 2	Par quels actes peut-on se montrer solidaire envers ceux qui ont besoin d'aide : en donnant du temps ? de l'argent ? en partageant leurs peines ? en endossant leurs problèmes ?

■ Conseils de rédaction

• Établis une liste de synonymes pour « solidaire » : « compatissant », « charitable », « généreux », « bienfaisant » en font partie, mais aussi « responsable ».

• Pour que ton argumentation soit efficace, n'hésite pas à anticiper les objections que l'on pourrait te faire.

15   CORRIGÉ **GUIDÉ** 🧭

TRAVAIL SUR LE TEXTE LITTÉRAIRE ET SUR L'IMAGE

Grammaire et compétences linguistiques

▶ **1. a)** « une dizaine d'hommes » désigne l'équipage ; « les centaines d'ombres », « des centaines d'hommes et de femmes » désignent les passagers.
b) Le pronom personnel « la » désigne le personnage féminin ; il est COD du verbe « suivre ».

▶ **2. a)** Il s'agit d'un participe passé employé comme adjectif qualificatif.
b) Le mot est composé du radical *cercle*, du préfixe en- qui signifie « dans » et du suffixe -*é* qui sert à former le participe. La mer à perte de vue entoure l'embarcation : sans rivage, nul sauvetage possible.

▶ **3.** Le verbe est conjugué au plus-que-parfait, pour indiquer l'antériorité par rapport aux actions exprimées par les verbes au passé simple ou à l'imparfait.

▶ **4.** *Les modifications sont en couleur.*
La fatigue les envahit. À partir de cet instant, elles renoncèrent. Elles se laissèrent glisser dans un coin, s'agrippèrent à la rambarde et ne bougèrent plus. Elles n'étaient plus conscientes de rien.

Compréhension et compétences d'interprétation

▶ **1.** Le navire lève l'ancre au milieu de la nuit, car la traversée vers l'Europe s'effectue de manière clandestine.

▶ **2.** Les voyageurs sont embarqués de nuit, et les passagers sont trop nombreux : « un pont étroit piétiné par des centaines d'hommes et de femmes ».

▶ **3. a)** Le 1er voyage est celui qui doit mener en Europe. Le 2e commence lorsque les passagers découvrent que l'équipage est parti. C'est le début d'un voyage vers l'horreur.

b) Les voyageurs sont en pleine mer ; sans instrument de navigation ni nourriture, ils ne peuvent agir sur leur destinée et sont piégés.

c) Trois cent quatre-vingt-six passagers sur cinq cents ont survécu ; presque un quart sont morts.

▶ **4.** La femme produit une impression forte. Sa destinée terrible – exil, perte de son enfant – fait naître de la compassion, mais aussi de l'admiration, puisqu'elle reste digne et fait partie de « ceux que la vie gifle sans raison mais qui restent debout ».

▶ **5.** Le commandant est bouleversé. Les événements racontés lui rappellent des scènes vécues : « sur d'autres mers, il avait dû, parfois, arracher les nourrissons inertes à leur mère ». Le destin de cette femme le révolte et il semble prêt à tout pour essayer de rétablir un semblant de justice : « il était prêt à donner autant qu'il pouvait ».

▶ **6.** La femme a soif de justice, justice qui semble passer par la punition des criminels (propriétaire du bateau et passeurs) qui ont provoqué la mort de son fils.

> **REMARQUE**
> Il est peu vraisemblable que la femme veuille se suicider, car le texte évoque ceux qui restent debout malgré les malheurs.

▶ **7.** Les parallélismes de construction sont nombreux : « De celui-là, elle […] De celui-là, elle […] » ; « Personne ne savait piloter […] Personne ne savait non plus […] ; « Elle qui n'était […] Elle à qui […] Elle qui ne voulait […]. » L'insistance créée par ce procédé de reprise permet de souligner l'horreur des événements vécus.

▶ **8.** La situation des migrants est tragique : poussés à l'exil par une situation malheureuse, ils doivent survivre à une traversée terrible, à la merci des passeurs malhonnêtes.

▶ **9.** La peinture d'Alain Dambès reprend le célèbre tableau de Géricault, *Le Radeau de la Méduse.* Les naufragés, ici originaires d'Afrique, sont dans une situation critique : l'embarcation est chancelante, certains sont morts. Quelques-uns pourtant agitent la main en direction de la rive : l'espoir est permis. En reprenant un illustre modèle, Dambès montre que ces horreurs d'un autre siècle sont encore d'actualité.

DICTÉE

> **POINT MÉTHODE**
>
> ❶ Attention aux accords sujet-verbe : une subordonnée peut les séparer ! Parfois, la tournure est impersonnelle : le pronom sujet ne désigne personne, et s'écrit au singulier, comme dans *Il semble que…*
> ❷ Sois attentif aux accords du participe passé : employé seul, il s'accorde avec le nom ; employé avec *être*, il s'accorde avec le sujet ; employé avec *avoir*, il ne s'accorde pas avec le sujet.

Le bateau lui sembla énorme. C'était une haute silhouette immobile, et cette taille imposante la rassura. Elle se dit que les passeurs avec qui elle avait traité devaient être sérieux et accoutumés à ces traversées s'ils possédaient de tels bateaux.

On la fit attendre sur le quai, au pied du monstre endormi. Les camionnettes ne cessaient d'arriver. Il en venait de partout, déposant leur chargement humain et repartant dans la nuit. La foule croissait sans cesse. Tant de gens. Tant de silhouettes peureuses qui convergeaient vers ce quai. Des jeunes hommes pour la plupart. N'ayant pour seule richesse qu'une veste jetée sur le dos. Elle aperçut quelques familles et d'autres enfants comme le sien, emmitouflés dans de vieilles couvertures. Cela aussi la rassura. Elle n'était pas la seule mère.

RÉDACTION

Voici un exemple de rédaction sur chacun des deux sujets.
Attention, les indications entre crochets ne doivent pas figurer sur ta copie.

Sujet d'imagination

[Mise en place du récit] Le commandant était interdit. Au bout d'un moment, et devant le regard qui ne le lâchait pas, il essaya de répondre à la question et d'aller au-delà de la stupéfaction qu'elle lui avait causée.

« Mais… Comment… Vous ne pouvez pas… »

Un éclair noir passa rapidement dans les yeux de son interlocutrice :

« Il le faut pourtant », déclara-t-elle calmement. Il comprit qu'il avait un devoir envers elle, un devoir d'honnêteté.

[1er argument] « Je ne peux pas vous donner une arme. Vous voulez tuer les passeurs et les intermédiaires qui, tout en sachant ce qui vous attendait, n'ont eu aucun scrupule à embarquer femmes et enfants, après les avoir dépouillés de leurs dernières économies. Je comprends votre colère, mais qui voulez-vous tuer ? Une personne ? Le propriétaire du bateau que vous ne connaissez pas ? Dix personnes ? Les passeurs qui vous ont abandonnés et que vous n'avez aperçus que de nuit ? Les reconnaîtriez-vous après tout ce temps ?

[2e argument] Et même si c'était le cas, qu'est-ce que cela changerait ? Derrière ces personnes, il y en a au moins cent, au moins mille qui font le même travail et qui commettent les mêmes crimes. Elles méritent de mourir. Allez-vous les tuer également ?

[3e argument] Et comment allez-vous vous y prendre ? Vous vous souvenez des dangers auxquels vous avez échappé en faisant la route à l'aller ? Voulez-vous vraiment y être à nouveau confrontée ? Une femme seule ? Qu'on ne ménagera pas car on n'a plus d'argent à lui soutirer ? La situation a changé depuis dans ces régions : elle est pire qu'avant ; personne ne vous sauvera. »

Mais ces mots sonnaient creux. Elle était bien au-delà de la logique. Les raisonnements ne pouvaient plus l'atteindre. Seule restait cette colère. Cette colère immense, cette colère au nom de laquelle elle agissait désormais, cette colère qui seule pouvait rétablir du sens dans le chaos du monde. Et cette colère, il la partageait :

« C'est moi qui les retrouverai et qui les tuerai », s'entendit-il déclarer alors.

GAGNE DES POINTS
Termine le récit par un rebondissement ou une idée neuve : tu maintiendras ainsi l'attention du lecteur jusqu'à la dernière ligne.

Sujet de réflexion

[Introduction] On fait souvent appel à la solidarité dans les périodes difficiles : aider les gens qui sont dans le besoin semble en effet indispensable. Mais selon les besoins, les manières de se montrer solidaire seront différentes.

[Donner de l'argent] Il est fréquent de rencontrer des gens qui n'ont pas les moyens financiers nécessaires pour assurer à leur famille un quotidien convenable. Beaucoup sont obligés de se tourner vers des associations pour obtenir des vêtements ou de la nourriture, par exemple. On peut donc les aider en faisant preuve de générosité ; les dons sont en effet indispensables à ces associations pour fonctionner : argent, vêtements, nourriture ou fournitures scolaires, tout a une utilité.

S'ENTRAÎNER

[Donner de son temps] Mais être solidaire, c'est parfois aussi donner de son temps. Certaines personnes n'ont pas de problèmes financiers, mais souffrent d'isolement. On évoque souvent les personnes âgées qui n'ont pas de famille proche géographiquement et se retrouvent rapidement isolées. De manière individuelle ou collective, par le biais d'associations, il est fréquent de voir des gens prendre en compte la solitude des autres et leur offrir ce dont ils ont besoin : du temps et de la compagnie.

[Partager peines et problèmes] On peut enfin faire profiter les autres de ce que l'on a : il est possible en effet de posséder certaines qualités qui peuvent être utiles aux autres. Un élève qui comprend rapidement un exercice de mathématiques peut prendre le temps d'expliquer consignes et démarches à ceux qui ont plus de mal. En faisant bénéficier les autres de son savoir, il permet au groupe entier de progresser. Être solidaire, c'est donc aussi se sentir responsable des autres.

[Conclusion] La solidarité est une valeur considérée comme inestimable et universelle. En donnant ce dont l'autre a besoin, on se met à sa place et on gagne ainsi le droit, peut-être, de recevoir à notre tour quand cela sera nécessaire.

CONSEIL
Efforce-toi d'élargir la réflexion à la fin de ton devoir. Il est bon en effet de terminer la conclusion par une ouverture, une nouvelle question : ici, celle de la réciprocité.

Paysage de guerre

3 heures
100 points

INTÉRÊT DU SUJET • Le texte et l'image présentent deux visions opposées de l'expérience vécue par les soldats lors des guerres coloniales : cauchemardesque dans l'extrait, idyllique sur l'affiche de propagande.

DOCUMENT A | **Texte littéraire**

Vétéran de la guerre d'Indochine, Victorien Salagnon raconte à un jeune homme ses souvenirs de guerre.

L'Indochine ? C'est la planète Mars. Ou Neptune. Je ne sais pas. Un autre monde qui ne ressemble à rien d'ici : imagine une terre où la terre ferme n'existerait pas. Un monde mou, tout mélangé, tout sale. La boue du delta[1] est la matière la plus désagréable que
5 je connaisse. C'est là où ils font pousser leur riz, et il pousse à une vitesse qui fait peur. Pas étonnant que l'on cuise la boue pour en faire des briques : c'est un exorcisme, un passage au feu pour qu'enfin ça tienne. Il faut des rituels radicaux, mille degrés au four pour survivre au désespoir qui vous prend devant une terre qui se dérobe toujours,
10 à la vue comme au toucher, sous le pied comme sous la main. Il est impossible de saisir cette boue, elle englue, elle est molle, elle colle et elle pue.

La boue de la rizière colle aux jambes, aspire les pieds, elle se répand sur les mains, les bras, on en trouve jusque sur le front comme si on
15 était tombé ; la boue vous rampe dessus quand on marche dedans. Et autour des insectes vrombissent, d'autres grésillent ; tous piquent. Le soleil pèse, on essaye de ne pas regarder mais il se réfléchit en paillettes blessantes qui bougent sur toutes les flaques d'eau, suivent le regard, éblouissent toujours même quand on baisse les yeux ; mais
20 il faut marcher. Il ne faut rien perdre de l'équipement qui pèse sur nos épaules, des armes que l'on doit garder propres pour qu'elles fonctionnent encore, continuer de marcher sans glisser, sans tomber,

149

et la boue monte jusqu'aux genoux. Et en plus d'être naturellement toxique, cette boue est piégée par ceux que l'on chasse. Parfois elle
25 explose. Parfois elle se dérobe, on s'enfonce de vingt centimètres et des pointes de bambou empalent le pied. Parfois un coup de feu part d'un buisson au bord d'un village, ou de derrière une diguette[2], et un homme tombe. On se précipite vers le lieu d'où est parti le coup, on se précipite avec cette grosse boue qui colle, on n'avance pas, et
30 quand on arrive, il ne reste rien, pas une trace. On reste con devant cet homme couché, sous un ciel trop grand pour nous. Il nous faudra maintenant le porter. Il semblait être tombé tout seul, d'un coup, et le claquement sec que nous avions entendu avant qu'il ne tombe devait être la rupture du fil qui le tenait debout.

Alexis Jenni, *L'Art français de la guerre*, 2011,
© Éditions Gallimard, www.gallimard.fr.

---

1. Delta : zone de marécage qui divise un fleuve en plusieurs bras.
2. Diguette : petite digue, construction destinée à contenir les eaux.

DOCUMENT B J. L. Beuzon, *Engagez-vous, Rengagez-vous dans les troupes coloniales.* Affiche de 1931

Ph © Bridgeman Images

TRAVAIL SUR LE TEXTE LITTÉRAIRE ET SUR L'IMAGE

50 POINTS • ⏱ 1 h 10

Les réponses doivent être entièrement rédigées.

Compréhension et compétences d'interprétation

▶ **1.** Relevez six termes permettant de comprendre que le récit se déroule en temps de guerre. (*3 points*)

▶ **2.** « L'Indochine ? C'est la planète Mars. Ou Neptune. Je ne sais pas. » (ligne 1)
Quelle image le narrateur donne-t-il ici de l'Indochine ? (*2 points*)

▶ **3. a)** La présence de l'ennemi est très peu évoquée dans ce passage. Pourquoi, selon vous ? (*2 points*)
b) Il y a cependant des indices de cette présence. Repérez-en au moins trois. (*3 points*)

▶ **4.** « le claquement sec que nous avions entendu avant qu'il ne tombe devait être <u>la rupture du fil</u> qui le tenait debout. » (l. 33-34)
a) De manière implicite, à quoi l'auteur compare-t-il le soldat mort en employant l'expression soulignée ? Justifiez votre réponse. (*2 points*)
b) Quelle réflexion sur le sort des soldats en temps de guerre cela vous inspire-t-il ? Développez votre réponse. (*3 points*)

▶ **5.** Comment la nature apparaît-elle dans le passage ?
Développez votre réponse. (*6 points*)

▶ **6.** « la boue vous rampe dessus quand on marche dedans. » (l. 15)
Comment se nomme la figure de style utilisée ici pour évoquer la boue ? Quel effet produit-elle sur vous ? Justifiez votre réponse. (*3 points*)

▶ **7.** L'affiche délivre-t-elle la même vision de la guerre coloniale que le texte ? Justifiez précisément votre réponse. (*6 points*)

Grammaire et compétences linguistiques

▶ **8.** « Il semblait être tombé tout seul, d'un coup, et le claquement sec que nous avions entendu avant qu'il ne tombe devait être la rupture du fil qui le tenait debout. » (lignes 32-34)
a) Relevez dans cette phrase une proposition subordonnée relative et une proposition subordonnée circonstancielle. (*2 points*)
b) Indiquez la fonction de la proposition subordonnée circonstancielle. (*2 points*)

S'ENTRAÎNER

▶ **9.** « Il nous faudra maintenant <u>le</u> porter » (l. 31-32)
a) À quelle classe grammaticale appartient le mot souligné ? (*2 points*)
b) Que remplace-t-il ? (*2 points*)

▶ **10.** Quel est le sujet grammatical du verbe « devait » (l. 34) ? (*2 points*)

▶ **11.** « La boue de la rizière colle aux jambes, aspire les pieds, elle se répand sur les mains, les bras, on en trouve jusque sur le front […] » (l. 13-14). Mettez ce passage au passé composé. (*5 points*)

▶ **12.** « Et en plus d'être naturellement toxique, cette boue est piégée par ceux que l'on chasse. Parfois elle explose. » (l. 23-25).
Réécrivez ce passage en remplaçant « cette boue » par « ces eaux » et en procédant à toutes les modifications nécessaires. (*5 points*)

DICTÉE	**10 POINTS • ⏱ 20 min**

Le nom de l'auteur, le titre de l'œuvre, ainsi que « Martiens » sont écrits au tableau au début de la dictée.

Alexis Jenni
L'Art français de la guerre, 2011.
© Éditions Gallimard

Les types là-bas ne nous disent rien. Ils sont plus petits que nous, ils sont souvent accroupis, et leur politesse déconseille de regarder en face. Alors nos regards ne se croisent pas. Quand ils parlent c'est avec une langue qui crie et que nous ne comprenons pas. J'ai l'impression de croiser des Martiens ; et de combattre certains d'entre eux que je ne distingue pas des autres. Mais parfois ils nous parlent : des paysans dans un village, ou des citadins qui sont allés tout autant à l'école que nous, ou des soldats engagés avec nous. Quand ils nous parlent en français cela nous soulage de tout ce que nous vivons et commettons chaque jour. […] Nous regardons leurs femmes qui sont belles comme des voilages, comme des palmes, comme quelque chose de souple qui flotte au vent. Nous rêvons qu'il soit possible de vivre là.

RÉDACTION	**40 POINTS • ⏱ 1 h 30**

Vous traiterez au choix un des deux sujets de rédaction suivants. Votre travail fera au moins deux pages (soit une cinquantaine de lignes).

Sujet d'imagination

Vous aussi, vous vous êtes retrouvé(e) dans un lieu où vous avez ressenti un profond dépaysement, avec un sentiment de malaise. Racontez.

Sujet de réflexion

L'inconnu fait-il nécessairement peur ? Vous proposerez une réflexion organisée en vous appuyant sur vos lectures et vos connaissances personnelles.

LES CLÉS DU SUJET

● Analyser les documents

Le genre
Extrait du roman *L'Art français de la guerre* d'Alexis Jenni, prix Goncourt 2011.

Le genre
Affiche de propagande (1931) du ministère de la Guerre.

LE TEXTE **L'IMAGE**

Le thème
Rencontre entre un jeune et un vétéran des guerres d'Indochine (1946-1954) et d'Algérie (1954-1962) qui lui livre ses souvenirs de soldat.

Les caractéristiques clés
Son objectif est d'encourager les Français à s'engager dans l'armée coloniale en en présentant une image très valorisante.

● Traiter le sujet d'imagination

■ Recherche d'idées

Choisis un lieu dans lequel tu t'es senti dépaysé. Il ne s'agit pas forcément d'un pays étranger : ce peut être un autre quartier, une nouvelle école…

■ Conseils de rédaction

• Prends le temps de décrire le lieu, de le faire exister. Tu peux aussi parler de la faune, des personnes qui y vivent, de leurs coutumes, de leurs habitudes.

• Décris les sentiments que tu as ressentis : dépaysement, malaise, angoisse, peur, mais aussi peut-être curiosité, excitation… Utilise pour les exprimer le lexique des sentiments.

S'ENTRAÎNER

▬● Traiter le sujet de réflexion

■ Recherche d'idées

Piste 1	Commence par définir ce que peut être l'inconnu : un autre quartier, une nouvelle école, un pays que l'on ne connaît pas, des paysages où l'on perd ses repères : déserts, profondeurs sous-marines, autres planètes, immensité de l'espace…
Piste 2	Recherche des exemples tirés de tes lectures et/ou de tes connaissances, dans lesquels des hommes – explorateurs, marins, cosmonautes, aventuriers – ont eu à affronter l'inconnu : événements réels (l'expédition de Christophe Colomb, les premiers pas de l'homme sur la Lune…) ou fictifs (les aventures du jeune Jim Hawkins dans *L'Île au trésor* de Robert Stevenson).

■ Conseils de rédaction

Pense à faire un plan avec plusieurs parties. Par exemple :
• partie 1 : définition de l'inconnu ;
• partie 2 : l'inconnu provoque généralement un sentiment de peur ;
• partie 3 : l'inconnu crée de la curiosité et de l'excitation.

---

16 CORRIGÉ **GUIDÉ** ✦

TRAVAIL SUR LE TEXTE LITTÉRAIRE ET SUR L'IMAGE

Les réponses doivent être entièrement rédigées.

Compréhension et compétences d'interprétation

▶ **1.** Les termes suivants permettent de comprendre que le récit se déroule en temps de guerre : « équipement », « armes », « coup de feu », « piégée », « chasse », « explose ».

▶ **2.** Le narrateur donne de l'Indochine l'image d'un pays étranger, angoissant, inhospitalier et hostile, comme pourrait l'être une autre planète.

▶ **3. a)** La présence de l'ennemi est très peu évoquée, car celui-ci se terre, se cache, crée des embuscades et attaque par surprise. Et puis, l'ennemi, c'est aussi cette terre inhospitalière dans laquelle s'engluent les soldats.

b) Il y a cependant des indices de cette présence : « C'est là où ils font pousser leur riz », « cette boue est piégée par ceux que l'on chasse », « des pointes de bambou empalent le pied », « un coup de feu part d'un buisson ».

▶ **4. a)** L'auteur compare le soldat à une sorte de pantin dont la vie ne tient qu'à un fil comme s'il était manipulé par un marionnettiste (les officiers, les chefs). Le claquement, celui de l'arme à feu, évoque la rupture d'un fil. Le soldat n'est ensuite plus qu'un corps désarticulé, inerte.

b) Les soldats, en temps de guerre, sont trop souvent considérés par les chefs comme de la chair à canon qu'on envoie à la mort. Ils sont condamnés à obéir aux ordres sans avoir voix au chapitre.

▶ **5.** La nature apparaît comme extrêmement inhospitalière, hostile, une ennemie tout autant que les soldats adverses.

▶ **6.** Il s'agit d'une personnification. La boue semble devenue vivante et attaquer les soldats. Cela crée un effet angoissant voire fantastique.

▶ **7.** L'affiche ne délivre pas du tout la même vision de la guerre coloniale que le texte : si le texte est très critique et présente la guerre d'Indochine comme un enfer pour les soldats, l'image est une affiche de propagande cherchant à recruter des hommes pour les troupes coloniales. Tout est fait pour en donner une vision idyllique : le soldat est présenté comme un héros admiré et respecté. Les couleurs sont éclatantes, du blanc immaculé de l'uniforme au bleu du fleuve et du ciel. On est bien loin de l'univers hostile dépeint dans le texte.

INFO+
Une personnification est une figure de style qui consiste à employer un vocabulaire normalement employé pour des êtres vivants pour parler d'une chose.

S'ENTRAÎNER

Grammaire et compétences linguistiques

▶ **8. a)** Proposition subordonnée relative : « que nous avions entendu ».
Proposition subordonnée circonstancielle : « avant qu'il ne tombe ».

b) Il s'agit d'une subordonnée circonstancielle de temps.

▶ **9. a)** Il s'agit d'un pronom personnel.
b) Il remplace le groupe nominal « cet homme couché ».

▶ **10.** Le sujet grammatical du verbe « devait » est le groupe nominal suivant : « le claquement sec que nous avions entendu avant qu'il ne tombe ».

▶ **11.** *Les modifications sont en couleur.*
La boue de la rizière a collé aux jambes, a aspiré les pieds, elle s'est répandue sur les mains, les bras, on en a trouvé jusque sur le front […].

▶ **12.** *Les modifications sont en couleur.*
Et en plus d'être naturellement toxiques, ces eaux sont piégées par ceux que l'on chasse. Parfois elles explosent.

DICTÉE

> **POINT MÉTHODE**
>
> 1️⃣ Attention à l'accord des participes passés :
>
> • employé avec le verbe *être*, le participe passé s'accorde avec le sujet : *accroupis* (*ils*), *allés* (*qui* utilisés pour *des citadins*) ;
>
> • employé comme adjectif, il s'accorde avec le nom qu'il qualifie : *engagés* (*des soldats*).
>
> 2️⃣ Attention à l'orthographe de *tout* :
>
> • le premier *tout* est un adverbe (= *tout à fait autant*) : il est **invariable** ;
>
> • le deuxième *tout* est un pronom (= *tout cela*). Il est au **singulier**.

Les types là-bas ne nous disent rien. Ils sont plus petits que nous, ils sont souvent accroupis, et leur politesse déconseille de regarder en face. Alors nos regards ne se croisent pas. Quand ils parlent c'est avec une langue qui crie et que nous ne comprenons pas. J'ai l'impression de croiser des Martiens ; et de combattre certains d'entre eux que je ne distingue pas des autres. Mais parfois ils nous parlent : des paysans dans un village, ou des citadins qui sont allés tout autant à l'école que nous, ou des soldats engagés avec nous. Quand ils nous parlent en français cela nous soulage de tout ce que nous vivons et commettons chaque jour. […] Nous regardons leurs femmes qui sont belles comme des voilages, comme des palmes, comme quelque chose de souple qui flotte au vent. Nous rêvons qu'il soit possible de vivre là.

RÉDACTION

Voici un exemple de rédaction sur chacun des deux sujets.
Attention les indications entre crochets ne doivent pas figurer sur ta copie.

Sujet d'imagination

[Introduction] Pour les vacances d'été, cette année-là, ma famille et moi avions loué une maison traditionnelle au cœur d'une petite ville du sud marocain.

[Découverte du lieu] À peine sortis de la voiture, nous avions été entourés d'enfants qui nous dévisageaient avec curiosité. Le quartier n'avait rien de touristique. Notre maison se trouvait dans la kasba. Pour y accéder, il avait fallu passer une porte voûtée ménagée dans la muraille de couleur ocre qui ceignait le cœur

> **CONSEIL**
> Tu peux inventer un lieu, mais veille à rester crédible : écarte tout récit de science-fiction.

de la ville. Plusieurs fois par jour, le chant du muezzin retentissait en provenance du minaret de la mosquée voisine.

[Impressions : dépaysement, malaise] Les premiers jours, le sentiment de dépaysement était intense. Les habitants du quartier nous regardaient avec suspicion et nous avions l'impression d'être des intrus. Nous sentions qu'il était difficile de communiquer avec nos voisins que nous croisions fort peu. Les femmes étaient pour la plupart voilées et nous étions mal à l'aise dans nos vêtements d'été. Pour aller à la piscine d'un palais voisin devenu un hôtel, nous devions longer les murailles de la ville : nous sentions alors les regards braqués sur nous, curieux, bienveillants ou hostiles, il était difficile de le savoir. Nous essayions de nous faire discrets.

Peu à peu, les habitants du quartier finirent par nous accepter. L'animosité fit place à des échanges amicaux. L'impression de malaise disparut : nous n'étions plus des intrus.

[Conclusion] Je garde de ces vacances le souvenir ému d'avoir su nous intégrer à cette vie locale si différente de la nôtre.

Sujet de réflexion

[Introduction] L'inconnu fait-il nécessairement peur ? Peut-on partir vers l'inconnu sans appréhension ?

> **CONSEIL**
> N'oublie pas de présenter la question en introduction.

[Définition de l'inconnu] Qu'est-ce que l'inconnu ? Ce que l'on ne connaît pas. Ce peut être le quartier voisin, une ville si l'on vit à la campagne, la campagne si l'on est un citadin, un autre pays où les coutumes et la langue sont différentes, un paysage qui semble inhospitalier, une rencontre : toute situation où l'on perd ses repères.

[La peur devant l'inconnu] Je pense que partir vers l'inconnu ne peut se faire sans appréhension, inquiétude, voire angoisse, car c'est se préparer à affronter une situation, des périls peut-être, que l'on ne connaît pas. Cette peur est nécessaire, car elle permet de rester vigilant, d'essayer de prévoir les dangers afin d'être prêt à les surmonter.

L'expédition de Christophe Colomb parti vers l'ouest à la recherche d'une nouvelle route maritime était très risquée, tant à cause des tempêtes, des risques de naufrage que parce qu'il n'existait aucune carte de cette partie du monde. Les membres de l'équipage n'étaient pas sûrs de revenir. Christophe Colomb ignorait d'ailleurs qu'il allait découvrir un « Nouveau Monde » inconnu des Européens, lui qui espérait atteindre les Indes.

L'espace, de même, a longtemps été source d'angoisse. Les récits de science-fiction ont exploité la peur de l'inconnu en mettant en scène des dangers, des périls venus d'autres planètes et qui viendraient menacer l'humanité, comme dans *La Guerre des mondes* de H. G. Wells. Si l'exploration spatiale et les

S'ENTRAÎNER

connaissances scientifiques ont apaisé certaines de ces peurs, l'infinité de l'espace continue de nourrir les angoisses de l'homme.

[La curiosité et l'excitation devant l'inconnu] Cependant, s'il n'y avait que la peur, bien peu auraient pris le risque de partir explorer les mondes inconnus. C'est la curiosité, le désir de découverte, l'exaltation aussi face au danger, qui amènent l'homme à quitter son univers familier pour se faire aventurier. Tous les explorateurs, navigateurs ou encore astronautes ont dû ressentir cette poussée d'adrénaline, ce mélange de peur, de curiosité et d'euphorie au moment de se lancer dans l'inconnu pour ce qui pouvait être un voyage sans retour. Les premiers pas de l'homme sur la lune restent un des événements majeurs de l'histoire de l'humanité, tout comme la découverte de l'Amérique en 1492 par Christophe Colomb.

[Conclusion] Pour conclure, je dirais que l'inconnu provoque un sentiment ambigu : une certaine appréhension, peur, voire angoisse, face à des dangers réels ou imaginaires ; mais aussi une vive curiosité et le désir de vivre des aventures exaltantes.

CONSEIL
En conclusion, fais la synthèse de ton développement. L'inconnu provoque des sentiments ambivalents : peur, mais aussi curiosité et excitation.

Des paroles intenses

🕐 **3 heures**
100 points

● **INTÉRÊT DU SUJET** • Les enfants présentés dans les documents connaissent la guerre et les pays dévastés. La joie et le rire côtoient toutefois les souvenirs de ces atrocités.

DOCUMENT A **Texte littéraire**

Orphelin mutilé par la guerre, le jeune Omar-Jo a fui son pays. Il a été accueilli à Paris par des cousins. Il a pour ami Maxime, le responsable d'un manège qui organise des spectacles.

Lorsqu'il sentait son public avec lui, applaudissant et riant de ses loufoqueries[1], Omar-Jo changeait brusquement de répertoire.

D'abord, il faisait taire la musique ; ses pitreries se fracassaient contre un mur invisible. Ensuite, il laissait un silence opaque planer
5 au-dessus des spectateurs.

D'un seul geste, il arrachait alors les rubans ou les feuillages qui dissimulaient son moignon[2]. Puis, il présentait celui-ci au public, dans toute sa crudité.

Il ôtait son faux nez. En se frottant avec un pan de sa chemise,
10 il se débarbouillait de son maquillage. Sa face apparaissait d'une pâleur extrême ; enfoncés dans leurs orbites, ses yeux étaient d'un noir infini.

Il s'était également dépouillé de ses déguisements qui s'entassaient à ses pieds. Il les piétina avant de grimper sur leurs dépouilles
15 comme sur un monticule, d'où il se remit à parler.

Ce furent d'autres paroles.

Elles s'élevaient du tréfonds, extirpant Omar-Jo de l'ambiance qu'il avait lui-même créée.

Oubliant ses jongleries, il laissait monter cette voix du dedans.
20 Cette voix âpre, cette voix nue qui, pour l'instant, recouvrait toutes ses autres voix.

L'enfant multiple n'était plus là pour divertir. Il était là aussi pour évoquer d'autres images. Toutes ces douloureuses images qui peuplent le monde.

25 Mené par sa voix, Omar-Jo évoque sa ville récemment quittée. Elle s'insinue dans ses muscles, s'infiltre dans les battements du cœur, freine le voyage du sang. Il la voit, il la touche, cette cité lointaine. Il la compare à celle-ci, où l'on peut, librement, aller, venir, respirer ! Celle-ci, déjà sienne, déjà tendrement aimée.

30 Ici, les arbres escortent les avenues, entourent les places. De robustes bâtiments font revivre les siècles disparus, d'autres préfigurent l'avenir. Une population diversifiée flâne ou se hâte. Malgré problèmes et soucis, ils vivent en paix. En paix !

Là-bas les îlots en ruine se multiplient, des arbres déracinés 35 pourrissent au fond de crevasses, les murs sont criblés de balles, les voitures éclatent, les immeubles s'écroulent. D'un côté comme de l'autre de cette cité en miettes, on brade les humains !

Omar-Jo se déchaîne, ses paroles flambent. Omar-Jo ne joue plus. Il contemple le monde, et ce qu'il en sait déjà ! Ses appels s'am- 40 plifient, il ne parle pas seulement pour les siens. Tous les malheurs de la terre se ruent sur ce Manège.

Tout s'est immobilisé. Les chevaux ont terminé leur ronde. Le public écoute, pétrifié[3].

Maxime, perplexe, n'ose pas faire taire l'étrange enfant.

45 Après ces cris d'angoisse, il ne reste d'autre issue que de renouer avec la vie.

Omar-Jo ressort de sa poche son vieil harmonica et, retrouvant son souffle, il en tire, une fois de plus, des sons mélodiques et vivaces.

Andrée Chedid, *L'Enfant multiple*, 1989.

---

1. Loufoqueries : actes, propos extravagants, insensés.
2. Moignon : ce qui reste d'un membre qui a été amputé.
3. Pétrifié : au sens propre « transformé en pierre », au sens figuré « immobilisé ».

DOCUMENT B *Enfant jouant dans les ruines de Damas*, AFP, 2016

© Amer Almohibany/AFP

S'ENTRAÎNER

TRAVAIL SUR LE TEXTE LITTÉRAIRE
ET SUR L'IMAGE   **50 POINTS • ⏱ 1 h 10**

Les réponses doivent être entièrement rédigées.

Grammaire et compétences linguistiques

▶ **1.** « Il s'était également dépouillé de ses déguisements qui s'entassaient à ses pieds. » (l. 13-14)

a) Réécrivez la phrase et soulignez son verbe principal.
À quel temps est-il conjugué ? *(2 points)*

b) Délimitez le groupe complément du verbe principal en le plaçant entre crochets. *(1 point)*

c) Pour vérifier la délimitation du groupe complément, réécrivez la phrase en remplaçant ce complément de verbe par un pronom. *(1 point)*

▶ **2.** Ligne 25 : « <u>sa</u> ville récemment quittée ».
Ligne 27 : « Il la voit, il la touche, <u>cette</u> cité lointaine. »

a) À quelle classe grammaticale précise appartient le déterminant « sa » ? *(1 point)*

b) À quelle classe grammaticale précise appartient le déterminant « cette » ? *(1 point)*

c) Pourquoi le narrateur change-t-il de déterminant pour désigner la même ville évoquée par Omar-Jo ? *(2 points)*

▶ **3.** Mettez le passage ci-dessous au passé composé.
Faites toutes les modifications nécessaires. *(10 points)*
« Elle s'insinue dans ses muscles, s'infiltre dans les battements du cœur, freine le voyage du sang. Il la voit, il la touche, cette cité lointaine. » (l. 26-27)

Compréhension et compétences d'interprétation

▶ **4.** Dans les lignes 1 à 15 :
a) Dans quel rôle Omar-Jo apparaît-il au début du texte ?
Justifiez votre réponse par quatre relevés précis. *(3 points)*
b) Quels éléments montrent qu'il abandonne progressivement ce rôle ?
Vous vous appuierez sur le lexique et l'enchaînement des phrases. *(3 points)*

▶ **5.** Lignes 16 à 29 : comment le texte met-il en valeur la puissance de la parole d'Omar-Jo ?
Vous justifierez votre réponse en vous appuyant sur un relevé précis que vous interpréterez.
Deux éléments au moins sont attendus. *(4 points)*

▶ **6.** Lignes 25 à 37 : quelles oppositions Omar-Jo souligne-t-il dans l'évocation des deux villes ?
Identifiez ces oppositions en vous appuyant sur des relevés significatifs. *(6 points)*

▶ **7.** Face à la parole d'Omar-Jo, la réaction du public change. Montrez ce changement. Expliquez-le en vous appuyant sur le texte. *(4 points)*

▶ **8.** Ligne 22 : « L'enfant multiple » : à la lumière du texte et de vos réponses aux questions précédentes, expliquez cette expression qui donne son titre à l'œuvre. On attend un paragraphe construit, développé et argumenté (deux arguments au moins). *(6 points)*

▶ **9.** Le texte met en valeur la puissance de la parole sur le public. Selon vous, l'image proposée peut-elle aussi agir sur ceux qui la regardent ?
Vous justifierez votre réponse. *(6 points)*

DICTÉE   10 POINTS • ⏱ 20 min

Les noms « Maxime », « Manège », ainsi que le nom de l'auteur et le titre de l'œuvre sont écrits au tableau. Les informations suivantes sont données : dans le texte de la dictée, le grand-père d'Omar-Jo resté dans son pays répond à une lettre de Maxime, le responsable du manège.

Andrée Chedid
L'Enfant multiple
© Éditions Flammarion, 1989

Ami Maxime, pour mon petit-fils, merci !

Je viendrai voir votre Manège, un jour. En attendant, il tourne dans ma tête ; je le chéris et le décore de tous les fruits de mon jardin. Par moments, il s'élève comme une soucoupe volante, et plane ou tournoie juste au-dessus de ma maison.

Depuis quelque temps, nos journées sont tranquilles. Les transports publics sont rétablis, le courrier a repris. Je crois pouvoir, bientôt, t'expédier des abricots et des pêches. Tu t'en régaleras.

Notre existence, notre Manège à nous, s'enfonce encore dans les ruines ; mais à présent que les armes se sont tues, de village en village nous arrivons, peu à peu, à recomposer la chaîne, et à nous retrouver. Il faudra bien que ça tourne rond, un jour ! Que notre peuple tout entier remonte sur le même Manège qui s'ébranlera, progressera, sur une musique d'espoir.

RÉDACTION   40 POINTS • ⏱ 1 h 30

Vous traiterez au choix l'un des sujets suivants.

Sujet d'imagination

L'un des parents a emmené ses enfants au spectacle d'Omar-Jo. À son retour à la maison, il raconte à un autre membre de la famille la scène à laquelle il a assisté, « pétrifié » (l. 43). Il décrit dans son récit les émotions qu'il a ressenties. Vous écrirez votre récit à la 1re personne.

Sujet de réflexion

« L'enfant multiple n'était plus là pour divertir. Il était là aussi pour évoquer d'autres images. Toutes ces douloureuses images qui peuplent le monde. » (l. 22-24) Peut-on faire aussi réfléchir en divertissant ?
Vous répondrez à cette question en développant plusieurs arguments. Vous prendrez appui sur des exemples d'œuvres lues et étudiées en classe ou sur des exemples tirés de votre culture personnelle.

S'ENTRAÎNER ⏱

LES CLÉS DU SUJET

● Analyser les documents

Le genre
Ce roman met en scène un « enfant multiple », né d'un père musulman égyptien et d'une mère chrétienne libanaise.

Le thème
La photo montre deux enfants courant avec des ballons à Damas, en Syrie, pays ravagé par la guerre depuis 2011.

LE TEXTE **L'IMAGE**

Le thème
Les horreurs vécues au Liban, en fortifiant son âme, lui permettent d'apporter amour et joie aux personnes qu'il rencontre.

Les caractéristiques clés
Les couleurs ternes de la ville en ruine font ressortir les couleurs vives et joyeuses des ballons agités par la fillette.

● Traiter le sujet d'imagination

■ Recherche d'idées

Piste 1
Les sentiments évoluent pendant le spectacle : tu peux décrire d'abord l'amusement pendant le numéro de clown, puis la surprise quand le ton change et enfin l'émotion quand les souffrances sont évoquées.

Piste 2
Réfléchis également à la gamme des émotions ressenties : effroi quand Omar-Jo montre son bras coupé, plaisir à voir évoquer sa ville avec amour, horreur devant les souffrances décrites, compassion et empathie envers le jeune garçon.

■ Conseils de rédaction

• Tu dois écrire un récit à la première personne : le parent qui a assisté au spectacle rentre chez lui et raconte la scène ; donne quelques informations sur son interlocuteur : l'autre parent ou un enfant plus âgé qu'Omar-Jo, par exemple.
• Le proche peut prendre la parole, pour relancer le récit ou commenter ce qu'il vient d'entendre.

■○ Traiter le sujet de réflexion

■ Recherche d'idées

Piste 1	Le sujet est une question à laquelle on peut aisément répondre par oui ou non. Privilégie une réponse nuancée.

Piste 2	Réfléchis aux exemples prouvant que l'on peut divertir et faire réfléchir en même temps : les comédies de Molière invitent les hommes à corriger leurs défauts ; la littérature de science-fiction à faire réfléchir aux conséquences que pourraient avoir les progrès scientifiques dans l'avenir.

■ Conseils de rédaction

• N'oublie pas de faire apparaître clairement les articulations de ton devoir, à l'aide de connecteurs d'addition (« tout d'abord », « ensuite », « enfin ») et d'opposition (« néanmoins », « à l'inverse »).

• Si tu le souhaites, tu peux, dans la conclusion, employer la première personne du singulier pour exprimer ton opinion personnelle.

S'ENTRAÎNER

17 CORRIGÉ **GUIDÉ** ✦

TRAVAIL SUR LE TEXTE LITTÉRAIRE ET SUR L'IMAGE

Grammaire et compétences linguistiques

▶ **1. a)** et **b)** « Il s'était également dépouillé [de ses déguisements qui s'entassaient à ses pieds]. »

Le verbe pronominal « se dépouiller » est conjugué au plus-que-parfait.

c) « Il s'en était également dépouillé » ou « il s'était également dépouillé de ceux-là ».

▶ **2. a)** « Sa » est un déterminant possessif.

b) « Cette » est un déterminant démonstratif.

c) Dans la première phrase, on insiste sur l'appartenance du personnage à cette ville ; dans la seconde, la ville est offerte au regard du public, elle est désignée, comme montrée du doigt : « il la voit, il la touche ».

▶ **3.** *Les modifications sont en couleur*.

« Elle s'est insinuée dans ses muscles, s'est infiltrée dans les battements du cœur, a freiné le voyage du sang. Il l'a vue, il l'a touchée, cette cité lointaine. »

ATTENTION !
Pour les trois derniers verbes, accorde l'auxiliaire *avoir* avec le COD si nécessaire.

Compréhension et compétences d'interprétation

▶ **4. a)** Omar-Jo apparaît dans le rôle du clown, comme le prouvent les indications suivantes : « ses loufoqueries, ses pitreries, son faux nez, son maquillage ».

b) Il abandonne ce rôle de manière progressive. Des indications temporelles rythment ce changement : « d'abord, ensuite, puis, également ». Les éléments du costume de clown sont peu à peu abandonnés : « arrachait, ôtait, se débarbouillait, dépouillé ».

▶ **5.** La puissance de la parole d'Omar-Jo est mise en valeur à l'aide de plusieurs éléments :
– des verbes de mouvement, pour dire que cette voix prend de l'ampleur (« s'élevaient, laissait monter, recouvrait ») ;
– des compléments, pour qualifier cette voix intérieure et profonde (« du tréfonds, du dedans ») ;
– des adjectifs qui insistent sur le caractère authentique de cette voix (« âpre et nue »).

▶ **6.** Omar-Jo évoque de nombreuses oppositions entre les deux villes :
– les bâtiments sont « robustes » ici, ils « s'écroulent » là-bas ;
– les places et les avenues d'ici sont des « îlots en ruine » là-bas ;
– les arbres qui s'alignent le long des avenues ici sont « déracinés » et « pourrissent » là-bas ;
– les hommes enfin vivent « en paix » ici, alors qu'ils sont « bradés » là-bas, à cause des « balles » et des voitures qui « éclatent ».

▶ **7.** Le public qui riait et applaudissait au début du texte change de réaction quand Omar-Jo évoque les souffrances et les malheurs d'une partie du monde. Touchés par ses paroles, les spectateurs ne bougent plus (« tout s'est immobilisé »), sont silencieux et attentifs (« écoute »), comme changés en pierre (« pétrifié »).

▶ **8.** Le personnage d'Omar-Jo est appelé « enfant multiple », pour ses différentes facettes : il sait divertir comme un clown, mais passe ensuite à un registre plus grave devant le même public ; il porte également en lui l'amour de la ville qu'il a dû quitter, et l'amour de la ville qui l'a accueilli ; il a connu des horreurs (son bras amputé en témoigne), mais est capable de s'amuser.

▶ **9.** L'image proposée montre deux enfants jouant dans une ville en ruine, ravagée par la guerre : Damas, en Syrie. À la tristesse du décor de cette ville détruite, s'opposent la joie, la couleur, la vivacité des enfants qui courent avec des ballons. L'image peut ainsi agir sur ceux qui la regardent : elle montre l'horreur d'une enfance frappée par la guerre, mais aussi l'envie de vivre des enfants touchés et la possibilité pour eux d'être heureux.

> **CONSEIL**
> Pour une question sur une image, n'hésite pas à t'appuyer sur tes premières impressions, comme ici le choc dû au contraste très fort entre l'environnement et les enfants.

S'ENTRAÎNER

DICTÉE

POINT MÉTHODE

1 Plusieurs verbes sont conjugués au futur : souviens-toi que la terminaison de la 1re personne du singulier est *-ai*, à ne pas confondre avec *-ais*, terminaison du conditionnel présent. Change de personne pour les différencier :

• *Je viendrai → nous viendrons (futur).*

• *Je viendrais → nous viendrions (conditionnel présent).*

2 Lorsque le participe passé est employé avec l'auxiliaire *être*, veille à l'accorder avec le sujet. C'est aussi le cas pour les verbes pronominaux (sauf ceux qui sont construits avec un COD).

Ami Maxime, pour mon petit-fils, merci !

Je viendrai voir votre Manège, un jour. En attendant, il tourne dans ma tête ; je le chéris et le décore de tous les fruits de mon jardin. Par moments, il s'élève comme une soucoupe volante, et plane ou tournoie juste au-dessus de ma maison.

Depuis quelque temps, nos journées sont tranquilles. Les transports publics sont rétablis, le courrier a repris. Je crois pouvoir, bientôt, t'expédier des abricots et des pêches. Tu t'en régaleras.

Notre existence, notre Manège à nous, s'enfonce encore dans les ruines ; mais à présent que les armes se sont tues, de village en village nous arrivons, peu à peu, à recomposer la chaîne, et à nous retrouver. Il faudra bien que ça tourne rond, un jour ! Que notre peuple tout entier remonte sur le même Manège qui s'ébranlera, progressera, sur une musique d'espoir.

RÉDACTION

Voici un exemple de rédaction sur chacun des deux sujets.
Attention les indications entre crochets ne doivent pas figurer sur ta copie.

Sujet d'imagination

[Entrée en matière] « Alors ce spectacle ? Vous rentrez bien tard. »

François nous attendait depuis une demi-heure déjà. Le dîner était prêt, et l'odeur alléchante.

« Chéri, c'était… »

Intrigué par mon silence, François leva la tête et comprit qu'il s'était passé quelque chose.

> **CONSEIL**
> L'expression des émotions ne passe pas seulement par le vocabulaire : pense à varier les types de phrases et la ponctuation.

« Tu as l'air… troublée… Et les enfants aussi ! Tout va bien ?

– Oui, nous allons bien, mais vraiment nous avons assisté à un spectacle étrange, qui nous a laissés sans voix, comme pétrifiés ! C'était stupéfiant !

– À la fête foraine ? Allons, encore un de ces tours de passe-passe ; et vous vous êtes laissé prendre comme des…

[Récit du spectacle] – Non, ce n'est pas ça, l'interrompis-je. Il y avait cet enfant, grimé en clown, qui était absurde et drôle au début. Et puis la musique s'est arrêtée, il a enlevé son déguisement et… il avait le bras coupé : il n'avait qu'un moignon, qu'il nous a montré, comme ça. J'ai regardé notre fils, et j'ai eu envie de le serrer fort contre moi. Tout le monde s'est tu. Et c'est là qu'il a commencé à parler. De Paris, de cette ville où il vient d'arriver, de ses quartiers, de ses habitants, qu'il aime comme on devrait tous l'aimer. Puis il a évoqué une autre ville, abîmée, détruite, en guerre où des gens continuent à mourir. Ce n'était pas un numéro, c'était… sincère comme seule une parole d'enfant peut l'être. Il ne voulait pas nous faire honte, il voulait juste nous parler vraiment, de souffrance, mais de joie aussi, de ces deux extrêmes qui se côtoient en lui, mais aussi en nous : nous étions cet enfant au moment où il nous parlait. J'ai rarement été aussi bouleversée. Et quand il s'est tu, personne n'a bougé, personne n'a parlé, personne n'osait. Émus aux larmes, nous le regardions comme notre frère, notre enfant, notre double. Il a alors sorti de sa poche un harmonica et a joué cet air, triste et vivant à la fois. C'était si spécial…

– Comme tu en parles ! Ce doit être un enfant exceptionnel… »

Sujet de réflexion

[Introduction] Beaucoup de spectacles, de films ou de livres attirent un large public, car ils sont divertissants. Mais est-il possible de faire réfléchir le lecteur ou le spectateur, tout en le divertissant ? Nous verrons d'abord que beaucoup d'œuvres ne visent qu'un seul objectif : amuser leur public. Mais nous nous arrêterons ensuite sur celles qui réussissent un pari difficile : faire réfléchir tout en divertissant.

[Une seule ambition : amuser] De nombreux spectacles cherchent avant tout à être divertissants. Ils répondent en cela aux envies des spectateurs. Après une journée de travail fatigante, beaucoup allument la télévision pour trouver des programmes qui les amusent, sans prétention intellectuelle. C'est sans doute le même objectif qui pousse d'autres personnes à lire quelques pages d'un roman policier ou d'un roman d'amour avant de se coucher. Le divertissement n'a alors pas d'autre but que le délassement.

[Une ambition plus noble : amuser et faire réfléchir] Toutefois, certains spectacles présentés comme amusants sont porteurs d'un enseignement moral et veulent faire réfléchir le public. C'est ainsi que Molière concevait ses comédies, ou La Fontaine ses fables : « La morale apporte l'ennui, le conte fait passer le précepte avec lui. » L'apparence amusante permet aux messages de frapper plus aisément le lecteur.

[Conclusion] Certaines œuvres ne sont faites que pour amuser ; d'autres réussissent à élargir la réflexion du public, tout en restant plaisantes. Le divertissement est d'autant plus réussi qu'il pousse à s'interroger, sur ses actes comme sur ses jugements.

S'ENTRAÎNER

Au-delà de la guerre

 **3 heures
100 points**

● **INTÉRÊT DU SUJET** • Les guerres et les conflits illustrés par les documents sont caractérisés par la douleur, la mort et l'atrocité. Mais de ces scènes d'horreur peuvent jaillir des comportements généreux et héroïques.

DOCUMENT A **Texte littéraire**

L'action se situe dans les tranchées pendant la Première Guerre mondiale. Après un assaut particulièrement meurtrier, un régiment d'Africains arrive en renfort et porte secours aux blessés. M'Bossolo, l'un des soldats de ce régiment, prend la parole tandis qu'il porte un blessé sur son dos.

M'Bossolo

Je te porterai jusqu'au bout. Tu n'as pas de crainte à avoir. Mon corps a mis du temps à s'habituer à ton poids mais il n'y a plus de fatigue maintenant. Tu es avec moi. Je t'emmène à l'abri. Au-delà
5 des tranchées et du champ de bataille. Il n'y a pas de pays qui soit trop vaste pour moi. Il n'y a pas de fleuve que je ne puisse enjamber ni d'océan où je n'aie pied. Je te porterai jusqu'à chez moi. Bien au-delà de la guerre. Je ne te poserai que lorsque nous aurons atteint la terre de mes ancêtres. Tu connaîtras alors des paysages que tu ne
10 peux imaginer. Je connais des lieux sûrs où aucun ennemi ne pourra t'atteindre. La guerre, une fois là-bas, te semblera une douce rumeur. Je te confierai aux montagnes qui m'ont vu naître. Tu seras bercé par le cri des singes hurleurs de mon enfance. Tu n'as pas de crainte à avoir. Aucun poids ne peut plus entamer mes forces. Nous y serons
15 bientôt. Et lorsque je t'aurai confié à mon vieux continent, lorsque je me serai assuré que tu es sain et sauf, je reviendrai sur mes pas et je finirai ce qui doit être achevé. Le combat m'attend. Il nous reste encore à vaincre. T'avoir mis en lieu sûr me rendra indestructible. Je retrouverai sans trembler la pluie des tranchées et l'horreur des
20 mêlées. Je me fraierai un passage parmi nos ennemis. Plus rien, alors,

ne pourra me stopper dans ma charge. Je ne dormirai plus. Je ne
mangerai plus. Je ne m'arrêterai que lorsque la guerre sera gagnée.
Je dévorerai la terre du front. Faisant reculer l'ennemi. Semant la
panique dans ses rangs. Je serai un ogre. Je broierai le métal des bat-
25 teries, les fils barbelés et les morceaux d'obus qui éclateront à mes
pieds. Je serai un ogre et rien ne pourra rassasier ma faim. Lorsque
je t'aurai mis en lieu sûr, là-bas, dans ces terres brûlées de soleil, je
reviendrai ici en courant. Prenant un élan de plusieurs continents. Je
plongerai dans la tourmente, embrassant la boue des tranchées, lais-
30 sant glisser sur mon visage la pluie et siffler le vent dans mes oreilles,
et je planterai mes dents dans l'ennemi. Je reviendrai. Et j'achèverai
la guerre d'un coup de poing plongé au plus profond de la terre.

Laurent Gaudé, *Cris*, 2001.

S'ENTRAÎNER

DOCUMENT B Pompeo Girolamo Batoni, *Énée fuyant Troie,
avec Anchise, Ascagne et Créuse*, 1750

*Énée porte son père Anchise ; il est suivi de son fils Ascagne et de sa femme
Créuse.*

© Aisa/Leemage

Turin, Galleria Sabauda.

TRAVAIL SUR LE TEXTE LITTÉRAIRE ET SUR L'IMAGE
50 POINTS • ⏱ 1 h 10

Les réponses doivent être entièrement rédigées.

Grammaire et compétences linguistiques

▶ **1. a)** Quels sont les deux temps les plus utilisés dans le texte ? Pour chacun de ces temps, relevez deux exemples. *(4 points)*
b) Quel est le temps dominant ? Pourquoi ? *(2 points)*

▶ **2.** « Je retrouverai sans trembler la pluie des tranchées et l'horreur des mêlées. Je me fraierai un passage parmi nos ennemis. Plus rien, alors, ne pourra me stopper dans ma charge. Je ne dormirai plus » (l. 19-21). Réécrivez ces phrases en remplaçant la 1re personne du singulier (« je ») par la 3e personne du singulier (« il »). Vous ferez toutes les modifications nécessaires. *(10 points)*

▶ **3.** Comment est formé l'adjectif « indestructible » (l. 18) ? Quel est son sens ? *(2 points)*

▶ **4.** « La guerre, une fois là-bas, te semblera une douce rumeur » (l. 11) : identifiez la fonction du groupe « une douce rumeur ». *(2 points)*

Compréhension et compétences d'interprétation

▶ **5.** À qui M'Bossolo s'adresse-t-il dans ce passage ? Pourquoi tutoie-t-il ce personnage ? *(4 points)*

▶ **6.** « Au-delà des tranchées et du champ de bataille » (l. 4-5) ; « Bien au-delà de la guerre » (l. 7-8).
a) Dans quel lieu M'Bossolo souhaite-t-il emmener le blessé ? Relevez quatre indices. *(5 points)*
b) Examinez la construction de ces deux phrases : que remarquez-vous ? Quel est l'effet produit ? *(4 points)*

▶ **7.** « Je serai un ogre. […] Je serai un ogre et rien ne pourra rassasier ma faim » (l. 24-26). Quelle figure de style relevez-vous ? Comment met-elle en valeur la métamorphose du personnage ? *(5 points)*

▶ **8.** Quelles sont les différentes caractéristiques du héros dans ce texte ? Citez-en au moins trois et justifiez chacune de vos réponses par des relevés précis. *(6 points)*

▶ **9.** Comparez le texte et l'image : quels points communs trouvez-vous entre M'Bossolo et le personnage d'Énée portant son père Anchise sur ses épaules ? *(6 points)*

DICTÉE 10 POINTS • ⏱ 20 min

Le titre de l'œuvre et le nom de l'auteur sont inscrits au tableau.

Laurent Gaudé

Cris

© Éditions Actes Sud, 2001

Mes yeux clignent. Et la nuit profonde est coupée d'éclairs. Je retrouve la tourmente du front, le temps de quelques secondes. Puis je la reperds. Je vois des hommes, que je ne peux compter, je les vois s'agiter autour de moi, ils parlent parfois, mais je ne comprends pas ce qu'ils disent. Je vois des hommes et ce sont les hommes de la nuit. Ils m'ont agrippé et me traînent, je vois leur peau brûlée tout entière, leur peau lisse et noire, plus sombre que la boue. Et je me demande ce qu'ils attendent de moi. Ce sont peut-être les ombres chargées de porter mon corps jusqu'au cœur de la terre.

RÉDACTION 40 POINTS • ⏱ 1 h 30

Vous traiterez au choix l'un des sujets suivants.

Sujet d'imagination

Racontez l'arrivée dans les tranchées du régiment d'Africains dont fait partie M'Bossolo.

Vous évoquerez les différentes réactions de ces hommes face à un pays inconnu et à la violence de la guerre.

Votre rédaction mêlera récit, description et dialogues.

Sujet de réflexion

M'Bossolo porte secours à un soldat qu'il ne connaît pas. Selon vous, la solidarité est-elle suffisamment présente dans notre société ?

Vous répondrez à cette question en vous appuyant sur votre expérience, sur les textes étudiés en classe ainsi que sur votre culture personnelle.

LES CLÉS DU SUJET

● Analyser les documents

Le genre
Cris est un roman présentant
les monologues intérieurs
de différents personnages pendant
la Première Guerre mondiale.

Le genre
Le tableau représente une scène
mythologique : le prince troyen Énée
et sa famille fuient la ville incendiée
par les Grecs.

LE TEXTE **L'IMAGE**

Le thème
Touchés par l'horreur, les soldats
font pourtant preuve de courage
et de solidarité désintéressée.

Le thème
Énée porte son père âgé sur ses épaules.
Son dévouement sera récompensé :
il fondera la cité qui deviendra Rome.

● Traiter le sujet d'imagination

■ Recherche d'idées

Piste 1 Rassemble tes connaissances sur la vie dans les tranchées :
la boue, le froid, les rats et le feu ininterrompu forment le quotidien
des soldats englués dans un conflit sans issue.

Piste 2 Imagine le dialogue entre un soldat français et un soldat africain qui
arrive : quelle question posera-t-il ? Sera-t-il prêt à risquer sa vie
pour des gens dont il ignore tout ?

■ Conseils de rédaction

• Pour donner une connotation négative à ta description des tranchées,
dresse une liste d'expressions à utiliser : « froid mordant », « lumière
triste », « bruit incessant », « regards perdus », « vermine »…

• Pour évoquer le ressenti des soldats africains découvrant l'horreur
des tranchées, utilise un vocabulaire expressif, qui peut aller en s'inten-
sifiant au fur et à mesure du texte : « stupéfait », « scandalisé », « abasourdi », « effrayé », « terrifié », « alarmé », « épouvanté »…

● Traiter le sujet de réflexion

■ Recherche d'idées

Piste 1	Reformule le sujet pour être sûr de l'avoir compris. La solidarité a pour synonymes l'« entraide », la « fraternité », le « partage », l'« altruisme ».
Piste 2	Cherche des exemples de solidarité dans notre société : le don d'argent à des associations caritatives, les activités bénévoles, le partage au sein d'un groupe d'amis, l'aide en cas de besoin.

■ Conseils de rédaction

• Tu peux imaginer un devoir en deux parties pour répondre à la question posée. Évoque, dans un premier temps, les nombreux exemples de solidarité ; dans un second temps, les limites que ces formes prennent dans notre société.

• Alterne les exemples tirés de la vie quotidienne (le temps que consacre ta voisine à une association d'aide aux sans-abri), et de tes lectures (les comportements très héroïques de certains personnages).

S'ENTRAÎNER

---

18 CORRIGÉ **GUIDÉ** ✷

TRAVAIL SUR LE TEXTE LITTÉRAIRE ET SUR L'IMAGE

Grammaire et compétences linguistiques

▶ **1. a)** Les deux temps les plus employés sont le présent et le futur simple de l'indicatif, dont les exemples sont nombreux. Pour le présent : « Je t'emmène » (l. 4) et « ne peut plus » (l. 14) ; pour le futur : « je te porterai » (l. 2) et « tu connaîtras » (l. 9).

b) Le futur est le temps majoritairement employé : le narrateur explique au blessé qu'il porte où il va l'emmener ensuite. En parlant au futur, il promet au blessé que celui-ci aura un avenir.

▶ **2.** *Les modifications sont en couleur.*

« Il retrouvera sans trembler la pluie des tranchées et l'horreur des mêlées. Il se fraiera un passage parmi leurs ennemis. Plus rien, alors, ne pourra le stopper dans sa charge. Il ne dormira plus. »

▶ **3.** L'adjectif « indestructible » est formé par dérivation : au radical *destruct*- sont ajoutés un préfixe privatif (qui signifie le contraire) *in-*, et le suffixe *-ible* qui sert à former l'adjectif. Il signifie ici « invincible » : s'il réussit à mettre en lieu sûr le blessé, alors plus rien ne pourra atteindre ni abattre le narrateur.

▶ **4.** Le groupe nominal « une douce rumeur » est attribut du sujet « la guerre ».

> **ATTENTION !**
> Le groupe nominal n'est pas un COD du verbe, car il est relié au sujet par un verbe d'état, « sembler ».

Compréhension et compétences d'interprétation

▶ **5.** M'Bossolo s'adresse au soldat blessé qu'il est allé récupérer sur le champ de bataille et qu'il transporte sur son dos pour le mettre à l'abri. Il ne connaît pas ce soldat, mais pourtant le tutoie : frères d'armes dans les tranchées, les soldats sont dans le même camp, celui des survivants.

▶ **6. a)** M'Bossolo souhaite emmener le blessé dans un lieu sûr, loin des combats, ce qui pour lui équivaut à son pays natal, en Afrique. On trouve de nombreuses mentions de cette idée : « la terre de mes ancêtres, des lieux sûrs où aucun ennemi ne pourra t'atteindre, mon vieux continent, ces terres brûlées de soleil ».

b) Il s'agit de deux phrases nominales : elles ne contiennent pas de verbe conjugué. Elles possèdent alors la force d'une sentence.

▶ **7.** L'expression est une métaphore qui assimile le narrateur à un ogre. La deuxième phrase développe cette image avec l'idée de faim insatiable. La force gigantesque qui anime le personnage est ainsi mise en valeur : sa faim de victoire est immense.

> **REMARQUE**
> On parle de « métaphore filée » quand cette figure se poursuit sur plusieurs termes. C'est le cas ici avec « je dévorerai la terre » et « je planterai mes dents dans l'ennemi ».

▶ **8.** Le héros se montre particulièrement fraternel et rassurant avec le blessé : il le tutoie et le considère comme un frère, ainsi que le montrent les expressions « je te porterai jusqu'au bout », « tu n'as pas de crainte à avoir ».

Il se révèle également robuste et infatigable : « il n'y a plus de fatigue », « il n'y a pas de pays qui soit trop vaste pour moi ».

Il montre enfin un grand courage et une volonté de vaincre dans le combat qu'il reviendra mener : « sans trembler », « faisant reculer l'ennemi ».

▶ **9.** Dans les deux documents, un personnage dans la force de l'âge prend en charge un être plus faible, le porte sur son dos pour lui permettre d'échapper à une situation dangereuse : un assaut meurtrier lors de la Première Guerre mondiale, pour le texte ; le sac et l'incendie de la ville de Troie par les

Grecs, pour le tableau de Batoni. Le personnage porté semble s'abandonner totalement à son sauveur : le blessé ne s'exprime pas, le vieillard se repose avec confiance sur l'épaule de son fils. Dans les deux documents, le personnage principal possède des qualités héroïques : force, courage, dévouement.

DICTÉE

> **POINT MÉTHODE**
>
> ❶ Sois attentif aux emplois du participe passé : employé seul, il s'accorde avec le nom ; employé avec *être*, il s'accorde avec le sujet ; employé avec *avoir*, il ne s'accorde jamais avec le sujet, mais avec le COD si celui-ci est placé avant le verbe.
>
> ❷ Ne confonds pas le pronom démonstratif *ce* avec le pronom réfléchi *se*, toujours employé dans une tournure pronominale (*se coiffer*, *s'appeler*, *se blottir*, etc.).
>
> ❸ N'oublie pas que la plupart des verbes en *-dre*, comme *perdre* et *comprendre*, se terminent par *-ds* à la 1re personne du singulier du présent de l'indicatif.

Mes yeux clignent. Et la nuit profonde est coupée d'éclairs. Je retrouve la tourmente du front, le temps de quelques secondes. Puis je la reperds. Je vois des hommes, que je ne peux compter, je les vois s'agiter autour de moi, ils parlent parfois, mais je ne comprends pas ce qu'ils disent. Je vois des hommes et ce sont des hommes de la nuit. Ils m'ont agrippé et me traînent, je vois leur peau brûlée tout entière, leur peau lisse et noire, plus sombre que la boue. Et je me demande ce qu'ils attendent de moi. Ce sont peut-être les ombres chargées de porter mon corps jusqu'au cœur de la terre.

RÉDACTION

Voici un exemple de rédaction sur chacun des deux sujets.
Attention les indications entre crochets ne doivent pas figurer sur ta copie.

Sujet d'imagination

[L'arrivée] Nous sommes arrivés ce matin en première ligne, gelés et mouillés, après quatre heures de marche dans la nuit froide et humide de ce petit coin du nord de la France. Nous avons compris qu'on approchait quand ce vague bruit de tonnerre qu'on entendait au loin est devenu plus précis. Tirs, sifflements, explosions, cris de bête : ce n'était pas le tonnerre.

S'ENTRAÎNER

[Les réactions] C'étaient les obus. Alors on a connu l'horreur. Les cris, c'étaient ceux des hommes, qui mouraient à quelques mètres de nous. Le pire, c'est que personne ne s'en préoccupait : tout le monde continuait à courir, à tirer, à se protéger, à fumer même. Épuisé sous le poids de mon équipement, j'ai senti tout mon courage me quitter et céder la place à une peur panique. Pourquoi étais-je dans cet enfer ? Je voulais rentrer chez moi, où ces horreurs n'existent pas. Autour de moi, sur le visage de mes compagnons, j'ai lu la même épouvante.

[Le dialogue] Un petit homme tout noir de boue nous a regardés venir vers lui sans sourire. Il nous a expliqué ce qu'il fallait faire :

CONSEIL
Veille à la présentation du dialogue : guillemets au début et à la fin, tirets pour signaler un changement d'interlocuteur.

« L'affrontement a été terrible ce matin. Les Boches n'ont pas cessé une seconde de nous mitrailler. Il y a plein de camarades qui sont tombés, mais tous ne sont pas morts. Allez les chercher et ramenez-les !

– Mais mon lieutenant, comment fait-on pour les ramener ? Comment fait-on pour les porter et tirer en même temps ?

– Tu ne tires pas, tu laisses même ton fusil ici, comme ça tu as les deux mains libres pour les ramener. D'ici, on vous couvrira pour empêcher les Allemands de vous abattre comme des lapins. ».

Il a jeté un œil sur nos visages terrifiés, et ce qu'il y a lu n'a pas dû lui plaire.

« Vous avez peur ! Et vous croyez que ceux qui vous attendent n'ont pas peur peut-être ? Alors faites vos prières si vous voulez, mais allez-y ! Plus vite ! » Et plus doucement, il ajouta : « Ils n'ont que vous… »

Sujet de réflexion

[Introduction] La solidarité désigne l'aide que les gens peuvent s'apporter mutuellement. Les relations entre les individus sont alors renforcées par ces comportements. Cette valeur est-elle suffisamment présente dans notre société, souvent présentée comme individualiste, c'est-à-dire centrée sur l'individu et non sur le groupe ? Nous verrons que la solidarité est présente dans notre société, mais peut-être pas encore suffisamment.

[La solidarité est présente dans notre société...] La solidarité est une valeur que tout le monde apprécie dans notre société. Au sein d'un groupe d'amis, celui qui n'est pas solidaire des autres, qui refuse de partager ses succès ou de prendre en compte les malheurs d'autrui, est vite rejeté. L'acceptation de l'autre et le partage de ce qui lui arrive, bon ou mauvais, est considéré comme essentiel. De la même manière, nombreux sont ceux qui font des dons aux associations. Investir pour la recherche, pour la défense des opprimés et l'aide aux plus démunis est un acte ancré dans les habitudes pour beaucoup.

[... mais elle est limitée] Toutefois, la solidarité telle qu'elle est pratiquée dans notre société est limitée. En effet, il est rare que nous coopérions avec quelqu'un dans le besoin quand cela risque de nous mettre en danger. Si tout le monde s'accorde à dire qu'il est inhumain de laisser des personnes dormir dehors quand les températures sont négatives, rares sommes-nous à leur ouvrir notre foyer. De même, l'admiration pour les héros de la littérature procède du même constat : ils font ce que nous sommes incapables d'effectuer, se mettre en danger pour autrui. Ainsi le personnage de M'Bossolo dans le texte de Gaudé risque sa vie pour mettre le blessé à l'abri, alors même qu'il ne le connaît pas.

[Conclusion] Si les formes de solidarité sont bien présentes dans notre société, elles sont néanmoins limitées : la fraternité disparaît bien souvent quand elle implique un péril. C'est pourquoi nous louons ces héros du quotidien qui sont capables de risquer leur vie pour les autres, redonnant tout son sens à l'adjectif « solidaire ».

S'ENTRAÎNER

De l'importance d'avoir un métier

 3 heures
100 points

● **INTÉRÊT DU SUJET** • Le texte et l'image défendent une vision féministe de la condition des femmes qui ne pourra évoluer que si ces dernières poursuivent leurs études et deviennent indépendantes : « savoir c'est pouvoir ».

DOCUMENT A **Texte littéraire**

En 1958, Nina, lycéenne de seize ans et fille de mineur, et Vladimir, jeune ingénieur des Mines de vingt-six ans, se sont rencontrés à l'orchestre. Le jeune homme est tombé amoureux de la jeune fille et lui a proposé de l'épouser. Face à cette proposition, Nina confie son impatience à sa grand-mère.

– Pourquoi es-tu si pressée ? demanda Sacha sans cacher son étonnement.

Elle était stupéfaite de l'évidence qui s'était faite chez sa petite-fille et tout de même, si forte fût-elle, l'aveu de Nina lui faisait battre
5 le cœur plus vite.

– Je ne sais pas, dit Nina (elle osait même dire je ne sais pas !). C'est comme ça. Il faut avancer dans la vie, saisir l'occasion qui se présente. Tu ne crois pas ?

– Et le lycée, *Douchka*[1]. As-tu pensé au lycée ?

10 Sacha Javorsky quittait le champ du grand amour pour revenir aux choses sérieuses.

– Oui, dit Nina, bien sûr. Je continuerai à aller au lycée comme aujourd'hui.

– Tu ne sais pas qu'un homme dans une maison exige beaucoup
15 de sa femme, dit Sacha Javorsky avec un air d'être sûre de ce qu'elle avançait. Tu n'auras plus le temps d'étudier !

– Vladimir ne m'empêchera pas d'étudier, souffla Nina.

Ce ton amolli et romantique eut le don d'agacer Sacha. Elle n'avait pas élevé sa petite-fille pour en faire une gourde qui s'en laisse
20 conter par le premier garçon venu.

– Ça ma fille, nous en reparlerons ! dit-elle avec ironie.

Puis elle récita son couplet désenchanté : Les hommes, ça met les pieds sous la table et les chemises en boule au linge sale, et ça croit que les lapins naissent découpés, farcis et grillés !
25 Nina ne disait rien. Qu'y avait-il à répondre ? D'ailleurs sa grand-mère n'attendait pas de réponse. Elle n'avait pas fini de parler.

– Ton Vladimir, poursuivit la grand-mère, il a vingt-six ans et un métier. Des centaines de gens sont sous ses ordres. Ton père y est ! L'ingénieur ! Il va te commander celui-là…
30 – Il ne me commandera pas, répliqua Nina sur un ton décidé.

– Alors vous vous bagarrerez. Et crois-moi ce sera dur. Une femme ne fait jamais le poids.

La vieille dame s'interrompit à dessein, préservant un effet d'annonce. Puis elle acheva :
35 – Sauf si elle a un métier. Et un salaire ! Travaille Nina. Étudie le plus longtemps possible et gagne ta vie. Ne dépends jamais d'un homme ! Écoute ce que te dit ta grand-mère.

– J'écoute, dit Nina.

Alice Ferney, *Cherchez la femme*, 2013.

_____

1. *Douchka* : petit nom affectueux en russe signifiant « ma douce ».

DOCUMENT B **Barbara Kruger, *Savoir, c'est pouvoir*, 1989**

Barbara Kruger est une artiste contemporaine qui a été engagée dans la revendication des droits des femmes aux États-Unis.

Cette sérigraphie est une commande du ministère de la Culture pour le bicentenaire de la Révolution française (1989).

© Barbara Kruger. Fonds National d'Art Contemporain en dépôt au Centre de la Gravure, La Louvière. ph© Marc Legond

TRAVAIL SUR LE TEXTE LITTÉRAIRE ET SUR L'IMAGE 50 POINTS • ⏱ 1 h 10

Les réponses doivent être entièrement rédigées.

Grammaire et compétences linguistiques

▶ **1.** « désenchanté », ligne 22. Donnez la classe grammaticale de ce mot. Expliquez sa formation puis son sens dans le texte. *(6 points)*

▶ **2.** Lignes 35 à 37, quel est le mode principalement employé dans les propos de la grand-mère ? Justifiez son emploi. *(4 points)*

▶ **3.** « Travaille Nina. Étudie le plus longtemps possible et gagne ta vie. Ne dépends jamais d'un homme ! Écoute ce que te dit ta grand-mère. » (l. 35-37) Réécrivez ces quatre phrases en remplaçant « Nina » par « les filles » et « grand-mère » par « grands-parents ». Vous ferez toutes les modifications nécessaires. *(10 points)*

Compréhension et compétences d'interprétation

▶ **4.** Quelle est la relation qui lie Nina et Sacha ?
Quel a été le rôle précis de Sacha dans l'éducation de Nina ? *(4 points)*

▶ **5.** Lignes 1 à 20 : nommez les deux sentiments successifs éprouvés par la grand-mère.
Quelle attitude de Nina provoque chez elle ce changement de sentiment ?
Justifiez votre réponse par une expression du texte. *(6 points)*

▶ **6.** Quel personnage féminin domine la conversation ?
D'après vous, pourquoi se donne-t-elle le droit de parler ainsi ? *(6 points)*

▶ **7.** Selon Sacha, que risque-t-il de se passer après le mariage de Nina et Vladimir ?
Vous répondrez dans un paragraphe détaillé en vous appuyant sur des citations précises du texte. *(8 points)*

▶ **8.** Comment l'image et le texte évoquent-ils, chacun à leur manière, le pouvoir que le savoir procure aux femmes ? *(6 points)*

S'ENTRAÎNER

| **DICTÉE** | **10 POINTS • ⏱ 20 min** |

Le nom de l'auteur et le titre de l'œuvre sont écrits au tableau au début de la dictée.

Alice Ferney
Cherchez la femme, 2013

Pas un seul petit mot ! Il ne vint pas lui rendre visite. Il fut absent aux deux répétitions, le mardi d'abord, puis le vendredi, sans s'excuser ni prévenir, ce qui n'était jamais arrivé. Les musiciens de l'orchestre demandaient des nouvelles à Nina. Elle n'en avait pas. Tout le monde vit qu'elle dansait et chantait sans entrain. Ses résultats scolaires chutèrent d'un coup. Le cartable était jeté par terre sans être ouvert. Elle n'avait pas la tête à son travail ! Elle découvrait la place que tient dans la vie un amour, celui qu'on trouve autant que celui qu'on perd ou croit perdre.

| **RÉDACTION** | **40 POINTS • ⏱ 1 h 30** |

Vous traiterez au choix l'un des deux sujets.

Sujet de réflexion

Pensez-vous, comme la grand-mère de Nina, qu'avoir un métier soit synonyme de liberté et de pouvoir ? Votre rédaction sera d'une longueur minimale d'une soixantaine de lignes (300 mots environ).

Sujet d'imagination

La jeune fille annonce sa décision finale à Vladimir. Elle a pris en compte les remarques de sa grand-mère pour choisir ou non de se marier. Imaginez le dialogue des deux jeunes gens et les réactions qu'il suscite. Votre rédaction sera d'une longueur minimale d'une soixantaine de lignes (300 mots environ) et mêlera dialogue et narration.

LES CLÉS DU SUJET

● Analyser les documents

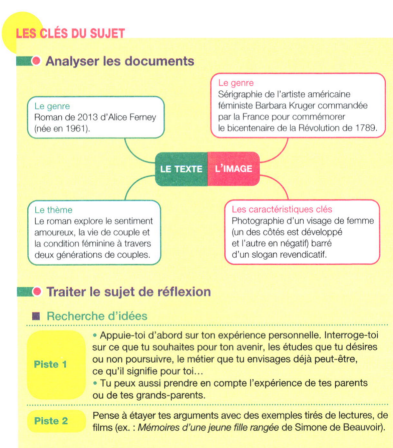

Le genre
Roman de 2013 d'Alice Ferney (née en 1961).

Le genre
Sérigraphie de l'artiste américaine féministe Barbara Kruger commandée par la France pour commémorer le bicentenaire de la Révolution de 1789.

LE TEXTE **L'IMAGE**

Le thème
Le roman explore le sentiment amoureux, la vie de couple et la condition féminine à travers deux générations de couples.

Les caractéristiques clés
Photographie d'un visage de femme (un des côtés est développé et l'autre en négatif) barré d'un slogan revendicatif.

● Traiter le sujet de réflexion

■ Recherche d'idées

Piste 1
• Appuie-toi d'abord sur ton expérience personnelle. Interroge-toi sur ce que tu souhaites pour ton avenir, les études que tu désires ou non poursuivre, le métier que tu envisages déjà peut-être, ce qu'il signifie pour toi…
• Tu peux aussi prendre en compte l'expérience de tes parents ou de tes grands-parents.

Piste 2
Pense à étayer tes arguments avec des exemples tirés de lectures, de films (ex. : *Mémoires d'une jeune fille rangée* de Simone de Beauvoir).

■ Conseils de rédaction

Tu peux, par exemple, développer les arguments suivants :

1. avoir un métier est souvent synonyme de liberté et de pouvoir (indépendance financière, choix de vie…) ;

2. cependant, tous les métiers ne sont pas gratifiants et valorisants ;

3. conclusion : il est donc important que chacun suive la voie qui lui convient le mieux pour s'épanouir dans le métier choisi.

▮● Traiter le sujet d'imagination

▮ Recherche d'idées

Piste 1	• Commence par décider si la réponse de Nina sera positive ou négative. • Reprends ensuite sur ton brouillon les arguments de la grand-mère : ils te seront utiles pour montrer comment ils ont influencé la réponse de Nina.
Piste 2	Imagine les réactions de Vladimir, de Nina, de sa grand-mère…

▮ Conseils de rédaction

• Choisis avec soin les verbes de parole. Évite de répéter systématiquement le verbe « dire » !

• Respecte la ponctuation du dialogue : ouvre les guillemets au début et n'oublie pas de les fermer à la fin ; mets des tirets et va à la ligne à chaque changement d'interlocuteur.

• N'oublie pas d'insérer des passages narratifs (déplacements des personnages, gestes…).

S'ENTRAÎNER

19 CORRIGÉ **GUIDÉ** ✦

| TRAVAIL SUR LE TEXTE LITTERAIRE ET SUR L'IMAGE

Grammaire et compétences linguistiques

▶ **1.** Il s'agit d'un adjectif. Il est composé d'un radical, *enchanté*, et d'un préfixe, *dés-* qui indique le contraire.

Désenchanté signifie désillusionné, qui a perdu ses illusions.

ZOOM
Le préfixe *dé-*, *dés-*, ou *dis-* placé devant un mot peut le transformer en son contraire : *enchanté ≠ désenchanté*.

▶ **2.** La grand-mère emploie le mode impératif (« travaille », « étudie », « gagne ta vie », « Ne dépends jamais », « écoute ») : elle veut à tout prix convaincre sa petite-fille. Elle l'exhorte à ne pas abandonner ses études.

ZOOM
L'impératif sert à exprimer des ordres, des interdictions, mais aussi des recommandations, des conseils, des prières ou des exhortations.

▶ **3.** *Les modifications sont mises en couleur.*

« Travaillez les filles. Étudiez le plus longtemps possible et gagnez votre vie. Ne
dépendez jamais d'un homme ! Écoutez
ce que vous disent vos grands-parents. »

> **ATTENTION !**
> Le sujet du verbe *dire*, *vos grands-parents*, est inversé, placé après *disent*. Sois vigilant sur l'accord.

Compréhension et compétences d'interprétation

▶ **4.** Sacha est la grand-mère de Nina. Elle a été chargée de l'éducation de sa petite-fille.

▶ **5.** Tout d'abord, Sacha est étonnée et même stupéfaite de l'impatience de sa petite-fille de se marier ; elle est un peu émue aussi. Mais ensuite, c'est l'agacement qui l'emporte. Elle pense que Nina a une vision trop naïve, trop romantique de la vie de couple : « Ce ton amolli et romantique eut le don d'agacer Sacha. Elle n'avait pas élevé sa petite-fille pour en faire une gourde qui s'en laisse conter par le premier garçon venu. »

▶ **6.** Le personnage qui domine la conversation est la grand-mère, Sacha. Elle se permet de parler de cette manière car elle veut le bien de sa petite-fille. Elle s'appuie sur son expérience et craint que Nina ne gâche sa vie sur un coup de tête.

▶ **7.** Sacha craint que Nina ne se retrouve femme au foyer, au service de son mari, condamnée aux seules tâches ménagères : « Les hommes, ça met les pieds sous la table et les chemises en boule au linge sale, et ça croit que les lapins naissent découpés, farcis et grillés ! »

Elle redoute pour sa petite-fille un mari autoritaire qui la transforme en épouse soumise : « Il va te commander celui-là. »

Elle s'inquiète de la violence des scènes de ménage si Nina tient tête à son mari : « vous vous bagarrerez. Et crois-moi ce sera dur. »

▶ **8.** L'œuvre de Barbara Kruger montre un visage de femme en gros plan, un visage qui a la perfection des images publicitaires, un visage coupé en deux, d'un côté la photo développée, de l'autre le négatif, d'un côté l'image professionnelle, de l'autre le visage intime. La femme semble implacable, inflexible. L'essentiel est le slogan, clair et concis, blanc sur rouge : savoir, c'est pouvoir. Barbara Kruger et Sacha partagent la même certitude : c'est par le savoir, les études, que les femmes se libéreront, s'affirmeront, devien-dront libres et indépendantes, maîtresses de leur existence.

DICTÉE

> **POINT MÉTHODE**
>
> **1** Attention à ne pas confondre le participe passé et l'infinitif des verbes en *–er* (s'excuser ≠ jeté), car ils se prononcent de la même manière. Pour éviter toute erreur, le plus simple est de remplacer ces verbes par un verbe d'un autre groupe : *sans prendre* (infinitif) → *s'excus*er. *Le cartable était pris* (participe passé) → *jeté.*
>
> **2** Sois attentif aux accords et aux marques du pluriel : *aux, répétitions, musiciens, demandaient, nouvelles, résultats scolaires chutèrent.*

Pas un seul petit mot ! Il ne vint pas lui rendre visite. Il fut absent aux deux répétitions, le mardi d'abord, puis le vendredi, sans s'excuser ni prévenir, ce qui n'était jamais arrivé. Les musiciens de l'orchestre demandaient des nouvelles à Nina. Elle n'en avait pas. Tout le monde vit qu'elle dansait et chantait sans entrain. Ses résultats scolaires chutèrent d'un coup. Le cartable était jeté par terre sans être ouvert. Elle n'avait pas la tête à son travail ! Elle découvrait la place que tient dans la vie un amour, celui qu'on trouve autant que celui qu'on perd ou croit perdre.

RÉDACTION

Voici un exemple de rédaction sur chacun des deux sujets.
Attention les indications entre crochets ne doivent pas figurer sur ta copie.

Sujet de réflexion

[Réponse positive à la question posée] Avoir un métier est, bien évidemment, essentiel pour acquérir une certaine liberté, celle de pouvoir vivre à sa guise, sans dépendre de parents ou du conjoint. Cela confère une indépendance financière, la possibilité de se loger, de choisir ses loisirs, de voyager. Ne dit-on pas « gagner sa vie » ?

Pour les femmes, c'est un droit acquis de haute lutte : pendant longtemps, les jeunes filles ont été élevées pour devenir de bonnes épouses, les études étaient réservées aux garçons. Nos grands-mères n'ont pas toutes connu cette liberté, cette indépendance, le pouvoir de choisir leur vie et de décider de leur existence. C'est ce que raconte Simone de Beauvoir dans son auto-biographie : *Mémoires d'une jeune fille rangée.*

S'ENTRAÎNER

Dans certaines régions du monde, le droit de travailler, de conduire une voiture, de se promener librement est encore trop souvent refusé aux femmes condamnées à être mariées de force, enfermées et soumises à leur époux.

[Contre-argument] Cependant, tous les métiers ne sont pas également synonymes de liberté et de pouvoir : de nombreux emplois ne sont ni valorisants ni épanouissants. S'il n'y a pas de « sots métiers », comme dit l'expression, certains emplois condamnent à des conditions de travail pénibles (bruit, travail répétitif, faibles salaires).

> **CONSEIL**
> Lorsque tu apportes un contre-argument, introduis-le au moyen d'un connecteur logique qui exprime l'opposition : *mais, pourtant, cependant…*

Certains adolescents font le choix de quitter l'école parce qu'ils veulent rapidement devenir indépendants, et gagner de l'argent. Toutefois, c'est une décision importante qu'il convient de faire mûrir, par le biais de discussions auprès d'autrui (famille, professeurs…). Mais, après avoir été confrontés à un travail qui ne leur convient pas, ils peuvent le regretter. Une reprise d'études est alors toujours possible pour accéder à un autre type d'emploi.

C'est d'autant plus vrai pour les filles, quand on sait que les femmes sont moins bien considérées que les hommes dans le monde du travail et qu'elles sont encore aujourd'hui majoritairement sous-payées. Obligées de concilier métier et éducation des enfants, trop peu d'entre elles ont accès à des postes à responsabilités, comme on le constate dans les institutions politiques.

[Conclusion] C'est pour cela que l'on conseille aux adolescents de bien choisir leurs voies et de s'y investir : c'est à ce prix qu'ils accéderont vraiment à la liberté et au pouvoir de choisir leur métier et leur vie.

Sujet d'imagination

[Introduction, mise en situation] La réaction de sa grand-mère avait un peu ébranlé Nina : des doutes avaient surgi dans son esprit. Les deux jeunes gens s'étaient donné rendez-vous dans un café près du lycée de Nina.

[Début du dialogue : échange d'arguments] « As-tu pris ta décision ? demanda Vladimir de but en blanc à sa jeune compagne.

> **GAGNE DES POINTS**
> Varie les verbes de parole. N'hésite pas à ajouter des adverbes, des compléments de manière.

– J'ai besoin d'un peu de temps, balbutia Nina… C'est une décision importante qui ne se prend pas à la légère.

– De quoi as-tu peur ? Tu ne m'aimes donc pas ?

– Bien sûr que je t'aime, Vladimir. Ce n'est pas ça, mais je pense que je suis peut-être encore trop jeune pour être une épouse, une mère. Nous pourrions attendre la fin de mes études. Nous avons toute la vie devant nous.

– Pourquoi tiens-tu tant à terminer tes études ? s'étonna le jeune homme. Je gagne bien ma vie ; tu n'es pas obligée de travailler. Tu pourras t'occuper de la maison, de nos enfants…

– Mais, s'insurgea Nina, je ne veux pas dépendre de toi ; je veux gagner ma vie, avoir un salaire, pouvoir le dépenser sans avoir à te rendre des comptes.

Vladimir se fit tendre et la regarda dans les yeux :

– Je saurai te protéger ; tu seras heureuse avec moi.

– Je ne veux pas être protégée : je veux être forte, libre, indépendante…

Vladimir l'interrompit violemment. Il serrait les poings.

– C'est ta grand-mère qui t'a mis ces idées dans la tête ? De quoi se mêle-t-elle ? C'est ta vie et pas la sienne !

– C'est elle qui m'a élevée. Elle m'aime. Elle connaît les risques du mariage. Elle ne veut pas que je sois malheureuse.

[Conclusion : la réponse de Nina] Vladimir se fit dur, autoritaire :

– Je veux que tu me répondes, exigea-t-il, c'est oui ou c'est non ?

Soudain, la décision à prendre parut évidente à Nina. Elle répondit avec une calme certitude :

– Je ne veux plus me marier avec toi, ni aujourd'hui ni demain. »

Vladimir repoussa brusquement sa chaise et partit sans se retourner. Nina songea que sa grand-mère serait fière d'elle quand elle apprendrait sa décision et sa volonté d'être indépendante.

S'ENTRAÎNER

Découverte olfactive
d'un nouveau monde

3 heures
100 points

● **INTÉRÊT DU SUJET** • Le texte évoque la puissance des sensations olfactives qui annoncent la proximité d'un continent bien avant qu'on ne l'aperçoive et le bonheur de retrouver la terre après une longue traversée.

DOCUMENT A **Texte littéraire**

Dans son roman, Jean-Christophe Rufin raconte l'expédition du chevalier de Villegagnon, parti au XVIᵉ siècle à la conquête du Brésil.

Le sillage du vaisseau se colorait de mauve et d'indigo tandis que s'allumait dans le ciel d'orient une étoile immobile. En cette heure ultime du jour, les vents marquaient souvent une pause, les voiles s'affaissaient et le navire, baigné de silence, semblait se recueillir pour
5 une invisible vêpre[1]. Or, tout au contraire, ce fut le moment où parvint dans le carré, assourdi par les tapisseries, un grand tumulte venu de l'avant.

Villegagnon se précipita au-dehors et les autres à sa suite. Tout l'équipage et nombre de passagers se tenaient à la proue le nez en
10 l'air. D'autres arrivaient encore en courant, montant de l'entrepont et des cales. Villegagnon se fraya un chemin jusqu'au beaupré[2]. L'horizon devant eux était rouge à l'endroit où le soleil finissait de disparaître. On ne voyait aucune terre ni, quand le ciel s'assombrit, aucun feu. Les vigies, d'ailleurs, n'avaient pas crié. À vrai dire, rien n'était
15 perceptible sauf une odeur étrange, tout à la fois faible et immense. Faible parce qu'il fallait concentrer toute son attention pour en discerner la pointe dans l'air tiède ; immense parce qu'elle envahissait toutes les directions, entourait le bateau et paraissait s'étendre sur toute la surface de la mer.
20 Pourtant, elle ne lui appartenait pas. Le nez, de science aussi certaine que la vue ou l'ouïe, affirmait que c'était bien une senteur de terre.

Il est des terres qui exhalent l'herbe, le bétail, la pourriture, les labours. Cette odeur-là n'évoquait rien de tel. Elle était acidulée,
25 juteuse, turgescente[3], printanière. En fermant les yeux, on avait envie de dire qu'elle était colorée, rouge, peut-être orangée.

Soudain quelqu'un découvrit le mot juste et cria que cela sentait le fruit.

En effet, c'était bien une essence subtile de pulpe qui se répandait
30 en vapeur sur toute l'étendue de la mer, une immense odeur de fruit mûr. Une île se voit mais elle n'a pas ce parfum lointain et puissant. Seul un continent peut jeter aussi loin sur la mer ses fragrances végétales, tout comme l'océan envoie dans la profondeur du littoral ses embruns salés et ses senteurs de varech[4].

35 Villegagnon pleurait de joie dans son poing fermé et tous, autour de lui, s'embrassaient.

Il leur fallut encore naviguer deux jours pour être en vue de la côte.

Trois mois et demi s'étaient écoulés depuis leur départ du Havre.

Jean-Christophe Rufin, *Rouge Brésil*, 2001,
© Éditions Gallimard, www. gallimard.fr.

---

1. Vêpre : prière du soir. 2. Beaupré : mât de beaupré ; l'un des principaux mâts d'un navire, situé à l'avant. 3. Turgescente : enflée, vive, puissante. 4. Varech : mélange d'algues déposé par la marée.

DOCUMENT B **Georg Flegel, *Nature morte de desserts*, entre 1585 et 1638**

Ph © Bridgeman Images

Peinture sur bois. Ancienne Pinacothèque, musée de Munich.

TRAVAIL SUR LE TEXTE LITTÉRAIRE ET SUR L'IMAGE

50 POINTS • ⏱ 1 h 10

Les réponses doivent être entièrement rédigées.

Grammaire et compétences linguistiques

▶ **1. a)** Lignes 35-39 : relevez les verbes conjugués et identifiez les trois temps verbaux. (*1,5 point*)
b) Indiquez la valeur de chacun de ces temps. (*1,5 point*)

▶ **2.** Réécrivez le passage suivant en mettant le mot « odeur » au pluriel et faites toutes les modifications nécessaires :
« À vrai dire, rien n'était perceptible sauf une odeur étrange, tout à la fois faible et immense. Faible parce qu'il fallait concentrer toute son attention pour en discerner la pointe dans l'air tiède ; immense parce qu'elle envahissait toutes les directions, entourait le bateau et paraissait s'étendre sur toute la surface de la mer ». (*10 points*)

▶ **3.** Lignes 4 à 7 : « le navire, baigné de silence, semblait se recueillir pour une invisible vêpre. <u>Or</u>, tout au contraire, ce fut le moment où parvint dans le carré, assourdi par les tapisseries, un grand tumulte venu de l'avant. »
a) Quelle est la classe grammaticale du mot souligné ? (*1 point*)
b) Quel lien logique exprime-t-il ? (*1,5 point*)

▶ **4.** Lignes 29 et 30 : « En effet, c'était bien une essence subtile de pulpe qui se répandait en vapeur sur toute l'étendue de la mer […] ». Relevez toutes les expansions du nom « essence » et identifiez leur classe grammaticale. (*4,5 points*)

Compréhension et compétences d'interprétation

▶ **5. a)** Depuis combien de temps les personnages ont-ils embarqué ? (*1 point*)
b) Comment le premier paragraphe met-il en relief leur attente ? Vous vous appuierez sur trois éléments du texte. (*3 points*)

▶ **6.** « Villegagnon se précipita au-dehors et les autres à sa suite » (l. 8). Pourquoi les personnages réagissent-ils ainsi ? (*2 points*)

▶ **7.** En vous appuyant sur le texte, précisez les deux émotions successives que ressentent Villegagnon et son équipage. (*4 points*)

▶ **8. a)** « Le nez, de science aussi certaine que la vue ou l'ouïe, affirmait que c'était bien une senteur de terre » (l. 20 à 22). Comment le mot « nez » est-il mis en valeur dans cette phrase ? (*2 points*)

b) Identifiez le champ lexical dominant dans les lignes 23 à 34 : vous relèverez quatre mots. (*3 points*)

▶ **9.** Lignes 23 à 26 : « Il est des terres qui exhalent l'herbe, le bétail, la pourriture, les labours. Cette odeur-là n'évoquait rien de tel. Elle était acidulée, juteuse, turgescente, printanière. En fermant les yeux, on avait envie de dire qu'elle était colorée, rouge, peut-être orangée. »
En quoi cette évocation revêt-elle une dimension poétique ? Vous appuierez votre réponse sur des relevés précis, que vous commenterez. (*7 points*)

▶ **10.** Observez le tableau de Georg Flegel, *Nature morte de desserts*.
a) Quels effets l'évocation des sens produit-elle sur le spectateur du tableau ? (*5 points*)
b) Le lecteur du texte ressent-il les mêmes émotions selon vous ? (*3 points*)

S'ENTRAÎNER

| **DICTÉE** | **10 POINTS • ⏱ 20 min** |

Le nom de l'auteur, le titre de l'œuvre, ainsi que « Madagascar » et « entrelacs » sont écrits au tableau.

Jean-Christophe Rufin
Le tour du monde du roi Zibeline, 2017.
© Éditions Gallimard, www.gallimard.fr

La nuit résonnait de cris. Des oiseaux invisibles s'appelaient. Des insectes grimpaient sur les cloisons en faisant autant de bruit que des chats. Et très loin, atténué par la distance et l'entrelacs des plantes, parvenait régulier, comme un inexorable balancier liquide, le bruit du ressac.

Ils avaient tant rêvé à ce moment ! Ce n'était pas seulement la parole donnée qui les avait fait revenir. Madagascar était devenue pour eux un remède à toutes les épreuves, un viatique, un abri mental qui les protégeait des humiliations, des tourments de l'exil, des tristesses quotidiennes.

Et voilà que, maintenant, ils y étaient revenus.

| **RÉDACTION** | **40 POINTS • ⏱ 1 h 30** |

Vous traiterez au choix un des deux sujets de rédaction suivants. Votre travail fera au moins deux pages (soit une cinquantaine de lignes).

Sujet d'imagination
Rédigez le journal de bord de Villegagnon : il raconte l'arrivée de son équipage sur les côtes brésiliennes et leurs premières explorations dans ce nouveau monde.
Vous insisterez sur les réactions et les émotions des personnages face à cette terre exotique.

Sujet de réflexion

« Le nez, de science aussi certaine que la vue ou l'ouïe, affirmait que c'était bien une senteur de terre. »

Selon vous, peut-on explorer le monde autrement que par la vue ?

Vous répondrez à cette question en vous appuyant sur votre expérience, sur les textes étudiés en classe ainsi que sur votre culture personnelle, littéraire et artistique (poésie, cinéma, musique et peinture notamment).

LES CLÉS DU SUJET

● Analyser les documents

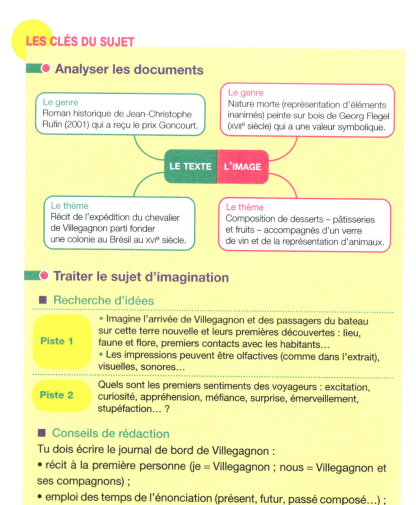

Le genre
Roman historique de Jean-Christophe Rufin (2001) qui a reçu le prix Goncourt.

Le genre
Nature morte (représentation d'éléments inanimés) peinte sur bois de Georg Flegel (XVIIe siècle) qui a une valeur symbolique.

LE TEXTE   L'IMAGE

Le thème
Récit de l'expédition du chevalier de Villegagnon parti fonder une colonie au Brésil au XVIe siècle.

Le thème
Composition de desserts – pâtisseries et fruits – accompagnés d'un verre de vin et de la représentation d'animaux.

● Traiter le sujet d'imagination

■ Recherche d'idées

Piste 1
• Imagine l'arrivée de Villegagnon et des passagers du bateau sur cette terre nouvelle et leurs premières découvertes : lieu, faune et flore, premiers contacts avec les habitants…
• Les impressions peuvent être olfactives (comme dans l'extrait), visuelles, sonores…

Piste 2
Quels sont les premiers sentiments des voyageurs : excitation, curiosité, appréhension, méfiance, surprise, émerveillement, stupéfaction… ?

■ Conseils de rédaction

Tu dois écrire le journal de bord de Villegagnon :

• récit à la première personne (je = Villegagnon ; nous = Villegagnon et ses compagnons) ;

• emploi des temps de l'énonciation (présent, futur, passé composé…) ;

• précision de la date de rédaction des pages du journal.

⬛🔴 Traiter le sujet de réflexion

■ Recherche d'idées

Piste 1	Comment explores-tu le monde qui t'entoure ? Est-ce uniquement par la vue ? Quels sens utilises-tu lorsque tu visites un pays étranger, lorsque tu te retrouves face à un aliment que tu ne connais pas, lorsque tu écoutes un air de musique, que tu lis un poème… ?
Piste 2	Recherche dans les textes étudiés en classe ceux qui pourraient illustrer ton propos (poèmes, romans…). Tu peux aussi prendre des exemples dans le cinéma, la peinture, la musique…

■ Conseils de rédaction

Emploie un lexique sensoriel riche et varié : vue, image, forme, couleur, odorat, odeur, senteur, parfum, ouïe, bruit, son, musique, chant, cri, toucher, rugueux, lisse, satiné, doux, matière, goût, saveur, sensation…

S'ENTRAÎNER

 20 CORRIGÉ **GUIDÉ** ✳

⌐ TRAVAIL SUR LE TEXTE LITTÉRAIRE ET SUR L'IMAGE

Les réponses doivent être entièrement rédigées.

Grammaire et compétences linguistiques

▶ **1. a)** Les trois temps employés sont l'imparfait de l'indicatif (« pleurait », « s'embrassaient »), le passé simple de l'indicatif (« fallut ») et le plus-que-parfait (« s'étaient écoulés »).

b) Ce sont des temps du passé. L'imparfait exprime des actions en cours d'accomplissement, le passé simple une action ponctuelle et le plus-que-parfait un fait antérieur à ceux exprimés aux deux temps simples.

▶ **2.** *Les modifications sont en couleur.*

À vrai dire, rien n'était perceptible sauf des odeurs étranges, tout à la fois faibles et immenses. Faibles parce qu'il fallait concentrer toute son attention pour en discerner la pointe dans l'air tiède ; immenses parce qu'elles envahissaient toutes les directions, entouraient le bateau et paraissaient s'étendre sur toute la surface de la mer.

▶ **3. a)** *Or* est une conjonction de coordination.

b) Elle exprime une opposition.

> **INFO+**
> Les conjonctions de coordination
> sont *mais, ou, et, donc, or, ni, car.*

▶ **4.** • « subtile » : adjectif qualificatif épithète.

• « de pulpe » : nom précédé d'une préposition (complément du nom).

• « qui se répandait en vapeur sur toute l'étendue de la mer » : proposition subordonnée relative.

Compréhension et compétences d'interprétation

▶ **5. a)** Le voyage a commencé trois mois et demi auparavant.

> **INFO+**
> Les conjonctions de coordination peuvent jouer le rôle de connecteur entre des propositions ou des phrases en mettant en évidence un rapport logique (cause, conséquence, opposition).

b) L'attente des personnages est mise en relief par les procédés suivants : l'emploi de l'adverbe « souvent » ; l'imparfait de répétition qui montre la monotonie du voyage ; l'emploi des connecteurs « or » et « au contraire » qui vient marquer une rupture dans cette longue attente.

▶ **6.** Les personnages se précipitent dehors, car ils ont entendu « un grand tumulte venu de l'avant » : il s'agit des réactions de l'équipage qui a senti une odeur de terre après des mois de mer.

▶ **7.** La première émotion ressentie est la curiosité devant l'inconnu et le mystère de cette odeur : « En fermant les yeux, on avait envie de dire qu'elle était colorée, rouge, peut-être orangée. » ; « Soudain quelqu'un découvrit le mot juste et cria que cela sentait le fruit. »

Vient ensuite la joie d'être arrivés : « Villegagnon pleurait de joie dans son poing fermé et tous, autour de lui, s'embrassaient. »

▶ **8. a)** Le mot « nez » est mis en évidence : il y a une sorte de personnification. C'est le nez qui agit, qui sait, comme si le sens de l'odorat prenait le pouvoir.

b) Le champ lexical dominant est celui de l'odeur : « exhalent », « odeur », « sentait », « essence », « parfum », « flagrances », « senteurs ».

▶ **9.** Cette évocation revêt une dimension poétique. Tout d'abord, la construction « il est des terres » à la place de « il y a des terres » et le verbe « exhaler » appartiennent à un registre de langue soutenu, littéraire. Ensuite, les énumérations répétées de noms et d'adjectifs, sans emploi de la conjonction *et* pour les clore évoquent des images suggestives, aussi bien visuelles que gustatives ou olfactives.

▶ **10. a)** Le tableau de Georg Flegel est une nature morte représentant des desserts. Par la peinture, l'artiste cherche à évoquer chez le spectateur aussi bien la texture que les odeurs ou les saveurs des pâtisseries et fruits représentés. Il cherche à éveiller tous les sens à l'exception de l'ouïe : la vue, le toucher, l'odorat et bien sûr le goût. On remarque les animaux (coq, souris et insectes) qui apportent une note insolite au tableau.

b) Le lecteur du texte est invité à ressentir les mêmes émotions et même plus. L'odeur évoque des saveurs (« acidulée », « juteuse »), des couleurs (« colorée », « rouge », « orangée ») et des formes (« turgescente »). Les sonorités du texte éveillent aussi des impressions poétiques. Tous les sens sont stimulés.

DICTÉE

POINT MÉTHODE

1 Attention à l'accord des verbes.

• **Lorsque le sujet est le pronom relatif** *qui* :

un remède [...], un viatique, un abri mental qui les protégeait.
         antécédent   S

Note que les 3 GN évoquent la même chose (un remède = un viatique = un abri), d'où le verbe au singulier.

• **Lorsque le sujet est inversé** (placé après le verbe) :

Et de très loin [...] parvenait régulier [...] le bruit du ressac.
                                         sujet inversé

2 Veille à l'accord des participes passés.

• Employé avec l'auxiliaire *être*, le participe passé s'accorde avec le sujet :

Madagascar (l'île) était devenue   *Ils y étaient revenus*
  S   S

• Employé avec l'auxiliaire *avoir*, le participe passé s'accorde avec le COD s'il est placé avant. Sinon, il ne s'accorde pas.

Ils avaient tant rêvé à ce moment ! (pas de COD, donc pas d'accord)

La nuit résonnait de cris. Des oiseaux invisibles s'appelaient. Des insectes grimpaient sur les cloisons en faisant autant de bruit que des chats. Et très loin, atténué par la distance et l'entrelacs des plantes, parvenait régulier, comme un inexorable balancier liquide, le bruit du ressac.

Ils avaient tant rêvé à ce moment ! Ce n'était pas seulement la parole donnée qui les avait fait revenir. Madagascar était devenue pour eux un remède à toutes les épreuves, un viatique, un abri mental qui les protégeait des humiliations, des tourments de l'exil, des tristesses quotidiennes.

Et voilà que, maintenant, ils y étaient revenus.

| RÉDACTION

Sujet d'imagination

30 novembre 1555 : premier jour sur l'île.

[Découverte de la flore] Le moment est solennel : nous allons découvrir une terre nouvelle ! L'excitation de mes compagnons a fait place à un silence religieux. Je sens de la curiosité, mais aussi de l'appréhension chez ceux qui ont accompli ce long voyage et qui ont enfin atteint leur destination. Qu'allons-nous découvrir sur cette île ? En tant que chef de l'expédition, je suis le premier à poser le pied sur ce nouveau rivage, suivi par le reste des hommes… Une longue plage de sable nous accueille. Plus loin, une flore constituée d'arbres exotiques porte des fruits étranges aux odeurs entêtantes. Quelques matelots les cueillent puis les observent hésitant à y planter les dents malgré leur aspect appétissant, juteux et gorgé de soleil : sont-ils comestibles ? Mais l'envie est la plus forte après les privations et la nourriture monotone des trois mois en mer. C'est un festin de roi : nous nous gorgeons du jus sucré de ces fruits inconnus.

Deuxième jour sur l'île.

[Découverte de la faune] Après une courte nuit, je décide de pousser plus loin l'exploration de nos nouvelles terres. Armés de machettes, nous progressons lentement dans une végétation dense. Nous entendons des cris d'animaux et en apercevons, à la cime des hauts arbres, qui se balancent au bout de lianes : ce sont des singes, je le sais, mais la plupart de mes

> **CONSEIL**
> Pour éviter les anachronismes (l'expédition a lieu au XVIᵉ siècle), tu peux indiquer : « premier jour sur l'île », « deuxième jour sur l'île », etc.

compagnons n'en ont jamais vus et s'émerveillent de leur caractère joueur et facétieux.

Troisième jour sur l'île.

[Découverte des habitants] Aujourd'hui, nous avons rencontré pour la première fois les hommes qui habitent ces terres. J'étais un peu inquiet : quel accueil allaient-ils nous offrir ? Allaient-ils nous considérer comme des intrus ou comme des invités ? Mes compagnons étaient méfiants et intrigués aussi par les peintures qui recouvraient leurs corps, mais ces hommes nous ont montré une grande gentillesse : je pense que nous sommes aussi exotiques pour eux qu'ils le sont pour nous. Ils ont tendu des mains curieuses vers nos vêtements d'Européens, en ont palpé les étoffes. Ils ont ri et échangé entre eux dans une langue aux sonorités étranges. Mes compagnons se sont enhardis et les premiers échanges ont eu lieu. Je pense que les jours qui vont suivre seront encore pleins d'heureuses surprises : j'ose croire que cette expédition sera une réussite.

Sujet de réflexion

[Introduction] Peut-on explorer le monde autrement que par la vue ?

[Voyager, découvrir la faune, la flore ou une civilisation étrangère] Explorer un pays étranger, c'est mettre tous ses sens en éveil pour appréhender ce qui nous est inhabituel, inconnu, étranger : des sons, des musiques, des langues étrangères, des couleurs, des formes, des odeurs. Découvrir la faune ou la flore d'un pays, c'est observer, écouter, toucher, humer : c'est faire appel à la vue, à l'ouïe, au toucher, à l'odorat, au goût. Par exemple, on regarde un fruit, sa forme, sa couleur, on le touche pour en découvrir la texture, on le sent pour en explorer les odeurs, on le mange pour en connaître le goût.

[Évoquer des lieux, des êtres chers] Le souvenir des lieux et des êtres est souvent lié à un parfum, au son d'une voix, parfois à un air de musique... Dans *À la recherche du temps perdu* de Marcel Proust, c'est la saveur d'une madeleine qui fait ressurgir du fond de la mémoire du narrateur un souvenir enfoui.

[La poésie] Selon Rimbaud, pour explorer le monde, le poète « se fait *voyant* par un long, immense et raisonné *dérèglement de tous les sens* ». Dans *Correspondances*, Baudelaire évoque la façon dont se conjuguent impressions olfactives, visuelles et auditives : « Les parfums, les couleurs et les sons se répondent. » Les mots des poèmes font naître à la fois des formes, des couleurs, des images, des sonorités qui éveillent notre imaginaire. La poésie nous conduit à explorer le monde autrement.

[La musique] De même, écouter de la musique, c'est entendre des sons, des notes, mais c'est aussi produire des images mentales, créer tout un univers visuel, sonore, sensible : c'est inventer un monde.

[Conclusion] Helen Keller dont la vie a été mise en scène dans le film *Miracle en Alabama* d'Arthur Penn était sourde et aveugle, et pourtant elle a su sortir de son enfermement et explorer le monde en valorisant des sens que nous négligeons trop souvent. C'est une magnifique leçon de vie qui nous engage à mettre en éveil et à aiguiser tous nos sens pour découvrir pleinement les univers qui nous entourent.

S'ENTRAÎNER

Voyage en train

**3 heures
100 points**

● **INTÉRÊT DU SUJET** • Le poème de Valérie Rouzeau et le tableau
d'Edward Hopper évoquent l'un et l'autre ce moment particulier
que représente un voyage en train : une sorte de périple intérieur.

DOCUMENT A **Texte littéraire**

Je pars le cœur tapant prendre le train en marche

Pile au signal sonore monterai mon bagage avec ma vie entière

Sur les rails je penserai à toute vitesse au bonheur étrange de sentir mon poids de chagrin lancé par des plaines jamais vues

J'apercevrai peut-être un vrai oiseau dont on me dira plus tard
que c'était un hiatus[1]

5   Tant de vide où se jeter qu'on parle de ciel pour remettre les
choses à leur place qu'on croit

Un vrai oiseau une authentique joie ça va où

Nous serons bien avancés quand j'aurai posé pour moi cette question waouh

Et cette question de ma peine et des plaines pleines de ma peine
et de vent je la laisse en suspens

On m'attendra sur le quai à l'heure exacte je saluerai coucou par
la fenêtre j'aurai fait bon voyage

10   La nourriture sera bonne le lit confortable je n'aurai ni faim ni
sommeil mais je ferai comme si parce que ça ne mange pas de pain[2]
contrairement aux oiseaux

Puis je repartirai le cœur en miettes toujours tapant et éperdu

pour Cabou

Valérie Rouzeau, *Va où*, 2015,
© Éditions de La Table ronde.

1. Hiatus : succession de deux voyelles appartenant à des syllabes différentes à l'intérieur
d'un mot. C'est le cas, ici, de « vrai oiseau ».
2. Ça ne mange pas de pain : expression qui signifie « ça ne nécessite pas de grande dépense
ou de grands efforts, cela ne peut nuire ou cela ne fait pas prendre de grands risques ».

DOCUMENT B Edward Hopper, *Compartiment C, voiture 293*, 1938

www.bridgemanimages.com/© Adagp, Paris, 2021

Collection IBM, Armonk, New York.

S'ENTRAÎNER

TRAVAIL SUR LE TEXTE LITTÉRAIRE ET SUR L'IMAGE

50 POINTS • 🕐 1 h 10

Les réponses doivent être entièrement rédigées.

Grammaire et compétences linguistiques

▶ **1.** Remplacez « je » par « nous », et les verbes qui sont conjugués au présent et au futur par le passé composé, dans le passage suivant. *(10 points)*

« Je pars le cœur tapant prendre le train en marche
Pile au signal sonore monterai mon bagage avec ma vie entière
Sur les rails je penserai à toute vitesse au bonheur étrange de sentir mon poids de chagrin lancé par des plaines jamais vues » (vers 1 à 3)

▶ **2.** « On me dira plus tard que c'était un hiatus. » (vers 4)

a) Quelle est la classe grammaticale de « que » ? *(2 points)*

b) De laquelle des deux constructions suivantes pouvez-vous rapprocher le vers de Valérie Rouzeau ? Justifiez votre réponse. *(2 points)*

A. Je pense que les voyages forment la jeunesse.
B. Les voyages que j'ai faits m'ont ouvert l'esprit.

▶ **3.** Relevez deux expressions relevant de la langue orale plutôt que de la langue écrite et justifiez votre réponse. *(4 points)*

▶ **4.** « Je la laisse en suspens » (vers 8)
a) De quel verbe vient le terme « suspens » ? *(1 point)*
b) Quel mot est repris par le pronom personnel « la » ? *(1 point)*
c) À partir des deux réponses précédentes, quel sens donnez-vous à l'expression « Je la laisse en suspens » ? *(2 points)*

Compréhension et compétences d'interprétation

▶ **5.** De quoi ce texte nous parle-t-il ? Relevez et nommez le champ lexical correspondant. *(2 points)*

▶ **6.** À quel genre appartient ce texte ? Trouvez trois justifications. *(4 points)*

▶ **7. a)** Quelles sont les deux émotions opposées évoquées par le personnage ? *(2 points)*
b) Pour quelles raisons les évoque-t-il ? *(4 points)*

▶ **8.** « Et cette question de ma peine et des plaines pleines de ma peine » (vers 8)
a) Laquelle des deux émotions est exprimée ici ? *(1 point)*
b) Par quels procédés d'écriture cette émotion est-elle mise en valeur ? *(4 points)*

▶ **9.** « Je pars le cœur tapant prendre le train en marche » (vers 1)
« Puis je repartirai le cœur en miettes toujours tapant et éperdu » (vers 11)
Comparez le premier vers et le dernier vers du texte. Que montrent-ils du voyage ? *(3 points)*

▶ **10.** Quel lien percevez-vous entre le titre *Va où* et le texte ? *(2 points)*

▶ **11. a)** Quels rapprochements pouvez-vous faire entre le tableau d'Edward Hopper et ces vers d'Hubert-Félix Thiéfaine ? Justifiez votre réponse. *(3 points)*

« ton compartiment
reflète sans passion
ton comportement
de femme de salon
voyageuse solitaire
entourée de mystère »

Hubert-Félix Thiéfaine, « Compartiment C voiture 293 »,
Suppléments de mensonge, 2011.

b) Selon vous, la femme représentée dans le tableau d'Edward Hopper pourrait-elle être la voyageuse du texte de Valérie Rouzeau ? Expliquez. *(3 points)*

DICTÉE   **10 POINTS • 20 min**

Les mots « Orient-Express » et « Sud-Brenner-Bahn », ainsi que le titre et le nom de l'auteur sont écrits au tableau.

Valéry Larbaud
« Ode », in *Les Poésies de A.O. Barnabooth*
© Éditions Gallimard, 1913

[…] Prêtez-moi, ô Orient-Express, Sud-Brenner-Bahn, prêtez-moi
Vos miraculeux bruits sourds et
Vos vibrantes voix de chanterelle ;
Prêtez-moi la respiration légère et facile
Des locomotives hautes et minces, aux mouvements
Si aisés, les locomotives des rapides,
Précédant sans effort quatre wagons jaunes à lettres d'or
Dans les solitudes montagnardes de la Serbie,
Et, plus loin, à travers la Bulgarie pleine de roses…

Ah ! il faut que ces bruits et que ce mouvement
Entrent dans mes poèmes et disent
Pour moi ma vie indicible, ma vie
D'enfant qui ne veut rien savoir, sinon
Espérer éternellement des choses vagues.

RÉDACTION   **40 POINTS • 1 h 30**

Vous traiterez au choix l'un des deux sujets suivants.

Sujet d'imagination

Vous effectuez un voyage. Dans un texte poétique (en prose ou en vers libres comme dans *Va où*), vous raconterez le trajet qui a provoqué en vous des sentiments et émotions variés. Vous vous efforcerez de faire percevoir à votre lecteur en quoi cette expérience était unique. Comme dans le texte de Valérie Rouzeau, vous veillerez à proposer une langue imagée.

Sujet de réflexion

À votre avis, pour quelles raisons peut-on dire que le voyage est enrichissant et formateur ?
Vous répondrez à cette question en vous appuyant sur votre expérience, vos lectures, votre culture artistique et personnelle.

S'ENTRAÎNER

LES CLÉS DU SUJET

● Analyser les documents

Le genre
Poème de Valérie Rouzeau (2015) qui évoque un voyage en train.

Le genre
Tableau du peintre réaliste américain Edward Hopper (XXᵉ siècle).

LE TEXTE **L'IMAGE**

Les caractéristiques clés
Vers libres, absence de ponctuation, jeux avec les mots, la syntaxe et les sonorités.

Le thème
Portrait empreint de mystère et de mélancolie d'une voyageuse assise dans un compartiment de train.

● Traiter le sujet d'imagination

■ Recherche d'idées

Piste 1
• Commence par définir quels vont être ta destination et ton moyen de transport : train, avion, voiture, vélo…
• Imagine le lieu de départ (aéroport, gare…) et les paysages traversés.

Piste 2
• Choisis les sentiments et sensations que tu vas évoquer : excitation, angoisse de l'inconnu, plaisir de la vitesse, étonnement, joie de la découverte…
• Recherche des images expressives, des comparaisons ou des métaphores.

■ Conseils de rédaction

• Écris en prose ou en vers libres. La prose, c'est un texte qui n'est pas en vers. Il existe des poèmes en prose. Quant aux vers libres, ce sont des vers de longueurs différentes, contrairement aux vers réguliers.
• Tu n'es pas obligé de faire des phrases. Tu peux employer des groupes nominaux, des interjections, ne pas mettre de ponctuation : c'est la grande liberté qu'offre la poésie. Mais il ne faut pas pour autant écrire n'importe quoi !

● Traiter le sujet de réflexion

■ Recherche d'idées

Piste 1 Les voyages forment la jeunesse, dit-on. Oui, mais comment ?

Piste 2 Quels bénéfices peut-on en tirer ?

■ Conseils de rédaction

• Organise ton texte en plusieurs paragraphes qui correspondront chacun à un argument :

– les voyages nous apportent de nouvelles connaissances sur le monde et aiguisent notre curiosité ;

– ils nous font prendre conscience de la beauté, mais aussi de la fragilité de notre planète ;

– ils nous font découvrir des modes de vie différents des nôtres et nous sortent de notre égoïsme et de notre routine quotidienne ;

– ils enrichissent notre imagination.

Tu peux en trouver d'autres encore…

• Pense à employer des connecteurs pour introduire tes différents paragraphes : « tout d'abord », « ensuite », « aussi », « également », « enfin »…

21 CORRIGÉ **GUIDÉ**

TRAVAIL SUR LE TEXTE LITTÉRAIRE ET SUR L'IMAGE

Grammaire et compétences linguistiques

▶ **1.** *Les modifications sont en couleur*.

« Nous sommes partis le cœur tapant prendre le train en marche

Pile au signal sonore avons monté notre bagage avec notre vie entière

Sur les rails nous avons pensé à toute vitesse au bonheur étrange de sentir notre poids de chagrin lancé par des plaines jamais vues ».

▶ **2. a)** « Que » est une conjonction de subordination.

b) On peut rapprocher le vers de Valérie Rouzeau de la construction suivante : *A. Je pense que les voyages forment la jeunesse.* En effet, « que », dans les deux cas, introduit une proposition conjonctive complétive, alors que dans la seconde construction (*B. Les voyages que j'ai faits m'ont ouvert l'esprit*), « que » est un pronom relatif mis pour l'antécédent « les voyages ».

▶ **3.** « Un vrai oiseau une authentique joie ça va où » et « Nous serons bien avancés quand j'aurai posé pour moi cette question waouh » sont des expressions qui appartiennent à la langue parlée. « ça va où » est une construction familière et « waouh » une interjection.

▶ **4. a)** « Suspens » vient du verbe « suspendre ».

b) Le mot repris par le pronom personnel « la » est « question ».

c) Cette expression signifie, selon moi, que la narratrice laisse la question en attente de réponse.

Compréhension et compétences d'interprétation

▶ **5.** Le poème nous parle de voyage, et plus précisément d'un voyage en train. Les mots qui appartiennent à ce champ lexical sont les suivants : « pars », « train », « en marche », « bagage », « rails », « vitesse », « quai », « voyage », « repartir ».

> **INFO +**
> Un « champ lexical » désigne tous les mots qui appartiennent à un même thème. Ce peut être aussi bien des noms, des verbes, des adjectifs ou encore des adverbes.

▶ **6.** Le texte appartient au genre poétique. Il est écrit en vers libres, sans ponctuation et prend des libertés avec la syntaxe. Il repose sur des images originales et une grande musicalité.

▶ **7. a)** Les deux émotions contradictoires évoquées sont le bonheur et le chagrin.

b) La narratrice les exprime pour s'épancher, essayer de les comprendre et les partager avec le lecteur comme dans tout poème lyrique.

▶ **8. a)** C'est le chagrin qui est ici exprimé.

b) Valérie Rouzeau met cette émotion en valeur en jouant avec la répétition du mot « peine », avec l'homophonie de « pleine » et « plaine » et avec les assonances et les allitérations :

> **INFO +**
> Une assonance est la répétition d'un même son voyelle ; une allitération, la répétition d'un même son consonne.

« Et cette question de ma peine et des plaines pleines de ma peine ».

▶ **9.** Le premier et le dernier vers se répondent : ils encadrent le poème. Ils montrent que les voyages, ce sont toujours de nouveaux départs, de nouveaux adieux. Où qu'on aille, on emporte sa peine. On part plein d'espoir, « le cœur tapant » mais on repart « le cœur en miettes toujours tapant ».

▶ **10.** Le titre évoque un voyage en suspens, puisque la phrase est incomplète et sans ponctuation. On peut rapprocher le titre du vers suivant, ce qui l'éclaire un peu : « Un vrai oiseau une authentique joie ça va où ». La voyageuse se demande où aller pour être heureuse, où trouver une joie vraie et authentique.

▶ **11. a)** Les vers d'Hubert-Félix Thiéfaine évoquent la jeune femme du tableau, comme l'indique le titre du poème qui est la reprise exacte de celui de la peinture. Le poète s'adresse à la voyageuse peinte par Hopper, une femme élégante, solitaire et mystérieuse, dont le visage reste dans l'ombre de son grand chapeau.

b) La femme du tableau est bien différente de celle du poème de Valérie Rouzeau : si la première ne laisse pas transparaître ses sentiments et semble impassible, voire indifférente, à ce qui l'entoure, la seconde est tout entière à ses impressions et à ses émotions.

DICTÉE

POINT MÉTHODE

1 Ne confonds pas les terminaisons de l'impératif (*prêtez*) et de l'infinitif (*espérer*) pour les verbes du 1er groupe. Pour distinguer les deux, remplace le verbe du 1er groupe par un verbe d'un autre groupe :

• *Prêtez-moi → Offrez-moi = impératif.*
• *Espérer éternellement → vouloir éternellement = infinitif.*

2 Attention aux accords, ils sont très nombreux dans ce poème ! N'oublie pas les marques du pluriel (*s, x, ent*).

Prêtez-moi, ô Orient-Express, Sud-Brenner-Bahn, prêtez-moi

Vos miraculeux bruits sourds et

Vos vibrantes voix de chanterelle ;

Prêtez-moi la respiration légère et facile

Des locomotives hautes et minces, aux mouvements

Si aisés, les locomotives des rapides,

Précédant sans effort quatre wagons jaunes à lettres d'or

Dans les solitudes montagnardes de la Serbie,

Et, plus loin, à travers la Bulgarie pleine de roses…

Ah ! il faut que ces bruits et que ce mouvement

Entrent dans mes poèmes et disent

Pour moi ma vie indicible, ma vie

D'enfant qui ne veut rien savoir, sinon

Espérer éternellement des choses vagues.

RÉDACTION

Voici un exemple de rédaction sur chacun des deux sujets.
Attention les indications entre crochets ne doivent pas figurer sur ta copie.

Sujet d'imagination

[Départ]

Brouhaha

Appel et annonces qu'on ne comprend pas

Bousculade

La main serrée fort

Pour ne pas se perdre

Les valises s'entrechoquant

Excitation et angoisse du départ

Agitation quai 12

Le train long serpent qui attend

Voyageurs en partance

[Le voyage]

Portières qui claquent

Sifflets du chef de gare

Le paysage à rebours

Nous sommes partis

Au bout des rails l'inconnu

Un ailleurs tant rêvé

Venise et ses palais mouillés

Son grand canal ses gondoliers

Dans le compartiment nous nous couchons

Bientôt il fera nuit

Le train me berce doucement

Je voyage en dormant

[Arrivée]

Au réveil m'accueille la lagune

Encore ensommeillée

Je rêve aux palais dorés

Et au chant des gondoliers

> **CONSEIL**
> Tu peux insérer des comparaisons ou des métaphores, comme ici où le train est comparé à un long serpent.

Sujet de réflexion

[Introduction : présentation de la question posée] « Les voyages forment la jeunesse ». Ce proverbe, qui ne le connaît pas ? Mais qu'entend-on par « former » ? En quoi les voyages peuvent-ils être une source d'enrichissement ?

[Élargir son horizon, faire de nouvelles découvertes] Voyager, c'est tout d'abord changer d'horizon, aller vers l'inconnu, faire de nouvelles découvertes. De tout temps des hommes se sont faits explorateurs, au risque de leur vie – Marco Polo, Christophe Colomb, Vasco de Gama, Neil Armstrong – et sont partis à la découverte d'autres pays, d'autres continents, d'autres civilisations et même de la Lune. De nos jours, l'exploration spatiale se poursuit vers d'autres planètes, repoussant toujours plus loin les frontières de notre monde connu.

[Prendre conscience de la fragilité de notre Terre] Voyager, c'est aussi prendre conscience de la beauté et de la richesse de notre planète aux paysages si variés – la forêt vierge, le désert, la montagne, la banquise – mais aussi de sa fragilité et de l'urgence de la protéger.

[Découvrir d'autres modes de vie] Voyager, c'est également se confronter à d'autres civilisations, d'autres modes de vie. Cela permet d'abandonner ses préjugés et ses œillères, de lutter contre le racisme et la xénophobie, de sortir de sa zone de confort et de prendre conscience de son existence privilégiée, lorsque l'on se trouve au contact de la pauvreté ou des difficultés que rencontrent d'autres populations dans le monde.

[Enrichir son imaginaire] Voyager, ce n'est pas nécessairement aller loin, prendre un train, un avion : il suffit parfois de tourner un coin de rue, d'explorer un autre quartier pour être confronté à l'inconnu ; il suffit parfois d'ouvrir un livre pour vivre des aventures exaltantes, comme celles que nous font partager les récits de Jules Verne – *Voyage au centre de la Terre*, *Le Tour du monde en quatre-vingts jours* – ou encore *L'Île au trésor* de Stevenson. Voyager, ce peut être tout simplement fermer les yeux et se laisser aller au gré de son imagination.

[Conclusion] Les voyages sont donc une merveilleuse source d'enrichissement : ils nous font grandir, découvrir d'autres paysages, d'autres civilisations, nous sortent de notre quotidien et aiguisent notre curiosité. Ils nous rendent moins égoïstes et plus responsables. Encore faut-il sortir des sentiers battus et des voyages organisés pour explorer le monde en toute liberté.

S'ENTRAÎNER

22 Sujet inédit

Objets quotidiens

3 heures
100 points

INTÉRÊT DU SUJET • Le poème de Ponge et la sculpture de Picasso nous amènent l'un et l'autre à porter un regard nouveau sur des choses, des objets de notre quotidien.

DOCUMENT A **Texte littéraire**

Ponge fait ici la description d'un objet familier de notre quotidien, le pain.

Le Pain

La surface du pain est merveilleuse d'abord à cause de cette impression quasi panoramique qu'elle donne : comme si l'on avait à sa disposition sous la main les Alpes, le Taurus ou la Cordillère des
5 Andes.

Ainsi donc une masse amorphe[1] en train d'éructer[2] fut glissée pour nous dans le four stellaire[3], où durcissant elle s'est façonnée en vallées, crêtes, ondulations, crevasses… Et tous ces plans dès lors si nettement articulés, ces dalles minces où la lumière avec appli-
10 cation couche ses feux, — sans un regard pour la mollesse ignoble sous-jacente.

Ce lâche et froid sous-sol que l'on nomme la mie a son tissu pareil à celui des éponges : feuilles ou fleurs y sont comme des sœurs siamoises soudées par tous les coudes à la fois. Lorsque le pain rassit
15 ces fleurs fanent et se rétrécissent : elles se détachent alors les unes des autres, et la masse en devient friable…

Mais brisons-la : car le pain doit être dans notre bouche moins objet de respect que de consommation.

Francis Ponge, « Le Pain », in *Le Parti pris des choses*, 1942,
© Éditions Gallimard.

---

1. Amorphe : qui n'a pas une forme, une structure bien définie.
2. Éructer : rejeter des gaz par la bouche, roter.
3. Stellaire : relatif aux étoiles, astral.

DOCUMENT B Pablo Picasso, *Tête de taureau* (1942)

Cette œuvre de Pablo Picasso est constituée de l'assemblage d'une selle et d'un guidon de vélo.

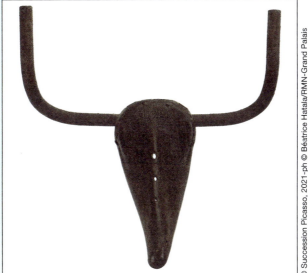

© Succession Picasso, 2021-ph © Béatrice Hatala/RMN-Grand Palais (musée Picasso de Paris)

S'ENTRAÎNER

TRAVAIL SUR LE TEXTE LITTÉRAIRE ET SUR L'IMAGE **50 POINTS • 1 h 10**

Les réponses doivent être entièrement rédigées.

Grammaire et compétences linguistiques

▶ **1.** Quelle forme de discours trouve-t-on essentiellement dans ce texte ? *(2 points)*
❑ La forme narrative.
❑ La forme descriptive.
❑ La forme argumentative.

▶ **2.** Quel est la valeur du présent employé dans ce poème ? *(2 points)*

▶ **3. a)** Quel est le champ lexical employé par Ponge au début du texte (l. 1 à 12) ? *(2 points)*
b) Relevez tous les mots appartenant à ce champ lexical. *(4 points)*
c) Pourquoi, selon vous, l'auteur a-t-il choisi ce champ lexical ? *(2 points)*

▶ **4.** « Ainsi donc une masse amorphe en train d'éructer fut glissée pour nous dans le four stellaire, où durcissant elle s'est façonnée en vallées, crêtes, ondulations, crevasses… »
Réécrivez ces lignes en mettant « une masse amorphe en train d'éructer » au pluriel et en procédant à toutes les modifications nécessaires. *(9 points)*

Compréhension et compétences d'interprétation

▶ **5. a)** Quelles sont les différentes parties du pain présentées successivement dans ce poème ? *(2 points)*
b) Sont-elles, selon vous, décrites de la même façon ? Justifiez votre réponse. *(2 points)*
c) Quelles différences peut-on trouver entre elles ? *(2 points)*

▶ **6.** « feuilles ou fleurs y sont comme des sœurs siamoises soudées par tous les coudes à la fois. » (l. 13-14)
a) Observez les jeux de sonorités dans cette phrase. Que remarquez-vous ? Quels sont les sons qui se répètent ? *(4 points)*
b) Quel est, selon vous, l'effet recherché ? *(2 points)*

▶ **7.** Relevez deux comparaisons et deux métaphores (l. 12 à 14) *(4 points)*

▶ **8.** En vous appuyant sur vos réponses aux questions précédentes, dites pourquoi on peut dire que ce texte est un poème en prose. *(6 points)*

▶ **9.** Quelles réflexions l'œuvre de Picasso vous inspire-t-elle ? *(4 points)*

▶ **10.** Quelles ressemblances ou dissemblances pouvez-vous repérer entre les procédés employés d'une part par Ponge, d'autre part par Picasso ? *(3 points)*

| **DICTÉE** | **10 POINTS • ⏱ 20 min** |

Le titre, la source de l'extrait ainsi que « évanescent » et « suspens » sont écrits au tableau au début de la dictée.

Philippe Delerm
La Première Gorgée de bière et autres plaisirs minuscules, 1997
© Éditions Gallimard

Les boules en verre
C'est l'hiver pour toujours, dans l'eau des boules de verre. On en prend une dans ses mains. La neige flotte au ralenti, dans un tourbillon né du sol, d'abord opaque, évanescent ; puis les flocons s'espacent, et le ciel bleu turquoise reprend sa fixité mélancolique. Les derniers oiseaux de papier restent en suspens quelques secondes avant de retomber. […]

On prend le monde dans ses mains, la boule est vite presque chaude. Une avalanche de flocons efface d'un seul coup cette angoisse latente des courants. Il neige au fond de soi, dans un hiver inaccessible où le léger l'emporte sur le lourd. La neige est douce au fond de l'eau.

RÉDACTION   **40 POINTS • ⏱ 1 h 30**

Vous traiterez au choix l'un des deux sujets.

Votre rédaction sera d'une longueur minimale d'une soixantaine de lignes (300 mots environ).

Sujet d'imagination

À la manière de Francis Ponge, décrivez un objet que vous aimez. Vous n'oublierez aucun aspect : formes, matières, usages… Vous emploierez des comparaisons et des métaphores.

Sujet de réflexion

Une œuvre vous a particulièrement marqué(e) : un film, un livre, une photographie, une peinture, une sculpture… En quoi cette œuvre vous a-t-elle aidé(e) à porter un regard nouveau sur le monde ou les objets qui vous entourent ? Vous organiserez votre texte de façon argumentée.

S'ENTRAÎNER ⏱

LES CLÉS DU SUJET

● Analyser les documents

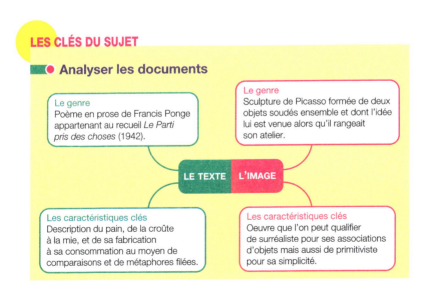

Le genre
Poème en prose de Francis Ponge appartenant au recueil *Le Parti pris des choses* (1942).

Le genre
Sculpture de Picasso formée de deux objets soudés ensemble et dont l'idée lui est venue alors qu'il rangeait son atelier.

LE TEXTE **L'IMAGE**

Les caractéristiques clés
Description du pain, de la croûte à la mie, et de sa fabrication à sa consommation au moyen de comparaisons et de métaphores filées.

Les caractéristiques clés
Oeuvre que l'on peut qualifier de surréaliste pour ses associations d'objets mais aussi de primitiviste pour sa simplicité.

■● Traiter le sujet d'imagination

■ Recherche d'idées

Piste 1   Choisis un objet que tu aimes : tu auras d'autant plus de plaisir à le décrire. Évite cependant ceux qui sont trop compliqués.

Piste 2   Imagine ton objet, visualise-le bien puis décris sa forme, sa structure, la ou les matières dont il est constitué, sa ou ses couleurs, sa fonction, etc.

■ Conseils de rédaction

Pour décrire avec précision, tu vas employer de nombreux adjectifs. Cherche ceux qui correspondent le mieux à ton objet. Par exemple, un objet peut être « lisse », « doux », « soyeux », « velouté », « délicat » au toucher, ou au contraire « rugueux », « râpeux », « granuleux », « grumeleux », plein d'aspérités… Ce ne sont pas les adjectifs qui manquent !

■● Traiter le sujet de réflexion

■ Recherche d'idées

Piste 1   Commence par choisir une œuvre qui t'a marqué, inspiré et a changé le regard que tu portes sur le monde qui t'entoure (film, livre, photographie, peinture, sculpture…).

Piste 2   Certaines œuvres peuvent aussi t'avoir ouvert les yeux sur des réalités historiques ou sociales qui t'ont choqué et que tu ne veux plus voir se reproduire, comme le tableau de Pablo Picasso, *Guernica*, qui symbolise toute l'horreur de la guerre.

■ Conseils de rédaction

• Tu dois d'abord présenter l'œuvre, en préciser l'auteur et la décrire succinctement (évite les œuvres que tu connais mal).

• Explique ensuite l'effet qu'elle a produit sur toi : étonnement, plaisir, choc émotionnel…

• Enfin, explique en quoi elle a changé ta façon de voir les objets qui t'entourent, le monde ou les hommes.

22 CORRIGÉ **GUIDÉ**

| **TRAVAIL SUR LE TEXTE LITTÉRAIRE ET SUR L'IMAGE**

Grammaire et compétences linguistiques

▶ **1.** Il s'agit du discours descriptif.

▶ **2.** C'est un présent de vérité générale.

▶ **3. a)** Ponge emploie un vocabulaire emprunté au champ lexical de la géographie, de la géologie.

b) Voici les mots appartenant à ces champs lexicaux : panoramique, les Alpes, le Taurus, la Cordillère des Andes, vallées, crêtes, ondulations, crevasses, dalles, sous-sol.

c) Ponge utilise ce champ lexical dans le but de comparer le pain à la terre : comme elle, il présente un relief particulier fait de creux et de crêtes.

▶ **4.** *Les modifications sont mises en couleur.*

« Ainsi donc des masses amorphes en train d'éructer furent glissées pour nous dans le four stellaire, où durcissant elles se sont façonnées en vallées, crêtes, ondulations, crevasses… »

> **ATTENTION !**
> Ne mets pas *durcissant* au pluriel : c'est un participe présent et non un adjectif verbal. Il est donc invariable.

Compréhension et compétences d'interprétation

▶ **5. a)** Ponge décrit la croûte, puis la mie, l'extérieur puis l'intérieur.

b) Il emploie un lexique mélioratif pour décrire la croûte (« La surface du pain est merveilleuse », « ces dalles minces où la lumière avec application couche ses feux ») et un lexique péjoratif pour décrire la mie (« mollesse ignoble », « lâche et froid sous-sol »).

c) La croûte est dure et purifiée par le feu alors que la mie du pain est molle, humide et froide.

▶ **6. a)** Ponge joue sur les sonorités avec des assonances en *eu, œu, ou*, et des allitérations en *f* et *s* :
« feuilles ou fleurs y sont comme des sœurs siamoises soudées par tous les coudes à la fois. »

b) Ce jeu sur les sonorités permet à Ponge d'insister sur l'unité, l'homogénéité, la solidarité de chacune des petites alvéoles qui constituent la mie.

> **ZOOM**
> Une assonance est la reprise d'un même son voyelle ; une allitération est la reprise d'un même son consonne.

S'ENTRAÎNER

▶ **7.** Le poète emploie deux comparaisons : « son tissu pareil à celui des éponges » et « comme des sœurs siamoises soudées par tous les coudes à la fois ». S'y mêlent des métaphores : la mie rappelle un sous-sol, et les alvéoles, des fleurs et des feuilles.

▶ **8.** Ce texte est un poème en prose. Tout d'abord, il s'agit d'un texte court. Ensuite Ponge s'appuie sur de nombreuses images – comparaisons et métaphores – pour décrire le pain. Pour finir, il y a dans ce texte la musicalité particulière des poèmes : des effets de rythme, des jeux de sonorités avec de nombreuses allitérations et assonances. Il n'y a pas de rimes mais des procédés de reprises sonores qui créent comme des échos à l'intérieur du texte.

▶ **9.** Picasso a employé des objets du quotidien qu'il a détournés de leur usage propre : une selle et un guidon de bicyclette. Ce faisant, il donne naissance à une œuvre d'art : une sculpture ou plutôt un assemblage représentant une tête de taureau. L'imagination de l'artiste a su transposer la réalité en une autre réalité poétique, artistique. Cette tête de taureau s'impose à nous avec autant sinon plus de puissance que si l'artiste avait créé une œuvre figurative.

▶ **10.** Ponge et Picasso s'emploient tous deux à représenter une réalité quotidienne : le premier, le pain, le second, une tête de taureau. Bien sûr, l'un part des mots, l'autre d'objets ordinaires. Mais cependant, des similitudes apparaissent entre les deux démarches : Ponge emploie des images, des comparaisons et des métaphores ; Picasso détourne les objets de leur usage habituel : la selle et le guidon de bicyclette deviennent en quelque sorte des métaphores entre ses mains pour évoquer le mufle, les cornes du taureau. On peut donc dire que les deux démarches se ressemblent sur ce point, qu'elles sont toutes deux métaphoriques.

DICTÉE

POINT MÉTHODE

❶ Attention à l'accord des compléments du nom : *verre* et *papier* sont au singulier (en verre, en papier) alors que *flocons* est au pluriel (il y a de nombreux flocons dans une avalanche).

❷ Attention à l'orthographe des noms féminins terminés par le son *-té* ou *-tié* : ils s'écrivent *-té* ou *-tié* (sans *e*) sauf ceux qui expriment un contenu (une assiettée, une charretée) et les mots usuels suivants : *dictée, portée, pâtée, jetée, montée*.

C'est l'hiver pour toujours, dans l'eau des boules de verre. On en prend une dans ses mains. La neige flotte au ralenti, dans un tourbillon né du sol, d'abord opaque, évanescent ; puis les flocons s'espacent, et le ciel bleu turquoise reprend sa fixité mélancolique. Les derniers oiseaux de papier restent en suspens quelques secondes avant de retomber. […] On prend le monde dans ses mains, la boule est vite presque chaude. Une avalanche de flocons efface d'un seul coup cette angoisse latente des courants. Il neige au fond de soi, dans un hiver inaccessible où le léger l'emporte sur le lourd. La neige est douce au fond de l'eau.

S'ENTRAÎNER

RÉDACTION

Voici un exemple de rédaction sur chacun des deux sujets.
Attention les titres en couleur ne doivent pas figurer sur ta copie.

Sujet d'imagination

L'oreiller

[Matière] Deux carrés de coton blanc cousus ensemble sur leurs quatre côtés pour former une enveloppe. Le tissu est doux au toucher. L'ensemble est d'une grande sobriété, d'une parfaite simplicité. À

> **CONSEIL**
> Tu peux donner un titre qui nommera l'objet.

l'intérieur, on sent comme un fin duvet, une matière légère et aérienne comme de la ouate qui se déplace librement sous la pression des doigts. Appuyez-y votre tête, vous aurez l'impression de vous enfoncer dans un moelleux nuage, un nid douillet.

[Couleurs, motifs et odeurs] Il est souvent habillé, enfoui dans des taies de couleurs vives à carreaux, à pois, à rayures, à fleurs, parfois parfumé avec de l'essence de lavande ou autre senteur apaisante.

[Formes et métamorphoses] Il se déforme au gré des événements et épouse la forme de ce qui s'y appuie. Au coucher, il est aérien telle une voile blanche gonflée par

> **CONSEIL**
> N'oublie pas d'employer des comparaisons et des métaphores !

le vent ; au réveil, il garde l'empreinte du dormeur, la forme de son crâne ; il a été serré, travaillé, sculpté semblable à l'argile sous les doigts de l'artiste ; il n'est plus que creux, replis, failles et crêtes, recoins secrets… Il suffit alors de le secouer, de le tapoter pour qu'il retrouve sa forme originelle. Parfois lors de quelque bataille de polochons, l'oreiller explose sous les coups répétés : c'est alors une véritable tempête de neige qui obscurcit le ciel de la pièce sous les rires des enfants.

Sujet de réflexion

[Présentation de l'œuvre artistique qui a servi de déclencheur] Une série de tableaux m'a amenée à regarder le monde avec des yeux neufs et à découvrir toute la poésie qu'il recèle : il s'agit de celle que Monet a consacrée à la cathédrale de Rouen. En effet, il a su voir et montrer combien la lumière transfigure, modifie les paysages, les monuments, les choses, combien le spectacle est différent selon l'heure et les conditions météorologiques – aube ou crépuscule, temps brumeux ou clair, ciels couverts ou dégagés…

[Un regard neuf sur le monde] C'est pourquoi, il n'y a pas un jour où je ne prends le temps de m'installer devant ma fenêtre donnant sur les toits de la ville pour observer les variations de la couleur du ciel et toutes ses déclinaisons : gris tourterelle, gris anthracite, noir d'encre, bleu nuit, bleu très pâle, violet, rose, orangé, jaune paille… Les pierres des murs, les ardoises du toit prennent des teintes si différentes sous le soleil ou sous la pluie. Je pense alors à tous les tableaux que Monet aurait pu peindre de cette vue toujours changeante bien que restant la même.

[Une envie de création artistique] Comme je n'ai aucun talent pour le dessin et la peinture, j'ai choisi d'avoir toujours un appareil photo à portée de main pour capter orage, arc-en-ciel, lever ou coucher du soleil… Chacun de ces instants est unique. Il s'agit toujours du même lieu, mais à chaque fois réinventé par la magie de la lumière.

[Conclusion] J'aimerais constituer un album de toutes les photographies de ces moments privilégiés que j'ai su capter de ma fenêtre.

Globalia, un monde totalitaire

**3 heures
100 points**

● **INTÉRÊT DU SUJET** • Le texte et la bande dessinée évoquent l'un et l'autre un acte de résistance contre un pouvoir totalitaire qui impose une pensée uniformisée.

DOCUMENT A **Texte littéraire**

Baïkal et Kate sont sortis clandestinement de « Globalia », le monde dans lequel ils vivent. Ils se retrouvent dans la « non-zone » qu'ils ne connaissent pas.

– Tu ne comprends pas, Kate, je te l'ai souvent répété. Ce sera partout la même chose. Partout nous serons en Globalia. Partout, nous retrouverons cette civilisation que je déteste.

– Évidemment, puisqu'il n'y en a qu'une ! Et c'est heureux.
5 Aurais-tu la nostalgie du temps où il y avait des nations différentes qui n'arrêtaient pas de se faire la guerre ?

Baïkal haussa les épaules. Kate poussa son avantage.

– Il n'y a plus de frontières, désormais. Ce n'est tout de même pas plus mal ?

10 – Bien sûr que non, Kate. Tu me récites la propagande que tu as apprise comme nous tous. Globalia, c'est la liberté ! Globalia, c'est la sécurité ! Globalia, c'est le bonheur !

Kate prit l'air vexé. Le mot de propagande était blessant. Il ne s'agissait ni plus ni moins que de la vérité.

15 – Tu te crois certainement plus malin que moi, mais tu ne peux tout de même pas nier qu'on peut aller partout. Ouvre ton multifonction[1], sélectionne une agence de voyages et tu pars demain dans n'importe quel endroit du monde…

– Oui, concéda Baïkal, tu peux aller partout. Mais seulement
20 dans les zones sécurisées, c'est-à-dire là où on nous autorise à aller, là où tout est pareil.

    – Mais tout Globalia est sécurisé ! L'Europe, l'Amérique, la Chine… Le reste, c'est le vide, ce sont les non-zones.

    Baïkal reprit d'un ton passionné et s'écria :

25   – Moi, je continue à croire qu'existe un ailleurs.

    Kate soupira.

    – C'est ce que tu m'as expliqué et c'est pour cela que je t'ai suivi. Mais rends-toi à l'évidence. L'ailleurs est dans tes rêves, mon amour. Il n'y a que quelques endroits pourris aux confins du monde, des

30 réserves, des friches.

    – Depuis six mois je recoupe les informations, insista Baïkal en secouant la tête – mais on sentait le désespoir éteindre sa voix. Je suis sûr que toutes ces non-zones sont en continuité. On peut sortir d'ici et rejoindre la mer, il doit y avoir des déserts, des villes peut-être. J'ai

35 fait l'impossible pour obtenir des plans. J'ai soudoyé[2] un type dont le grand-père était botaniste[3]. Il avait effectué des missions dans les non-zones. Il m'a vendu ce logiciel cartographique, mais il est sans doute dépassé : on ne reconnaît plus rien.

    Kate le sentait au bord des larmes. Elle passa sa main dans ses

40 cheveux, lissa ses éternels épis couleur de jais[4] qui se redressaient aussitôt.

    – Rentrons maintenant, souffla-t-elle. Nous raconterons que nous nous sommes perdus, que la porte était ouverte, que nous avons voulu être seuls dans la montagne. Cela n'ira pas bien loin. Une

45 amende peut-être.

    – Non, dit Baïkal en secouant la tête. Je ne retournerai pas là-bas. Ce monde est une prison.

        Jean-Christophe Rufin, *Globalia*, 2004, © Éditions Gallimard.

1. Multifonction : ordinateur.
2. Soudoyer : payer quelqu'un pour obtenir quelque chose de défendu.
3. Botaniste : scientifique qui étudie les plantes, les fleurs et les arbres.
4. Jais : de couleur noire.

Quino, *Y a un truc !*, **1981**

Quino, scénariste et auteur de bandes dessinées argentin, porte un regard critique sur la société, notamment celle de son pays.

S'ENTRAÎNER

TRAVAIL SUR LE TEXTE LITTÉRAIRE ET SUR L'IMAGE
50 POINTS • ⏱ 1 h 10

Les réponses doivent être entièrement rédigées.

Grammaire et compétences linguistiques

▶ **1.** « Globalia » (l. 2)
a) À partir de quel mot ce terme est-il formé ? (*1 point*)
b) Expliquez le sens de « Globalia ». (*1 point*)

▶ **2.** « […] là où <u>on</u> nous autorise à aller » (l. 20), « mais <u>on</u> sentait le désespoir éteindre sa voix » (l. 32), « <u>on</u> peut sortir d'ici et rejoindre la mer » (l. 33-34).
a) Quelle est la classe grammaticale du mot « on » ? (*1 point*)
b) Identifiez ce que désigne chacun des trois mots soulignés. (*3 points*)

▶ **3.** « Nous raconterons que nous nous sommes perdus, que la porte était ouverte, que nous avons voulu être seuls dans la montagne. » (l. 42-44)
Comment les paroles du personnage sont-elles rapportées ? (*1 point*)

▶ **4.** « Globalia, c'est la liberté ! Globalia, c'est la sécurité ! Globalia, c'est le bonheur ! » (l. 11-12)
Identifiez une figure de style employée dans ce passage. (*1 point*)

▶ **5.** « Mais rends-toi à l'évidence. » (l. 28)
a) Quel mode est employé dans cette phrase ? (*1 point*)
b) Expliquez l'emploi de ce mode. (*1 point*)

▶ **6.** « Je ne retournerai pas là-bas. Ce monde est une prison. » (l. 46-47)
a) Nommez la relation logique qui unit les deux phrases. (*1 point*)
b) Réécrivez-les en utilisant une conjonction de subordination qui exprime la même relation logique. (*1 point*)

▶ **7.** « Tu ne comprends pas, Kate, je te l'ai souvent répété. Ce sera partout la même chose. Partout nous serons en Globalia. Partout, nous retrouverons cette civilisation que je déteste. » (l. 1-3)
Réécrivez ce passage en commençant par : « Baïkal <u>explique</u> à Kate qu'elle… » (*10 points*)

Compréhension et compétences d'interprétation

▶ **8.** Quel est le sujet central de la conversation entre Kate et Baïkal ? (*2 points*)

▶ **9. a)** Que pense Kate de Globalia ? (*2 points*)
b) Reformulez deux arguments qu'avance Kate pour défendre son opinion. Vous illustrerez votre réponse à l'aide de deux citations. (*4 points*)

c) Dans les lignes 4 à 18, nommez un procédé qu'elle utilise pour convaincre Baïkal. Justifiez-le à l'aide d'un exemple issu du texte. (*2 points*)

▶ **10. a)** Quelle vision Baïkal a-t-il de Globalia ?
Relevez deux arguments. (*3 points*)
b) Quel est son projet ? Justifiez votre réponse. (*3 points*)

▶ **11.** Quelle proposition Kate formule-t-elle à la fin de l'extrait ?
Pour quelle raison ? (*2 points*)

▶ **12.** En vous appuyant sur les réponses précédentes et votre lecture du texte, que pensez-vous de Globalia ? Développez votre réponse de manière argumentée. (*4 points*)

▶ **13. a)** Quelles sont les caractéristiques de la société représentée par Quino dans cette planche de bande dessinée ? (*3 points*)
b) Quels liens établissez-vous avec le texte *Globalia* ? (*3 points*)

S'ENTRAÎNER

DICTÉE	**10 POINTS • ⏱ 20 min**

Le nom de l'auteur, le titre de l'œuvre, ainsi que « Baïkal », « Kate », « glauque » et « biais » sont écrits au tableau.

Jean-Christophe Rufin
Globalia, 2004
© Éditions Gallimard

Tout à coup, emportés par leur élan, ils butèrent contre la vitre qui courait à mi-pente. Elle rendit un son vibrant quand ils la heurtèrent. Ils étaient tombés accroupis, emmêlés. Baïkal se redressa, couvert d'aiguilles sèches. Il aida Kate à se relever. Elle n'osait pas toucher la vitre. C'était la première fois qu'elle approchait des limites. Le mur lisse et brillant était transparent de près mais prenait un ton vert glauque à mesure qu'il s'éloignait et qu'on le voyait de biais. […] La pente qu'ils avaient dégringolée était si raide qu'il semblait impossible de la remonter.

RÉDACTION	**40 POINTS • ⏱ 1 h 30**

Vous traiterez au choix un des deux sujets de rédaction suivants. Votre travail fera au moins deux pages (soit une cinquantaine de lignes).

Sujet d'imagination
Kate rentre seule à Globalia. Imaginez une situation qui lui ouvre les yeux, l'amenant à considérer Globalia comme une prison et à partager le point de vue de Baïkal sur ce monde. Vous respecterez les caractéristiques

de la narration et du cadre spatio-temporel du texte. Vous intégrerez dans votre récit les pensées et les sentiments de Kate.

Sujet de réflexion

Comment l'expression artistique (la littérature, la peinture, le cinéma, la musique…) permet-elle de dénoncer le totalitarisme ? Vous vous appuierez sur vos lectures, vos connaissances personnelles et culturelles.

LES CLÉS DU SUJET

● Analyser les documents

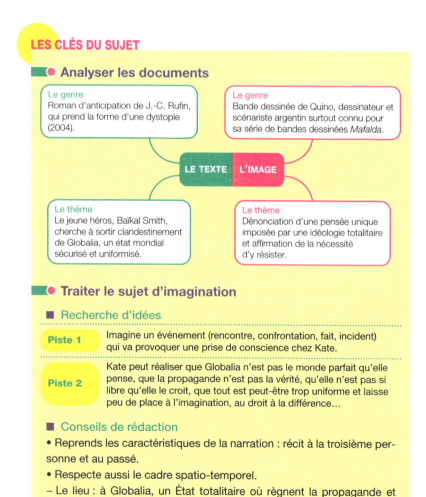

● Traiter le sujet d'imagination

■ Recherche d'idées

Piste 1 — Imagine un événement (rencontre, confrontation, fait, incident) qui va provoquer une prise de conscience chez Kate.

Piste 2 — Kate peut réaliser que Globalia n'est pas le monde parfait qu'elle pense, que la propagande n'est pas la vérité, qu'elle n'est pas si libre qu'elle le croit, que tout est peut-être trop uniforme et laisse peu de place à l'imagination, au droit à la différence…

■ Conseils de rédaction

• Reprends les caractéristiques de la narration : récit à la troisième personne et au passé.

• Respecte aussi le cadre spatio-temporel.

– Le lieu : à Globalia, un État totalitaire où règnent la propagande et l'uniformité de la pensée imposée.

– Le moment : dans un futur indéterminé, peu de temps après le retour de Kate de son escapade secrète avec Baïkal.

• Intègre dans ton récit les pensées et les sentiments de Kate.

– Imagine, par exemple, un court dialogue intérieur.

– Fais appel au lexique des sentiments pour évoquer ses doutes, ses désirs, ses révoltes.

● Traiter le sujet de réflexion

■ Recherche d'idées

Piste 1	Recherche les différentes façons dont les artistes peuvent combattre le totalitarisme (les dictatures) : – le rire, l'ironie ; – l'art de persuader, d'émouvoir, de se révolter ; – l'appel à la résistance ; – les récits d'anticipation, les dystopies.
Piste 2	Choisis des exemples précis parmi des œuvres littéraires, picturales, cinématographiques ou encore musicales. N'oublie pas de citer aussi le roman de Jean-Christophe Rufin.

■ Conseils de rédaction

• Présente tout d'abord la question dans ton introduction.

• Construis ensuite ton développement en plusieurs paragraphes, chacun correspondant à un moyen d'agir contre le totalitarisme. Introduis chaque paragraphe avec un connecteur : « tout d'abord », « ensuite », « mais aussi », « enfin »…

• N'oublie pas de conclure par une rapide synthèse et en élargissant ta réflexion : par exemple, évoque l'importance de l'expression artistique et les risques encourus par les artistes dans un monde muselé par la censure.

(23) CORRIGÉ **GUIDÉ**

TRAVAIL SUR LE TEXTE LITTÉRAIRE ET SUR L'IMAGE

Grammaire et compétences linguistiques

▶ **1. a)** Le nom propre « Globalia » est formé à partir de l'adjectif « global ».

b) Globalia est une sorte d'état mondial où les habitants sont englobés dans une même uniformité politique, sociale et intellectuelle.

▶ **2. a)** « On » est un pronom personnel sujet.

b) • « là où on nous autorise à aller » : « on » désigne ceux qui gouvernent.

• « mais on sentait le désespoir éteindre sa voix » : « on » désigne ici Kate, le narrateur, les lecteurs, ceux qui écoutent Baïkal.

• « on peut sortir d'ici et rejoindre la mer » : « on » désigne cette fois « nous » (Kate et Baïkal).

▶ **3.** Les paroles sont rapportées au discours indirect.

▶ **4.** La figure de style employée est une anaphore.

▶ **5. a)** Le mode employé est l'impératif.

b) Il exprime une invitation pressante, un ordre, une exhortation.

> **INFO +**
> Une anaphore consiste à répéter le même mot ou la même construction au début de plusieurs phrases ou vers.

▶ **6. a)** La relation logique est une relation de cause. Elle est implicite, sous-entendue.

b) Je ne retournerai pas là-bas parce que ce monde est une prison.

▶ **7.** *Les modifications sont en couleur.*

« Baïkal explique à Kate qu'elle ne comprend pas, qu'il le lui a souvent répété, que ce sera toujours la même chose, que partout ils seront en Globalia, que partout ils retrouveront cette civilisation qu'il déteste. »

Compréhension et compétences d'interprétation

▶ **8.** Le sujet central de la conversation entre Kate et Baïkal est la possibilité qu'il existe un autre monde au-delà des frontières de cet univers globalisé et uniformisé dans lequel ils vivent.

▶ **9. a)** Kate a une opinion très positive de Globalia : elle considère que c'est un monde où l'on est heureux.

b) Elle apporte deux arguments. Tout d'abord, il s'agit d'un monde sans guerre : « Aurais-tu la nostalgie du temps où il y avait des nations différentes qui n'arrêtaient pas de se faire la guerre ? » Ensuite, c'est un monde sans frontières dans lequel on peut se déplacer librement : « Tu ne peux tout de même pas nier qu'on peut aller partout. »

c) Pour tenter de convaincre Baïkal, Kate emploie des questions rhétoriques : « Il n'y a plus de frontières désormais. *Ce n'est tout de même pas plus mal ?* »

> **INFO +**
> Une question rhétorique est une question à laquelle on n'attend pas de réponse, dont on connaît d'avance la réponse.

▶ **10. a)** Baïkal a une vision très critique de Globalia : c'est un monde totalitaire, où la liberté de penser et de se déplacer n'est qu'apparente, où tous les habitants sont amenés à penser de la même manière. Il voit Globalia comme une prison, physique et morale.

b) Baïkal souhaite s'évader de cet univers, partir à la recherche d'un ailleurs. Cela fait des semaines qu'il enquête sur les « non-zones ». Il s'est procuré un logiciel cartographique. Il est persuadé qu'il y a un autre monde hors de Globalia.

▶ **11.** Kate tente de le convaincre de regagner Globalia. Elle a peur de l'inconnu qui les attend et elle voit Baïkal perdu, au bord des larmes.

▶ **12.** Je pense comme Baïkal que Globalia est un monde totalitaire qui semble offrir le bonheur et la paix, mais au détriment de la liberté de penser, de se déplacer. Les esprits y sont uniformisés, en proie à la propagande. Il n'y a plus de libre-arbitre. C'est un monde aseptisé, sans surprise, sans différences. On peut y voyager à sa guise, mais à quoi bon puisqu'il n'y a plus qu'une civilisation unique ?

▶ **13. a)** La société représentée par Quino sur sa planche de bande dessinée est une société où tout le monde pense de manière identique, ce qui est symbolisé par des carrés. La résistance à cette pensée totalitaire consiste à se procurer clandestinement un instrument subversif, un compas, qui permettra de réaliser des ronds, c'est-à-dire de penser et s'exprimer autrement.

b) Le monde de Globalia et celui de la bande dessinée ont les mêmes caractéristiques : ils imposent à leurs habitants une pensée unique. Baïkal ressemble à ce personnage qui se procure un compas : il veut échapper à cette dictature de la pensée, découvrir d'autres horizons.

| **DICTÉE**

POINT MÉTHODE

Attention aux règles d'accord du participe passé.

1 Le participe passé employé avec l'auxiliaire *être* s'accorde avec le sujet : *Ils étaient tombés accroupis, emmêlés.*

2 Le participe passé employé avec l'auxiliaire *avoir* s'accorde avec le COD si celui-ci est placé avant le verbe : *La pente qu'il avait dégringolée était si raide.*

3 Le participe passé employé comme adjectif s'accorde avec le nom ou le pronom qu'il qualifie : *Tout à coup, emportés par leur élan, ils butèrent contre la vitre.*

Tout à coup, emportés par leur élan, ils butèrent contre la vitre qui courait à mi-pente. Elle rendit un son vibrant quand ils la heurtèrent. Ils étaient tombés accroupis, emmêlés. Baïkal se redressa, couvert d'aiguilles sèches. Il aida Kate à se relever. Elle n'osait pas toucher la vitre. C'était la première fois qu'elle approchait des limites. Le mur lisse et brillant était transparent de près mais prenait un ton vert glauque à mesure qu'il s'éloignait et qu'on le voyait de biais. [...] La pente qu'ils avaient dégringolée était si raide qu'il semblait impossible de la remonter.

RÉDACTION

Voici un exemple de rédaction sur chacun des deux sujets.
Attention les indications entre crochets ne doivent pas figurer sur ta copie.

Sujet d'imagination

[Introduction] Kate laissa Baïkal derrière elle et réintégra discrètement Globalia, soulagée, mais aussi inquiète pour son jeune compagnon affrontant seul les dangers des non-zones, s'y perdant peut-être pour toujours. Elle s'en voulait de l'avoir ainsi abandonné, mais elle ne se sentait pas capable de quitter le cocon protecteur du seul monde qu'elle connaissait.

[Élément déclencheur] Soudain, Kate sentit une odeur lui chatouiller les narines, un léger arôme un peu entêtant, à la fois étrange et familier : cela sentait quelque chose de doux, de subtil et de sauvage en même temps, quelque chose qui éveillait en elle une sorte de nostalgie, une impression de poésie... Elle plongea la main dans sa poche et en sortit une petite poignée de quelque chose qui sentait la terre, l'humus. Cela avait dû s'y glisser alors qu'elle suivait son jeune ami.

[Prise de conscience] Il n'y avait rien de tel à Globalia : les odeurs étaient proscrites, chassées. Tout était désodorisé, aseptisé, fade. Tout ce qui pouvait éveiller des élans de poésie, des désirs, des envies était formellement interdit. Kate, déjà, remarquait quelques regards désapprobateurs et suspicieux. Elle se hâta de s'éloigner de peur d'être soupçonnée de quelque pratique prohibée.

Malgré elle, sa main tâta précautionneusement le fond de sa poche : c'était doux, un peu friable... Elle jeta un coup d'œil rapide à la petite poignée de terre ocre qu'elle venait d'extraire du bout de ses doigts. Elle ne put s'empêcher de porter ces quelques grains à ses narines et huma profondément. Cela lui donna envie de chantonner, même si c'était interdit, à l'exception des chants patriotiques. Comme tout lui semblait terne, insipide, monotone tout à coup. Était-ce cette vie-là qu'elle considérait encore comme heureuse, idéale, quelques heures auparavant ?

[Conclusion] Elle cacha la petite poignée de terre bien profondément dans les plis de sa poche et ressentit le violent désir de fuir cette prison mentale qu'était devenu pour elle, en quelques instants, Globalia. Elle ne souhaitait plus qu'une chose : rejoindre Baïkal et explorer avec lui les espaces inconnus. Mais saurait-elle le retrouver ?

Sujet de réflexion

[Introduction] L'expression artistique (la littérature, la peinture, le cinéma, la musique…) est un moyen de lutte contre le totalitarisme. Mais de quelle façon une œuvre d'art peut-elle se révéler une arme efficace ?

[Combattre en se moquant] Certains artistes ont choisi l'ironie, la dérision comme arme. Ainsi, Charlie Chaplin dans son film *Le Dictateur* (1940) use-t-il du rire pour mettre en évidence la folie des grandeurs et la mégalomanie d'un chef d'État qui ressemble étrangement à Hitler.

[Combattre en indignant et en frappant les esprits] Une œuvre d'art peut aussi agir en frappant les esprits. S'il est un tableau qui symbolise la barbarie, c'est *Guernica* de Picasso (1937) qui met en scène le martyr de la population de cette petite ville bombardée par les aviations fasciste et nazie lors de la guerre d'Espagne. Cette œuvre est un terrible manifeste contre les horreurs de la guerre et de la dictature.

[Combattre en appelant à la résistance] Une œuvre peut aussi être un appel à la résistance. Ainsi, dans son poème *Courage* (1944), Éluard exhorte les Parisiens à s'élever contre le nazisme. Quant au célèbre *Chant des partisans*, c'est l'hymne de la Résistance française contre l'occupant allemand.

[Alerter sur des dangers futurs] Enfin, des romanciers ont choisi de faire des récits d'anticipation, de dystopies pour alerter leurs lecteurs sur les risques que courent nos sociétés de sombrer dans des régimes totalitaires. Citons par exemple *Le Meilleur des mondes* d'Aldous Huxley (1932), *1984,* de George Orwell (1949), *La Servante écarlate* de Margaret Atwood (1985) ou encore *Globalia* de Jean-Christophe Rufin (2004).

[Conclusion] La création artistique offre donc des formes variées de lutte contre les totalitarismes : l'ironie et le rire, le pouvoir d'émouvoir, de persuader, d'appeler à la résistance ou encore de rendre vigilant et critique face à l'avenir. C'est sous les dictatures que l'expression artistique est la plus essentielle et la plus risquée, lorsqu'on cherche à la museler, preuve qu'elle constitue une arme efficace contre le totalitarisme.

Paris en 2050

3 heures
100 points

● **INTÉRÊT DU SUJET** • Les mondes imaginés par les auteurs de science-fiction sont parfois très proches du devenir probable de nos sociétés. Fiction et réalité à venir se rejoignent alors.

DOCUMENT A **Texte littéraire**

Dans ce roman qui se déroule en 2050, Barjavel imagine une ville où certains principes architecturaux de Le Corbusier ont été appliqués, parfois de manière extrême.

Les studios de Radio-300 étaient installés au 96e étage de la Ville Radieuse, une des quatre Villes Hautes construites par Le Cornemusier[1] pour décongestionner Paris. La Ville Radieuse se dressait sur l'emplacement de l'ancien quartier du Haut-Vaugirard, la Ville
5 Rouge sur l'ancien bois de Boulogne, la Ville Azur sur l'ancien bois de Vincennes, et la Ville d'Or sur la Butte-Montmartre. […]

Quelques érudits[2], amoureux du vieux Paris, se sont penchés sur les souvenirs du Montmartre disparu, et nous ont dit ce qu'était cet étrange quartier de la capitale. À l'endroit même où devait plus tard
10 s'élancer vers le zénith la masse dorée de la Ville Haute, un entassement de taudis abritait autrefois une bien pittoresque population. Ce quartier sale, malsain, surpeuplé, se trouvait être, paradoxalement, le « lieu artistique » par excellence de l'Occident. Les jeunes gens qui, à Valladolid, Munich, Gênes ou Savigny-sur-Braye, sentaient s'éveiller
15 en eux la passion des beaux-arts savaient qu'il se trouvait une seule ville au monde et, dans cette ville, un seul quartier – Montmartre – où ils eussent quelque chance de voir s'épanouir leur talent. Ils y accouraient, sacrifiaient considération, confort, à l'amour de la glaise ou de la couleur. Ils vivaient dans des ateliers, sortes de remises ou
20 de greniers dont les vitres fêlées remplaçaient un mur, parfois le plafond. […] Ce vieux quartier fut rasé. Un peuple d'architectes et de compagnons édifia la Ville d'Or. […]

François Deschamps, restauré, prit le chemin de son domicile. Montparnasse sommeillait, bercé d'un océan de bruits. L'air, le sol, 25 les murs vibraient d'un bruit continu, bruit des cent mille usines qui tournaient nuit et jour, des millions d'autos, des innombrables avions qui parcouraient le ciel, des panneaux hurleurs de la publicité parlante, des postes de radio qui versaient par toutes les fenêtres ouvertes leurs chansons, leur musique et les voix enflées des *speakers*. 30 Tout cela composait un grondement énorme et confus auquel les oreilles s'habituaient vite, et qui couvrait les simples bruits de vie, d'amour et de mort des vingt-cinq millions d'êtres humains entassés dans les maisons et dans les rues. Vingt-cinq millions, c'était le chiffre donné par le dernier recensement de la population de la capi- 35 tale. […] À Paris sévissait une crise du logement que la construction des quatre Villes Hautes n'avait pas conjurée. Le Conseil de la ville avait décidé d'en faire construire dix autres pareilles.

René Barjavel, *Ravage*, 1943, © Éditions Denoël.

———————————

1. Le Cornemusier : déformation volontaire du nom de l'architecte Le Corbusier.
2. Érudits : personnes très cultivées.

DOCUMENT B **Le Corbusier,** *Plan pour la reconstruction de Paris*

Ce plan, appelé « plan Voisin » 1925, vise à répondre aux besoins de logements de la population active. L'architecte le présente ainsi : « Ce plan s'attaque aux quartiers les plus infects, aux rues les plus étriquées… Il ouvre au point stratégique de Paris un étincelant réseau de communication. »

© F.L.C./ADAGP Paris 2021-ph © Paul Almasy/Akg-Images

Les réponses doivent être entièrement rédigées.

Grammaire et compétences linguistiques

▶ **1. a)** Quel est le temps majoritairement employé ? Pourquoi est-il utilisé ? *(4 points)*
b) « Quelques érudits […] capitale » (lignes 7 à 9). Comment expliquez-vous l'emploi du passé composé dans cette phrase ? *(4 points)*

▶ **2.** « des innombrables avions qui parcouraient le ciel » (lignes 26-27).
a) Expliquez la formation du mot « innombrable », en nommant les différentes parties qui le composent. *(3 points)*
b) Que signifie ce terme ? *(2 points)*
c) De quels autres mots employés dans le texte peut-on le rapprocher ? *(3 points)*

▶ **3.** « Les jeunes gens qui, à Valladolid, Munich, Gênes ou Savigny-sur-Braye, sentaient s'éveiller en eux la passion des beaux-arts savaient qu'il se trouvait une seule ville au monde et, dans cette ville, un seul quartier – Montmartre – où ils eussent quelque chance de voir s'épanouir leur talent. »
Réécrivez ce passage en remplaçant *Les jeunes gens* par *Le jeune homme*, et en conjuguant tous les verbes au présent de l'indicatif. Vous ferez toutes les modifications nécessaires. *(10 points)*

Compréhension et compétences d'interprétation

▶ **4.** Quels sont les deux lieux et les deux époques qui s'opposent dans ce texte ? Comment l'un et l'autre sont-ils connotés ? *(6 points)*

▶ **5.** Selon vous, quel rapport ce texte entretient-il avec la réalité ? Que pouvez-vous en déduire sur le genre de l'œuvre dont il est extrait ? *(6 points)*

▶ **6.** Aimeriez-vous vivre dans la ville décrite par Barjavel ? Pourquoi ? *(4 points)*

▶ **7.** Quelle impression produit sur vous la photographie ? *(4 points)*

▶ **8.** Comment peut-on rapprocher la photographie et le texte ? *(4 points)*

DICTÉE   10 POINTS • ⏱ 20 min

Le titre et la source de l'extrait et « Villes Hautes » sont écrits au tableau.

René Barjavel
Ravage, 1943
© Éditions Denoël

Les lumières de la nuit

Les grands boulevards, les rues étroites des quartiers centraux, réservés aux magasins et aux lieux de plaisir, palpitaient de mille couleurs changeantes, composaient un réseau de feu que voilait légèrement une brume lumineuse. Des toits vivement éclairés des quatre Villes Hautes montaient vers le ciel des gerbes multicolores. Les avions qui prenaient l'air la nuit devaient garder leurs cabines éclairées, et c'était autant de bulles roses, bleues, vertes, blanches, dorées, mauves, grosses comme des points lumineux à leur départ, qui montaient en grossissant vers le ciel nocturne.

RÉDACTION   40 POINTS • ⏱ 1 h 30

Vous traiterez au choix l'un des deux sujets. Votre rédaction sera d'une longueur minimale d'une soixantaine de lignes (300 mots environ).

Sujet d'imagination

Âgé d'une cinquantaine d'années, vous vivez dans le Paris de 2050 décrit par Barjavel. Interrogé par votre petit-neveu, vous lui décrivez le monde dans lequel vous avez vécu, enfant. Votre texte fera alterner passages narratifs et passages dialogués.

Sujet de réflexion

Le texte de Barjavel oppose la modernité des quatre Villes Hautes au vieux quartier de Montmartre. À votre avis, quels peuvent être les avantages et les inconvénients d'une ville moderne, par rapport à une ville plus traditionnelle ? Vous présenterez votre réflexion dans un développement argumenté et organisé.

LES CLÉS DU SUJET

● Analyser les documents

Le genre
En 1943, Barjavel imagine le monde de 2050. Les innovations techniques sont importantes dans tous les domaines.

Le thème
Dans ses projets, l'architecte Le Corbusier réfléchit à l'organisation des villes et propose des bouleversements radicaux.

LE TEXTE | **L'IMAGE**

Le thème
François, le héros, arrive à Paris : la surpopulation urbaine a conduit à de grands bouleversements.

Les caractéristiques clés
L'édification de villes en hauteur devait, à son avis, permettre de répondre aux problèmes de la pénurie des logements.

● Traiter le sujet d'imagination

■ Recherche d'idées

Tu dois décrire le monde actuel, mais en te projetant trente ans plus tard. Il faut donc insister sur les domaines susceptibles d'avoir beaucoup évolué dans ce laps de temps : les moyens de locomotion, les sources d'énergie, les modes de communication ou d'alimentation actuels pourront, par exemple, paraître exotiques ou curieux à un enfant de 2050.

■ Conseils de rédaction

• Tu dois écrire un texte à la première personne. Précise d'abord le cadre de la conversation (moment, lieu), avant de commencer le dialogue.
• C'est l'adulte qui parle le plus dans l'échange. Les interventions de l'enfant peuvent dénoter l'étonnement (avec des adjectifs comme « ahuri », « incrédule », « ébahi ») ou l'amusement (avec des expressions comme « se réjouir », « trouver divertissant »).

● Traiter le sujet de réflexion

■ Recherche d'idées

Piste 1
Le sujet te demande d'envisager les aspects positifs et négatifs d'une ville moderne. Comme avantages, tu peux mentionner la résolution du problème de la crise du logement, la disparition des quartiers insalubres, une circulation plus fluide.

Piste 2
Comme inconvénients, pense à la trop grande concentration humaine ainsi créée, à la disparition de certains quartiers historiques et symboliques, à l'uniformisation des habitations, à la difficulté de végétalisation, etc.

■ **Conseils de rédaction**

• Rappelle le thème du devoir l'introduction.

• Consacre ensuite un paragraphe aux avantages et un paragraphe aux inconvénients, dans l'ordre que tu veux.

• Si tu as un avis tranché sur la question, attends la fin du devoir pour le mentionner.

24 CORRIGÉ **GUIDÉ**

TRAVAIL SUR LE TEXTE LITTERAIRE ET SUR L'IMAGE

Grammaire et compétences linguistiques

▶ **1. a)** Le temps majoritairement employé dans le texte est l'imparfait, temps de la description.

b) Le passé composé exprime une action passée, mais qui s'interprète par rapport au présent du narrateur : celui-ci en effet interrompt son récit pour faire un commentaire personnel (« nous ont dit »). Cette phrase est donc ancrée dans la situation d'énonciation. Le reste du récit, lui, est coupé de cette situation.

▶ **2. a)** L'adjectif *innombrables* est formé du préfixe privatif *in-*, du radical *nombr-*, suivi du suffixe *-able* (qui indique l'idée de possibilité).

b) Est *innombrable* ce qui ne peut pas être compté, car présent en trop grand nombre. Dans le texte, les avions sont trop nombreux pour être comptés.

c) On peut rapprocher ce terme de tous les autres nombres présents dans ce paragraphe, qui vont en augmentant : « cent mille » (usines), « millions » (d'autos), « vingt-cinq millions » (d'êtres humains).

▶ **3.** *Les modifications sont mises en couleur.*

« Le jeune homme qui, à Valladolid, Munich, Gênes ou Savigny-sur-Braye, sent s'éveiller en lui la passion des beaux-arts sait qu'il se trouve une seule ville au monde et, dans cette ville, un seul quartier – Montmartre – où il a quelque chance de voir s'épanouir son talent. »

ZOOM
La forme *eussent*, qui peut te paraître compliquée, correspond au subjonctif imparfait du verbe... *avoir*, que tu sais sans problème conjuguer au présent de l'indicatif.

Compréhension et compétences d'interprétation

▶ **4.** Les nouveaux immeubles, baptisés « Villes hautes », s'opposent aux anciens quartiers de Paris, sales et malsains, comme Montmartre. Les vieux quartiers correspondent à l'époque de publication du texte, soit la première moitié du xxᵉ siècle. Les villes hautes sont présentées comme des innovations technologiques de 2050, et bénéficient de noms connotés positivement (« masse dorée, ville radieuse »). Pour les anciens quartiers décrits, comme Montmartre ou Montparnasse, les connotations péjoratives semblent l'emporter : « océan de bruit, grondement énorme et confus ».

▶ **5.** Publié en 1943, le roman de Barjavel décrit le monde un siècle plus tard. Il s'agit donc d'un roman d'anticipation. Les progrès scientifiques et technologiques sont un thème essentiel de ce genre littéraire. Ici, les progrès mentionnés ont un caractère parfaitement plausible.

▶ **6.** Le Paris du futur imaginé par Barjavel peut sembler moderne et plaisant. Cependant, l'auteur laisse entendre que plusieurs problèmes se posent. La très forte concentration humaine, par exemple, est effrayante (« vingt-cinq millions d'êtres humains entassés »). En outre, le progrès s'accompagne d'une certaine déshumanisation : le vacarme couvre « les simples bruits de vie, d'amour et de mort ».

> **INFO +**
> Le titre *Ravage* laisse à penser qu'il est impossible que la société décrite dans les premières pages du roman puisse perdurer sans conduire l'humanité à sa perte.

▶ **7.** La photographie nous montre une maquette de Le Corbusier où de nombreux gratte-ciel sont répartis très géométriquement dans la ville de Paris. La photographie, qui rappelle le quartier de Manhattan à New York, peut provoquer une impression positive de modernité et de confort.

▶ **8.** Le texte nous dévoile une ville où les principes de l'architecte (dont le nom est très reconnaissable) ont été appliqués. Mais l'auteur choisit de présenter cette application sous un jour déplaisant, car le progrès s'accompagne d'une certaine déshumanisation : « la passion », « le talent » et « l'amour » de l'art semblent absents de cette ville.

DICTÉE

POINT MÉTHODE

1 Le texte comporte dix-huit adjectifs qualificatifs : souviens-toi que chacun se rapporte à un nom dont il prend les marques de genre et de nombre. Ici les adjectifs sont généralement proches des noms qu'ils qualifient ; mais il arrive toutefois que l'adjectif soit séparé du nom par un adverbe.

2 Les verbes sont conjugués à l'imparfait. Attention : deux phrases sont construites avec des sujets inversés. Pose la question « qui est-ce qui ? » ou « qu'est-ce qui ? » suivie des verbes *voiler* et *monter* pour trouver leur sujet.

3 N'oublie pas que *quatre* et *mille* sont invariables.

Les grands boulevards, les rues étroites des quartiers centraux, réservés aux magasins et aux lieux de plaisir, palpitaient de mille couleurs changeantes, composaient un réseau de feu que voilait légèrement une brume lumineuse. Des toits vivement éclairés des quatre Villes Hautes montaient vers le ciel des gerbes multicolores. Les avions qui prenaient l'air la nuit devaient garder leurs cabines éclairées, et c'était autant de bulles roses, bleues, vertes, blanches, dorées, mauves, grosses comme des points lumineux à leur départ, qui montaient en grossissant vers le ciel nocturne.

RÉDACTION

Voici un exemple de rédaction sur chacun des deux sujets.
Attention les titres en couleur ne doivent pas figurer sur ta copie.

Sujet d'imagination

[Passage narratif : présentation du cadre]
Lundi dernier, j'ai dû aller chercher Sam, mon petit-neveu à la sortie de l'école. Ses parents, qui rentraient tard, m'avaient demandé de le garder.

CONSEIL
Limite-toi à la description de deux ou trois domaines. Dans cette conversation, trois domaines sont abordés : l'école, l'alimentation, les transports.

[Début du dialogue] « Salut, m'a-t-il dit lorsqu'il m'a aperçu.

– Bonjour petit. Comment s'est passée ta journée ?

– Pas très bien ; j'ai raté un exercice de code. Mais je ne sais pas si tu peux comprendre…

– J'ai beau être plus âgé que toi, j'ai quand même entendu parler du code informatique ! Mais il est vrai que lorsque j'étais petit, on nous apprenait surtout à écrire et à compter.

– Mais pour quoi faire ? m'a interrompu Sam, amusé. Vous n'aviez pas de logiciels de correction et de calcul ?

– Cela existait, bien sûr, mais l'essentiel de l'apprentissage se faisait de manière manuscrite : on recopiait des leçons, on écrivait des textes, on posait des opérations. Et il fallait attendre la sonnerie pour avoir le droit de parler, pendant un petit quart d'heure, avant de repartir pour une heure de cours.

– Tu veux dire que vous étiez obligés de rester assis et silencieux pendant toute une heure ? » m'a demandé Sam, incrédule.

[Passage narratif : commentaires du narrateur] Son air ahuri m'a fait rire. J'ai eu envie de lui décrire le monde de mon enfance de manière encore plus noire pour lui, en lui parlant de privation d'ordinateur et de téléphone. Mais j'ai résisté à la tentation.

[Fin du dialogue] « Il y avait néanmoins des choses agréables. La nourriture par exemple. J'imagine qu'à ta cantine on vous distribue des portions contenant exactement le nombre de nutriments adaptés à chacun. Quand j'étais petit, le jour des frites était attendu avec impatience. C'était gras, mais c'était délicieux. Tu voudrais que je t'en fasse ce soir ?

– Oui, s'il te plaît ! s'est-il réjoui. Et pourra-t-on faire ensuite un tour sur ce drôle d'engin que tu gardes dans ton garage, tu sais, celui avec les cercles qui tournent ?

– Un tour de vélo tu veux dire ? D'accord, si tu manges toutes tes frites. »

Sujet de réflexion

[Introduction] Dans *Ravage*, René Barjavel évoque la destruction des vieux quartiers et la construction des Villes Hautes, afin de répondre aux nouveaux besoins de la population. Une ville moderne de ce type présente alors un certain nombre d'avantages, mais aussi quelques inconvénients.

[Les avantages] Dans les villes traditionnelles, il n'est pas toujours possible de loger tous les gens qui ont besoin d'y vivre. Bâtir des villes en hauteur peut résoudre ce problème : les gratte-ciel, pour la même surface au sol, peuvent loger beau-

> **CONSEIL**
> À l'intérieur de chaque paragraphe, utilise les connecteurs logiques pour signaler le passage d'un argument à un autre.

coup plus de familles. Par ailleurs, les nouveaux logements répondent à des normes de sécurité et d'isolation plus performantes. De nouveaux édifices, modernes et sains, peuvent remplacer les logements insalubres. En définitive, la surface au sol ainsi libérée peut permettre une meilleure circulation des biens et des personnes : les déplacements sont alors plus rapides. La ville moderne présente donc des avantages appréciables.

[Les inconvénients] Mais la ville moderne comporte aussi quelques inconvénients, à commencer par une concentration humaine excessive. Le texte de Barjavel présente une ville de vingt-cinq millions d'habitants. Or ce chiffre correspond plus à la population d'un pays que d'une ville ! Il est difficile de créer des liens avec les gens dans une structure de cette importance. En outre, si les constructions anciennes disparaissent, c'est tout une part de l'histoire qui meurt : le patrimoine français repose sur des quartiers comme Montmartre, encore aujourd'hui un des plus visités de la capitale. Enfin, si tout ce qui est plus ancien est remplacé par des constructions modernes, tout se ressemblera, il n'y aura plus de place pour la variété.

[Conclusion] Par rapport à une ville ancienne, la ville moderne présente donc des avantages certains, mais également des inconvénients non négligeables. Pour ma part, je crois être plus favorable à une ville plus traditionnelle, à taille humaine, où l'on peut encore connaître nos voisins par leur nom.

S'ENTRAÎNER

Préparer l'épreuve du brevet :
le sprint final

L'essentiel du programme en 10 fiches MÉMO

1 Répondre à une question de vocabulaire

Ce type de question est récurrent dans un sujet de brevet et peut présenter des formes diverses dont voici ici les plus courantes.

A Formation d'un mot et définition(s)

Analyser la formation d'un mot, c'est délimiter les **différents éléments** qui le constituent. Cela permet d'en définir le **sens**.

▶ Analyser la formation d'un mot dérivé

Prenons l'exemple d'*illégal*.

Le **préfixe** modifie le sens du mot.	Le **radical** constitue l'élément central du mot, sa racine.	Le **suffixe** précise la classe grammaticale du mot.
Ex. : *il-* préfixe de sens négatif	*-lég-* radical qui vient du latin *lex, legis* : la loi	*-al* suffixe qui signale l'adjectif

▶ Donner la définition d'un mot

Il s'agit de donner le **sens du mot**. L'adjectif *illégal* signifie « contraire à la loi ».

B Synonymes, familles de mots et champs lexicaux

On peut te demander de trouver des **synonymes**, des **mots de la même famille** ou appartenant au même **champ lexical** que le mot étudié.

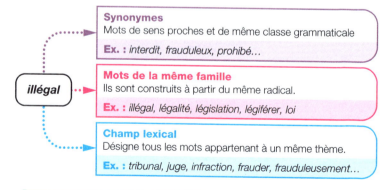

Synonymes
Mots de sens proches et de même classe grammaticale
Ex. : *interdit, frauduleux, prohibé…*

Mots de la même famille
Ils sont construits à partir du même radical.
Ex. : *illégal, légalité, législation, légiférer, loi*

Champ lexical
Désigne tous les mots appartenant à un même thème.
Ex. : *tribunal, juge, infraction, frauder, frauduleusement…*

illégal

ATTENTION ! Le radical peut présenter des variantes : *fleur* et *floral*, *mer* et *marin*, *légal* et *loi* sont des mots de la même famille.

2 Identifier la classe grammaticale d'un mot

Les mots sont répartis en dix classes grammaticales (ou natures).
Il existe cinq classes variables et cinq classes invariables.

A Les mots variables

Mémorise un exemple pour chaque classe : **remplace**-le par le mot sur lequel tu t'interroges et vois si cela fonctionne.

Classe grammaticale	Caractéristique
Nom (*stylo*, *liberté*, *Anglais*)	Il désigne une personne, une idée, une chose.
Déterminant (*un*, *une*, *le*, *ma*, *son*)	Il accompagne le nom.
Adjectif qualificatif (*beau*, *laid*, *gentil*, *peureux*)	Il se rapporte à un nom et en exprime une caractéristique.
Pronom (*je*, *la*, *la sienne*, *ça*)	Il remplace le plus souvent un nom ou un groupe nominal.
Verbe (*prendre*, *déclarer*, *voir*)	Il se conjugue.

B Les mots invariables

Leur orthographe ne **varie jamais**. La **substitution** est le meilleur moyen de les identifier sans se tromper.

Classe grammaticale	Caractéristique
Adverbe (*bien*, *mal*, *fortement*, *très*)	Il modifie le sens d'un mot ou d'une phrase.
Préposition (*à*, *de*, *par*, *pour*, *sur*, *avec*)	Elle introduit un complément.
Interjection (*Ouf ! Bravo ! Oh ! Zut !*)	Exclamation ou juron exprimant une émotion.
Conjonction de coordination (*mais*, *ou*, *et*, *donc*, *or*, *ni*, *car*)	Elle lie des mots ou groupes de mots de même nature.
Conjonction de subordination (*que*, *parce que*, *puisque*, *alors que*)	Elle relie une proposition subordonnée à une proposition principale.

ATTENTION ! Un mot peut parfois appartenir à deux classes distinctes, par exemple adjectif et adverbe.
Ex. : elle possède une voix *forte* → une voix puissante
elle parle *fort* → fortement

SPRINT FINAL

Reconnaître la fonction d'un mot ou d'un groupe de mots

La fonction est le rôle qu'un mot ou qu'un groupe de mots occupe dans la phrase.

A Le sujet et les compléments du verbe

Ces mots ont des **fonctions essentielles**. On ne peut pas les supprimer.

Fonction	Exemple
Le **sujet** accomplit l'action exprimée par le verbe. On le reconnaît en posant la question « qui est-ce qui ? » ou « qu'est-ce qui ? » suivie du verbe.	*Jouer au foot reste mon activité préférée.* *Qu'elle aime le basket ne m'étonne pas.*
Le **complément d'objet direct** (COD) se reconnaît en posant la question « qui ? » ou « quoi ? » après le verbe.	*Je préfère les sports d'équipe.* *Je les préfère.*
Le **complément d'objet indirect** (COI) se reconnaît en posant la question « de qui/de quoi ? » ou « à qui/à quoi ? » après le verbe.	*Le ballon appartient à son meilleur ami.* *Il lui appartient.*
L'**attribut du sujet** caractérise le sujet par l'intermédiaire du verbe *être* ou d'un verbe attributif.	*L'équipe adverse semble impressionnée.*

> **INFO** Pour chacune des fonctions, la classe grammaticale peut varier. Il peut s'agir d'un nom, d'un GN, d'un pronom, d'une proposition…

B Les compléments circonstanciels

Ils apportent des **précisions sur les circonstances de l'action**.

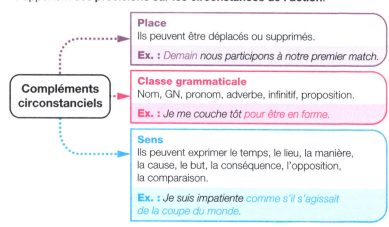

Compléments circonstanciels

Place
Ils peuvent être déplacés ou supprimés.
Ex. : *Demain nous participons à notre premier match.*

Classe grammaticale
Nom, GN, pronom, adverbe, infinitif, proposition.
Ex. : *Je me couche tôt pour être en forme.*

Sens
Ils peuvent exprimer le temps, le lieu, la manière, la cause, le but, la conséquence, l'opposition, la comparaison.
Ex. : *Je suis impatiente comme s'il s'agissait de la coupe du monde.*

4 Analyser une phrase complexe

Une proposition est un ensemble de mots organisé autour d'un verbe conjugué. Une phrase complexe comporte plusieurs verbes conjugués, donc plusieurs propositions.

A Les propositions indépendantes

● Une proposition indépendante ne dépend d'aucune autre proposition et aucune autre proposition ne dépend d'elle. Elle pourrait **fonctionner seule**.

● Les propositions indépendantes peuvent être **juxtaposées** : elles sont reliées par une virgule, un point-virgule ou deux-points.

Ex. : [*Écrire son autobiographie est une entreprise ambitieuse*] *:* [*beaucoup d'auteurs s'y sont essayés*].

● Elles peuvent aussi être **coordonnées** : elles sont reliées par une conjonction de coordination (*mais*, *ou*, *et*, *donc*, *or*, *ni*, *car*) ou par un adverbe de liaison (*puis*, *en effet*, *par conséquent*…)

Ex. : [*Ils s'engagent* à dire la vérité,] [*mais la tentation d'embellir le réel est grande*].

B La proposition principale et la proposition subordonnée

● Les propositions ne sont pas toujours indépendantes. La proposition **subordonnée** peut dépendre d'une autre, qu'on appelle **principale**. Une subordonnée est introduite en général par un **mot subordonnant**.

● On distingue **différents types** de subordonnées selon leur fonction.

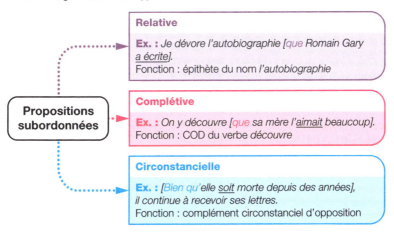

Relative
Ex. : *Je dévore l'autobiographie [que Romain Gary a écrite].*
Fonction : épithète du nom *l'autobiographie*

Complétive
Ex. : *On y découvre [que sa mère l'aimait beaucoup].*
Fonction : COD du verbe *découvre*

Circonstancielle
Ex. : *[Bien qu'elle soit morte depuis des années], il continue à recevoir ses lettres.*
Fonction : complément circonstanciel d'opposition

Propositions subordonnées

5 Expliquer la valeur d'un temps

Après avoir identifié le temps d'un verbe, il te sera demandé d'en expliquer la valeur dans le texte.

A Les valeurs du présent de l'indicatif

Le présent de l'indicatif peut avoir des **valeurs très diverses**.

Valeur du présent de l'indicatif	Exemple
Présent de l'énonciation	*Aujourd'hui, c'est mon anniversaire.*
Présent de narration	*Un jour, notre héros décide de partir.*
Présent de vérité générale	*Deux et deux font quatre.*
Présent d'habitude	*Je vais à la piscine une fois par semaine.*
Présent à valeur de passé récent	*Il vient de partir.*
Présent à valeur de futur proche	*Le train part dans deux minutes.*

B Les valeurs du passé simple et de l'imparfait

Le passé simple et l'imparfait sont les **principaux temps du récit au passé** et se partagent les rôles.

● Le **passé simple** est le temps du récit proprement dit. Il exprime des actions ponctuelles qui se succèdent chronologiquement et qui constituent la trame du récit.

● L'**imparfait** est le temps de la description.
Dans un récit au passé, il exprime aussi :
– des actions de second plan, les circonstances de l'action ;
– des actions en cours d'accomplissement ;
– des actions habituelles, qui se répètent.

Ex. : « *Il ouvrit toute grande la porte ; une trombe d'eau nous submergea d'un seul coup [...]. Dehors, c'était chaud, humide, l'orage battait son plein, des éclairs jaillissaient presque sans cesse et le tonnerre semblait tomber un peu partout [...].* »

Michel Tremblay, « Sturm und Drang », *Bonbons assortis*, 2010.

> passé simple : premier plan du récit
>
> imparfait : second plan du récit

6 Utiliser la bonne terminaison verbale

L'hésitation est fréquente entre des terminaisons verbales dont la prononciation est identique.

A Infinitif ou participe passé ?

Les verbes du premier groupe ont un **infinitif en -er** et un **participe passé en -é**. Il faut les distinguer bien que leur prononciation soit identique.

Ex. : *Le soldat veut aid… son camarade tomb… sous la mitraille ; celui-ci est bless… et doit se faire soign… .*

1 J'identifie toutes les formes concernées et je les **remplace** par un **verbe du 3e groupe** à l'infinitif comme *vendre*, *voir*, *battre*, etc.

2 Je vois les substitutions qui fonctionnent et celles qui ne fonctionnent pas.
→ *Le soldat veut **battre** / son camarade **battre** sous la mitraille ; / celui-ci est **battre** / et doit se faire **battre**.*

3 Je choisis l'**infinitif en -er** pour les substitutions qui ont fonctionné, le **participe passé en -é** pour les autres.
→ *Le soldat veut aid**er** son camarade tomb**é** sous la mitraille ; celui-ci est bless**é** et doit se faire soign**er**.*

> **ATTENTION !** **Au présent de l'indicatif, la terminaison -ez de la 2e personne du pluriel se prononce comme l'infinitif en -er et le participe passé en -é. Pour l'identifier, repère le pronom sujet *vous*.**

SPRINT FINAL

B Passé simple ou imparfait ?

À la première personne du singulier, les verbes du **premier groupe** ont une **prononciation** très proche au passé simple (-*ai*) et à l'imparfait (-*ais*). **Changer de personne** permet de les différencier plus aisément.

Ex. : *Hier, je rencontr… par hasard mon ancien camarade ; je lui parl… du métier que j'exerç… depuis deux ans.*

1 Pour identifier le temps employé, je repère les formes concernées et je les **remplace par une autre personne**, par exemple la 3e personne du singulier (passé simple en -*a* / imparfait en -*ait*).
→ *Hier, il rencontr**a** par hasard son ancien camarade ; il lui parl**a** du métier qu'il exerç**ait** depuis deux ans.*

2 Je choisis la terminaison qui correspond au temps identifié.
→ *Hier, je rencontr**ai** par hasard mon ancien camarade ; je lui parl**ai** du métier que j'exerç**ais** depuis deux ans.*

7 Faire les accords nécessaires

Tu dois vérifier que tu as respecté les accords dans toutes les parties de l'épreuve : dans la dictée, mais aussi dans la rédaction et les réponses aux questions.

A Accorder un verbe

● Le verbe s'accorde **en personne** et **en nombre avec le sujet**, qu'il faut donc identifier sans se tromper (voir fiche 3).

● Voici quelques cas particuliers.

Cas particuliers

Le sujet est **éloigné du verbe.**

Ex. : *Antigone, contrairement aux autres personnages, semble triste et pensive.*

Le sujet est **inversé.**

Ex. : *Dès le prologue se dessinent clairement les caractères des personnages.*

Le sujet comprend un **complément du nom :** il faut accorder le verbe avec le noyau.

Ex. : *Le peuple des Thébains acclame le nouveau roi, Créon.*

Le sujet est un **verbe à l'infinitif** ou une **proposition subordonnée :** ce qui entraîne un accord à la 3ᵉ personne du singulier.

Ex. : *Que l'on prévienne Créon de sa terrible destinée ne changera rien.*

B Accorder un adjectif

● L'adjectif qualificatif s'accorde toujours **en genre et en nombre avec le nom** (ou le **pronom** auquel il se rapporte).

● Voici quelques cas particuliers.

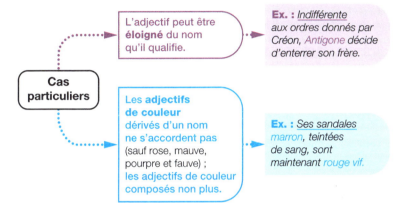

Cas particuliers

L'adjectif peut être **éloigné** du nom qu'il qualifie.

Ex. : *Indifférente aux ordres donnés par Créon, Antigone décide d'enterrer son frère.*

Les **adjectifs de couleur** dérivés d'un nom ne s'accordent pas (sauf rose, mauve, pourpre et fauve) ; les adjectifs de couleur composés non plus.

Ex. : *Ses sandales marron, teintées de sang, sont maintenant rouge vif.*

C Accorder un participe passé

La règle **varie** selon la manière dont le participe passé est employé.

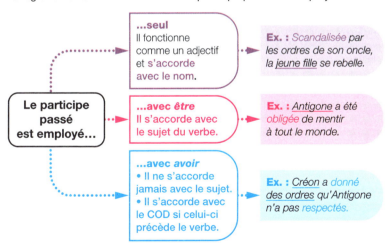

Le participe passé est employé...

...seul
Il fonctionne comme un adjectif et s'accorde avec le nom.

Ex. : *Scandalisée par les ordres de son oncle, la jeune fille se rebelle.*

...avec être
Il s'accorde avec le sujet du verbe.

Ex. : *Antigone a été obligée de mentir à tout le monde.*

...avec avoir
• Il ne s'accorde jamais avec le sujet.
• Il s'accorde avec le COD si celui-ci précède le verbe.

Ex. : *Créon a donné des ordres qu'Antigone n'a pas respectés.*

SPRINT FINAL

⑧ Confronter un texte et une image

L'objectif consiste à rechercher les points communs, les analogies et les différences, voire les oppositions, entre le texte littéraire et un document iconographique.

A Analyse de l'image

Commence par observer et présenter brièvement l'image.

● Genre : tableau, dessin satirique, sculpture, photographie, image tirée d'un film, installation artistique, affiche de propagande, publicité…

● Auteur et date

● Registre : réaliste, fantastique, satirique, polémique, comique, pathétique…

● Thème : courte description

B Confrontation de l'image au texte

● Après avoir bien observé l'image, relis attentivement le texte à la recherche d'**analogies** ou de **différences**.

● Plusieurs cas de figure peuvent se présenter.

Cas de figure	Conseil
L'image **illustre bien** le texte : la situation que les deux documents évoquent est assez **similaire**.	• Relève les points communs entre l'image et le texte. • Attention ! La similitude peut porter uniquement sur un paragraphe, voire une seule ligne du texte.
L'image et le texte présentent une **situation similaire**, mais avec des **différences**.	Relève d'abord les ressemblances, puis les dissemblances qui existent entre les deux documents.
L'image et le texte présentent des **réalités** ou des **points de vue opposés**.	• Ce peut être le cas si l'image est une publicité ou une affiche de propagande dont le dessein est diamétralement opposé à celui d'un texte qui présente un point de vue critique, voire polémique. • Tiens compte des dates de création des deux documents : les époques, et donc le contexte, peuvent être différents.

À NOTER La propagande a pour but de diffuser une doctrine, une idéologie afin d'influencer, d'embrigader les esprits et les opinions.

9 Construire un récit ou une suite de récit

Les deux démarches sont différentes : construire un récit à partir de ton imagination et/ou d'une expérience vécue ou bien écrire une suite de texte en te glissant dans l'imaginaire de l'auteur.

A Construire un récit

● Tu dois le plus souvent écrire un **récit autobiographique**. Mais, rien ne t'empêche de faire preuve d'imagination à condition de rester crédible.

● **Lis** bien le sujet et **surligne** les consignes pour ne rien oublier.
Ex. : *Votre texte mêlera* ==description== *et* ==narration== *et cherchera à faire partager les* ==sensations== *et les* ==sentiments== *que vous avez alors éprouvés.*

● Construis ton récit en **intégrant** les **éléments** suivants.

> **Les éléments du récit**
>
> ↓
>
> **1** Paragraphe introducteur
> • Présentation du **lieu** où se produit l'événement raconté et du **moment**
> • Description du **décor**
>
> ↓
>
> **2** **Récit** proprement dit avec **enchaînement d'actions**
> Possibilité d'introduire un court dialogue
>
> ↓
>
> **3** Expression des **sentiments** et des **sensations** éprouvés

REMARQUE Passages narratifs, descriptifs et dialogues peuvent s'imbriquer les uns dans les autres pour se compléter.

B Construire une suite de récit

● Construire une suite de récit, c'est imaginer ce qui va se passer à la **fin de l'extrait** proposé dans le sujet de brevet.

● Tu dois respecter un certain nombre de **contraintes** :
– respect des **circonstances** : lieu, époque, personnages… Évite les anachronismes ;
– respect des **temps employés** : présent de narration ou temps du passé ;
– respect du **point de vue narratif** : récit à la 1re ou 3e personne, point de vue d'un des personnages.

🔟 Construire une argumentation

Tu dois donner ton avis et argumenter sur une question en rapport avec le texte.

A Trouver des arguments et des exemples

- Lis attentivement le sujet pour bien comprendre la **question** posée.
- Puis, au brouillon, cherche des **idées** et organise-les.

Étapes préparatoires au brouillon

❶ Écris tes **arguments** sous forme de **mots-clés**.

❷ **Classe** ensuite ces arguments du moins important au plus important ou arguments positifs / arguments négatifs.

❸ Construis un **plan** en au moins deux **parties** :
thèse / antithèse ou argument 1 / argument 2 / argument 3

❹ Recherche des **exemple**s tirés de tes lectures et de ton expérience personnelle.

> **À NOTER** La thèse, c'est la défense d'un point de vue ; l'antithèse, le point de vue opposé. Ex. : *Je préfère vivre en ville car… . Cependant, la vie urbaine a ses inconvénients…*

B Rédiger

Passe à présent à l'étape de la **rédaction**.

- Rédige une **introduction** en reprenant la question posée et en la reformulant avec tes propres mots.

- Compose les différents **paragraphes** de ton raisonnement correspondant à tes arguments classés dans un ordre croissant d'importance.

- Emploie des **connecteurs argumentatifs** pour introduire tes arguments (*tout d'abord, ensuite, enfin*) ou pour mettre en évidence la logique de ton raisonnement (*car, donc, parce que, si bien que, c'est pourquoi, mais, cependant, pourtant, quoique…*).

- Illustre tes arguments avec des **exemples** (expériences vécues, lectures…).

- **Conclus** en faisant une **synthèse** de tes arguments et en proposant une **ouverture**, c'est-à-dire une projection dans le futur, un élargissement de la question posée… C'est la dernière impression que gardera ton lecteur.

Un sinistre lieu de vie

3 heures
100 points

INTÉRÊT DU SUJET • L'extrait introduit le lecteur dans le manoir du personnage principal qui s'apparente aux lieux hantés de la littérature fantastique.

DOCUMENT A **Texte littéraire**

Le Baron de Sigognac vient de dîner en compagnie de son domestique Pierre, de son chat Béelzébuth et de son chien Miraut.

Pendant ce temps la nuit s'était faite, et de grandes ombres s'entassaient dans les recoins de la cuisine, comme des chauves-souris qui s'accrochent aux angles des murailles par les doigts de leurs ailes membraneuses. Un reste de feu, qu'avivait la rafale engouffrée dans
5 la cheminée, colorait de reflets bizarres le groupe réuni autour de la table avec une sorte d'intimité triste qui faisait ressortir encore la mélancolique solitude du château. D'une famille jadis puissante et riche il ne restait qu'un rejeton¹ isolé, errant comme une ombre dans ce manoir peuplé par ses aïeux ; d'une livrée² nombreuse il n'existait
10 plus qu'un seul domestique, serviteur par dévouement, qui ne pouvait être remplacé ; d'une meute de trente chiens courants il ne survivait qu'un chien unique, presque aveugle et tout gris de vieillesse, et un chat noir servait d'âme au logis désert.

Le Baron fit signe à Pierre qu'il voulait se retirer. Pierre, se baissant
15 au foyer, alluma un éclat de bois de pin enduit de résine, sorte de chandelle économique qu'emploient les pauvres paysans, et se mit à précéder le jeune seigneur ; Miraut et Béelzébuth³ se joignirent au cortège : la lueur fumeuse de la torche faisait vaciller sur les murailles de l'escalier les fresques⁴ pâlies et donnait une apparence de vie aux
20 portraits enfumés de la salle à manger dont les yeux noirs et fixes semblaient lancer un regard de pitié douloureuse sur leur descendant.

Arrivé à la chambre à coucher fantastique [...], le vieux serviteur alluma une petite lampe de cuivre à un bec dont la mèche se repliait

SPRINT FINAL

dans l'huile comme un ténia dans l'esprit-de-vin à la montre d'un
25 apothicaire[5], et se retira suivi de Miraut. Béelzébuth, qui jouissait de
ses grandes entrées, s'installa sur un des fauteuils. Le Baron s'affaissa
sur l'autre, accablé par la solitude, le désœuvrement et l'ennui.

Si la chambre avait l'air d'une chambre à revenants pendant le
jour, c'était encore bien pis le soir à la clarté douteuse de la lampe. La
30 tapisserie prenait des tons livides, et le chasseur[6], sur un fond de verdure sombre, devenait, ainsi éclairé, un être presque réel. Il ressemblait, avec son arquebuse en joue, à un assassin guettant sa victime, et
ses lèvres rouges ressortaient plus étrangement encore sur son visage
pâle. On eût dit une bouche de vampire empourprée de sang.

35 La lampe saisie par l'atmosphère humide grésillait et jetait des
lueurs intermittentes, le vent poussait des soupirs d'orgue à travers
les couloirs, et des bruits effrayants et singuliers se faisaient entendre
dans les chambres désertes.

Théophile Gautier, *Le Capitaine Fracasse*, 1863.

---

1. Un rejeton : un fils, un héritier.
2. Une livrée : un ensemble de domestiques.
3. Béelzébuth : un des noms du diable.
4. Fresques : peintures murales.
5. Comme un ténia dans l'esprit-de-vin à la montre d'un apothicaire : comme un ver conservé dans l'alcool dans un bocal de pharmacie.
6. Celui qui figure sur la tapisserie, déjà décrite un peu avant dans le roman.

DOCUMENT B **Photogramme du film *La Belle et la Bête*
réalisé par Jean Cocteau, 1946**

Les réponses doivent être entièrement rédigées.

Compréhension et compétences d'interprétation

▶ **1.** Dans quels lieux précis et à quel moment de la journée se déroule la scène racontée ? Justifiez votre réponse en vous appuyant sur le texte. (*4 points*)

▶ **2. a)** Expliquez l'expression « la mélancolique solitude du château » aux lignes 6 et 7. (*2 points*)
b) Justifiez votre explication en vous appuyant sur la construction et le lexique de la phrase qui suit (l. 7 à 13). Trois éléments précis de réponse sont attendus. (*3 points*)

▶ **3.** Dans le quatrième paragraphe (l. 28 à 34), quel phénomène se produit le soir ? Comment se déclenche-t-il ? Pour répondre, appuyez-vous sur deux procédés d'écriture que vous analyserez. (*6 points*)

▶ **4.** L'auteur qualifie la chambre à coucher de « fantastique » à la l. 22. Quels éléments contribuent à installer cette atmosphère à partir de la l. 18 du texte ? On attend un développement qui prend appui notamment sur le lexique (en particulier sur les adjectifs et les adverbes) et les comparaisons. (*6 points*)

▶ **5.** Quels sentiments ce récit éveille-t-il chez le lecteur ? Vous justifierez votre réponse en vous appuyant sur au moins trois éléments précis du texte. (*5 points*)

▶ **6.** Quels liens pouvez-vous établir entre le photogramme proposé et le texte ? Appuyez-vous notamment sur les effets de lumière dans ce photogramme et dans le texte. Des éléments descriptifs de l'image et des citations précises du texte sont attendus. (*6 points*)

Grammaire et compétences linguistiques

▶ **7.** « et le chasseur, sur un fond de verdure sombre, devenait, ainsi éclairé, <u>un être presque réel</u>. » (l. 30-31).
a) Par quel verbe peut-on remplacer le verbe « devenait » ? (*1 point*)
b) Quelle fonction du groupe souligné pouvez-vous ainsi identifier ? (*1 point*)

▶ **8.** « la lueur fumeuse de la torche […] donnait une apparence de vie aux <u>portraits</u> enfumés de la salle à manger dont les yeux noirs et fixes semblaient lancer un regard de pitié douloureuse sur leur descendant. » (l. 18-21)

Relevez les trois expansions du nom « portraits » et précisez leur nature (ou classe grammaticale). (*6 points*)

▶ **9.** « La tapisserie prenait des tons livides, et le chasseur, sur un fond de verdure sombre, devenait, ainsi éclairé, un être presque réel. Il ressemblait, avec son arquebuse en joue, à un assassin guettant sa victime, et ses lèvres rouges ressortaient plus étrangement encore […] » (l. 29-33). (*10 points*)
Réécrivez ce passage en remplaçant « le chasseur » par « les chasseurs ». Effectuez toutes les modifications nécessaires.

DICTÉE   **10 POINTS • ⏱ 20 min**

Le nom de l'auteur et le titre de l'œuvre sont écrits au tableau. On précise que le narrateur est un homme.

François-René de Chateaubriand
Mémoires d'outre-tombe, 1848-1850

La nuit, je n'apercevais qu'un petit morceau du ciel et quelques étoiles. Lorsque la lune brillait et qu'elle s'abaissait à l'occident, j'en étais averti par ses rayons, qui venaient à mon lit au travers des carreaux losangés de la fenêtre. Des chouettes, voletant d'une tour à l'autre, passant et repassant entre la lune et moi, dessinaient sur mes rideaux l'ombre mobile de leurs ailes. Relégué dans l'endroit le plus désert, à l'ouverture des galeries, je ne perdais pas un murmure des ténèbres. Quelquefois, le vent semblait courir à pas légers ; quelquefois il laissait échapper des plaintes ; tout à coup, ma porte était ébranlée avec violence, les souterrains poussaient des mugissements, puis ces bruits expiraient pour recommencer encore.

RÉDACTION   **40 POINTS • ⏱ 1 h 30**

Vous traiterez au choix l'un des deux sujets suivants.

Sujet d'imagination

Décrivez la promenade du Baron de Sigognac à la tombée de la nuit dans le sinistre jardin du château. Vous conserverez l'atmosphère du texte de Théophile Gautier. Vous préciserez les éléments du paysage qui contribuent à cette atmosphère.

Sujet de réflexion

Aimez-vous découvrir des œuvres littéraires et artistiques dans lesquelles interviennent le surnaturel ou l'étrange ?

Vous répondrez à cette question par un développement argumenté en vous appuyant sur les œuvres étudiées en classe, vos lectures personnelles et les œuvres cinématographiques et artistiques que vous connaissez.

LES CLÉS DU SUJET

● Analyser les documents

Le thème
Récit de l'existence solitaire et mélancolique du héros, le Baron de Sigognac, dernier rejeton appauvri d'une famille jadis noble et florissante, dans le vieux château de ses ancêtres.

Le genre
Photogramme extrait du film *La Belle et la Bête* de Jean Cocteau, adapté d'un conte merveilleux et réalisé en 1946.

LE TEXTE **L'IMAGE**

Les caractéristiques clés
La description est réaliste, mais elle emprunte les codes du genre fantastique pour créer une atmosphère angoissante et fantomatique.

Les caractéristiques clés
L'image nous introduit dans un univers propre au merveilleux et au fantastique, né des jeux de lumière et d'ombres créés par les candélabres.

SPRINT FINAL

● Traiter le sujet d'imagination

■ Recherche d'idées

Piste 1
• Imagine le « sinistre jardin du château ». Comment est-il éclairé : par la lune ? par des flambeaux ?
• Décris les éléments qui constituent son décor : grilles, douves, statues, fontaines, bosquets d'arbres…

Piste 2
Pense à introduire des bruits, des sons et des lumières qui contribueront à créer une atmosphère angoissante.

■ Conseils de rédaction

• Le sujet te demande de faire une description et non un récit.

• Conserve l'atmosphère du texte de Théophile Gautier. La tonalité employée est fantastique : le récit demeure réaliste, mais les impressions, les sensations, doivent générer un effet d'inquiétude ou d'étrangeté. Évite les événements trop irrationnels.

• Emploie les champs lexicaux de l'obscurité et de la lumière comme le fait Théophile Gautier et introduit des figures de style, en particulier des comparaisons et des personnifications.

● Traiter le sujet de réflexion

■ Recherche d'idées

Piste 1	Les mots « surnaturel » et « étrange » sont proches de ce que l'on appelle communément le fantastique : la réalité est bouleversée par l'apparition de phénomènes étranges et inquiétants.
Piste 2	• Le sujet t'invite à mentionner des références littéraires ancrées dans cette étrangeté, comme *Le Horla* de Maupassant, *La Cafetière* de Théophile Gautier ou *Le K* de Dino Buzzati. • Tu peux appuyer ta réflexion sur les œuvres artistiques suivantes : des tableaux comme *Le Cri* d'Edvard Munch ou *La Reproduction interdite* de René Magritte. Le film *La Belle et la Bête* de Jean Cocteau présente un bon exemple de ce surnaturel inquiétant. Pense également aux films inspirés des livres de Stephen King.

■ Conseils de rédaction

• Tu peux choisir un plan en deux parties (une thèse/une antithèse). Tu peux aussi opter pour une réponse univoque en organisant tes arguments par paragraphes et en utilisant des connecteurs logiques. L'usage de la première personne du singulier est autorisé.

• Si tu choisis de répondre par l'affirmative, tu peux évoquer d'abord le plaisir du frisson quand l'inquiétude grandit, puis le plaisir de la découverte d'un monde où les règles sont différentes, et enfin le plaisir dû au mystère qui persiste jusqu'à la fin.

25 CORRIGÉ **GUIDÉ**

TRAVAIL SUR LE TEXTE LITTÉRAIRE ET SUR L'IMAGE

Compréhension et compétences d'interprétation

▶ **1.** La scène se déroule dans la cuisine (« les recoins de la cuisine »), dans la salle à manger (« portraits enfumés de la salle à manger ») puis dans les escaliers (« les murailles de l'escalier ») et enfin dans la chambre à coucher (« la chambre à coucher fantastique » ; « une chambre à revenants ») d'un château appartenant à « une famille jadis puissante et riche ». La scène a lieu à la tombée de la nuit : « la nuit s'était faite ».

▶ **2. a)** L'expression « la mélancolique solitude du château » évoque un lieu dépeuplé et lugubre habité par son dernier propriétaire, le Baron de Sigognac, qui y vit presque seul dans une atmosphère empreinte de tristesse.

b) La phrase qui suit cette expression est constituée de trois propositions construites sur le même modèle avec la répétition de la négation restrictive « ne...que ».

Elle repose sur des antithèses et oppose « une famille jadis puissante et riche » à son « rejeton isolé, errant comme une ombre dans ce manoir peuplé par ses aïeux », la nombreuse domesticité antérieure à « un seul domestique » et l'ancienne « meute de trente chiens » à son unique survivant, « aveugle et tout gris de vieillesse ».

> **INFO +**
> Une antithèse est une figure de style qui consiste à rapprocher dans un même énoncé deux mots ou deux idées qui s'opposent par le sens.

Le lexique employé pour caractériser le héros, son entourage et le lieu est dévalorisant et pathétique (« errant », « ombre », « aveugle », « gris », « désert »). Il met en évidence la décrépitude du lieu et la solitude du personnage.

▶ **3.** Un phénomène étrange se produit le soir : la chambre semble hantée et s'animer en raison de « la clarté douteuse de la lampe ». Celle-ci éveille tout d'abord des contrastes entre ombre et lumière : au lexique évoquant la luminosité ou des couleurs vives (« clarté », « éclairé », « rouges », « empourprée de sang ») s'oppose celui marquant l'obscurité ou l'absence de couleurs (« douteuse », « tons livides », « sombre », « pâle »). Ces effets de lumière provoquent comme des hallucinations (« avait l'air », « ressemblait », « on eût dit ») et donnent l'impression que le personnage du « chasseur » représenté sur la tapisserie prend vie et se métamorphose. L'auteur utilise plusieurs comparaisons : le chasseur est comparé à un « assassin », ses lèvres à « une bouche de vampire ».

▶ **4.** L'auteur installe une atmosphère fantastique grâce à plusieurs procédés : tout d'abord, l'emploi d'un lexique propre au récit fantastique (« revenants », « étrangement », « vampire », « effrayants », « singuliers ») ; puis l'emploi de comparaisons : celle du « ténia dans l'esprit-de-vin » qui introduit un détail insolite ou celle de « la bouche de vampire empourprée de sang » qui provoque l'effroi ; mais également les portraits des ancêtres qui semblent prendre vie, tout comme le personnage de la tapisserie. On peut noter également le choix du nom de Béelzébuth, une des appellations du diable, pour nommer le chat noir du Baron ; ainsi que la vision brouillée de l'ensemble donnée par l'éclairage : d'abord par la torche (« lueur fumeuse de la torche »), puis par la lampe de la chambre (« clarté douteuse », « lueurs intermittentes »). Enfin, la personnification du vent qui « poussait des soupirs d'orgue » achève cette description inquiétante.

Tous ces éléments contribuent ainsi à créer une atmosphère angoissante, caractéristique du genre fantastique.

INFO +
Le fantastique est un genre littéraire qui introduit dans un contexte réaliste des éléments étranges et inexpliqués relevant de l'irrationnel.

▶ **5.** Ce récit éveille plusieurs sentiments chez le lecteur : d'abord un sentiment de mélancolie, de pitié, d'empathie et de compassion à l'égard du héros et de ceux qui lui tiennent compagnie (le vieux serviteur dévoué, les animaux fidèles, dans « une sorte d'intimité triste ») ; mais ensuite un sentiment de malaise qui se transforme peu à peu en angoisse à mesure que la nuit tombe, que les lieux prennent un aspect fantastique et que des bruits inquiétants se font entendre.

▶ **6.** Le photogramme est extrait du film *La Belle et la Bête* de Jean Cocteau. L'image en noir et blanc donne à voir, sur un fond obscur, une table chargée de mets et un homme de profil. La scène est éclairée par des candélabres aux flammes vacillantes soutenus par des bras humains.

L'effet recherché est tout entier dans le contraste entre la lumière et l'obscurité qui crée une impression de mystère et d'étrangeté. De même, dans le texte de Théophile Gautier, ce sont les sources de lumière qui modifient le décor et créent des effets étranges, voire effrayants : « de grandes ombres s'entassaient dans les recoins de la cuisine », « Un reste de feu [….] coloriait de reflets bizarres le groupe réuni autour de la table », « la lueur fumeuse de la torche faisait vaciller sur les murailles de l'escalier les fresques pâlies ». C'est enfin la « clarté douteuse » de la lampe qui semble animer le personnage de la tapisserie et lui donner vie.

Grammaire et compétences linguistiques

▶ **7. a)** Le verbe « devenait » peut être remplacé par les verbes « était » ou « semblait ».

b) « un être presque réel » est attribut du sujet « le chasseur ».

INFO +
L'attribut du sujet permet de caractériser le sujet par l'intermédiaire du verbe *être* ou d'un verbe d'état (*sembler, paraître, devenir*…).

▶ **8.** Les trois expansions du nom « portraits » sont les suivantes :

– « enfumés » : participe passé employé comme adjectif ;

– « de la salle à manger » : groupe nominal prépositionnel ;

– « dont les yeux noirs et fixes semblaient lancer un regard de pitié douloureuse sur leur descendant » : proposition subordonnée relative introduite par le pronom relatif « dont ».

▶ 9. *Les modifications sont en couleur.*

« La tapisserie prenait des tons livides, et les chasseurs, sur un fond de verdure sombre, devenaient, ainsi éclairés, des êtres presque réels. Ils ressemblaient, avec leur arquebuse en joue, à des assassins guettant leur victime, et leurs lèvres rouges ressortaient plus étrangement encore […] »

DICTÉE

POINT MÉTHODE

1 La plupart des verbes sont conjugués à l'imparfait, temps dont les terminaisons sont régulières. Attention toutefois : le verbe peut être très éloigné du sujet.

2 Ne confonds pas les participes passés en -é et les infinitifs en -er. Pour reconnaître l'infinitif, remplace-le par un verbe du 3ᵉ groupe.

3 Retiens l'orthographe des adverbes suivants : « quelquefois » en un seul mot, « tout à coup » sans traits d'union.

La nuit, je n'apercevais qu'un petit morceau du ciel et quelques étoiles. Lorsque la lune brillait et qu'elle s'abaissait à l'occident, j'en étais averti par ses rayons, qui venaient à mon lit au travers des carreaux losangés de la fenêtre. Des chouettes, voletant d'une tour à l'autre, passant et repassant entre la lune et moi, dessinaient sur mes rideaux l'ombre mobile de leurs ailes. Relégué dans l'endroit le plus désert, à l'ouverture des galeries, je ne perdais pas un murmure des ténèbres. Quelquefois, le vent semblait courir à pas légers ; quelquefois il laissait échapper des plaintes ; tout à coup, ma porte était ébranlée avec violence, les souterrains poussaient des mugissements, puis ces bruits expiraient pour recommencer encore.

SPRINT FINAL

RÉDACTION

Voici un exemple de rédaction sur chacun des deux sujets.
Attention, les indications entre crochets ne doivent pas figurer sur ta copie.

Sujet d'imagination

[Introduction à la promenade] Oppressé par la solitude et l'ennui, le Baron de Sigognac décida de sortir pour une dernière promenade vespérale dans le sinistre jardin qui entourait son château.

[Description de la promenade et du décor] Dans les douves, l'eau noirâtre semblait totalement opaque. S'en échappaient par intermittence les lugubres coassements des crapauds qui les avaient colonisées.

Au loin, les grilles de fer forgé se dessinaient sur le fond obscur du crépuscule comme de sombres portes de l'enfer. Les grands arbres centenaires, silhouettes massives, semblaient se pencher vers le Baron pour l'écraser à jamais sous leur ombre mena-çante et projetaient vers lui leurs longs bras déchar-

> **CONSEIL**
> Emploie des com-paraisons et des personnifications pour donner vie à ta description.

nés. La nuit promettait d'être sombre : la face blafarde de la lune disparaissait par intermittence derrière de gros nuages d'un noir d'encre. Dans la lumière vacillante des lourds flambeaux plantés çà et là, on apercevait les bustes de hautaines statues aux visages aveugles et grimaçants. Le hululement des chouettes résonnait comme d'inquiétants présages et le vent émettait des gémissements, ses soupirs devenant des plaintes puis de lugubres hurle-ments.

On eût dit que tout se mettait en place pour un grand bal nocturne où toutes les créatures de la nuit semblaient s'être donné rendez-vous pour des ébats et des danses frénétiques.

[Fin de la promenade] Le Baron frissonna dans la fraîcheur de la nuit qui le revêtait d'un grand linceul noir. Il caressa son chien Miraut qui, à moitié aveugle, ne le quittait pas d'une semelle, tourna au coin de la grande bâtisse, passa sous la tonnelle aux roses fanées et languissantes puis revint à pas comptés pour rentrer dans le manoir et regagner sa chambre à coucher fantastique, sa chambre à revenants pour

> **CONSEIL**
> N'hésite pas à reprendre des éléments du texte comme les animaux de compagnie ou des expressions de l'extrait initial.

une longue nuit d'insomnie en compagnie de son chat noir Béelzébuth.

Sujet de réflexion

[Introduction] Il est des œuvres littéraires et artistiques marquées par le surnaturel : des événements étranges font irruption dans la réalité, provoquant souvent un sentiment de malaise ou de peur. Ces œuvres à dominante fantastique me plaisent beaucoup. Plusieurs raisons expliquent mon intérêt.

[Le plaisir du frisson] Tout d'abord cette étrangeté est souvent inquiétante. Les films tirés des ouvrages de Stephen King, comme *Carrie* ou *Shining*, mettent en scène des personnages dont les pouvoirs ou la folie sont angoissants. Mais cette peur, cette émotion forte est souvent séduisante : j'aime avoir peur et frissonner, devant un film ou un livre.

[L'attrait pour la différence] Ensuite l'irruption du surnaturel est attirante, car je découvre des mondes différents, des univers qui ressemblent au mien, mais dont le fonctionnement diffère légèrement et peut paraître séduisant. Dans *Le Portrait de Dorian Gray*, l'écrivain Oscar Wilde s'intéresse à un homme éternellement beau car son portrait vieillit à sa place. Ce rêve d'éternelle jeunesse parle à de nombreux lecteurs et me touche particulièrement.

[La part de mystère] Les œuvres fantastiques, enfin, restent souvent énigmatiques. Une explication rationnelle est possible, mais le doute est maintenu jusqu'à la fin. Cette part de mystère, d'énigme, qui résiste, se retrouve dans *Le Horla* de Maupassant : le personnage a-t-il basculé dans la folie, ou a-t-il vraiment été confronté à un double malfaisant qui lui a ôté toute sa force vitale ? J'hésite à donner une explication à ce récit. On retrouve cette ambiguïté dans le tableau *Le Cri* d'Edvard Munch : est-ce le monde qui entoure le personnage qui est effrayant, ou est-ce le personnage qui est fou et qui en a cette vision horrible ?

> **CONSEIL**
> Organise tes arguments de manière progressive, en terminant par celui qui te semble le plus convaincant et qui peut donc être plus développé que les autres.

[Conclusion] On peut ne pas aimer les œuvres marquées par le surnaturel et redouter les sentiments d'inquiétude qu'elles font naître, mais, pour ma part, j'apprécie beaucoup l'étrangeté qu'elles dégagent, le plaisir palpitant qu'elles procurent ainsi que le jeu et le mystère qu'elles entretiennent entre le réel et le surnaturel, maintenant ainsi l'incertitude jusqu'au bout.

SPRINT FINAL

Héros ordinaires

3 heures
100 points

INTÉRÊT DU SUJET • Les actes héroïques sont parfois le fait d'individus anonymes. Même sans connaître leur nom, il est possible de leur rendre hommage, par des mots ou des images.

Texte littéraire

En décembre 1940, un homme est mêlé involontairement à une bousculade au cours de laquelle un soldat allemand est frappé. Arrêté, refusant de dénoncer ses camarades, il est le premier fusillé à Paris pendant l'Occupation allemande. Le poète Aragon évoque cet homme, sans savoir de qui il s'agit précisément, et les personnes qui lui ont rendu hommage.

X... Français

Un nom comme le sang banal d'une coupure
Un nom trop simple pour qu'on s'en soit souvenu
Un nom dit sans penser comme un verre d'eau pure
Un nom tout fait qu'on peut donner aux inconnus

5 Un nom comme le cœur qui bat l'heure qui sonne
La mémoire du temps qu'un ricochet rida
Un nom qui ne ferait se retourner personne
Un nom comme au poignet le portent les soldats

Un nom comme on en lit dans le vent des enseignes
10 Sur les actes civils la pierre des tombeaux
Un nom qui fait échoppe[1] et dont le prénom saigne
Comme les pieds meurtris d'un enfant en sabots

Car il fut un enfant comme nous tous hier
Celui qui regarda dans l'aube ses bourreaux
15 Et les femmes aussi ce nom balbutièrent
Sans savoir que ce serait celui d'un héros

Ce nom banal ce nom comme une terre en friche[2]
Est aujourd'hui sacré pour les gens de chez nous
Sur l'asphalte[3] on a mis des fleurs sous les affiches
20 Et les dames en noir y priaient à genoux

Un beau nom sans couleur comme on en fait en France
Pour traverser la foule et mourir sans ennui
Un nom silencieux comme l'indifférence
Un nom comme les feux d'un village la nuit

Louis Aragon, juillet 1941.
Repris dans *En étrange pays dans mon pays lui-même*, 1943.
© Éditions Seghers.

_____

1. Échoppe : que l'on pourrait trouver sur l'enseigne d'un magasin.
2. En friche : non cultivée.
3. Asphalte : revêtement d'une route.

DOCUMENT B *Le Visage inconnu*, **Historial de la Grande Guerre, 2018**

SPRINT FINAL

LE VISAGE
INCONNU

Historial de la Grande Guerre

Ce visage du soldat inconnu a été élaboré grâce à la superposition de dizaines de milliers de photographies d'hommes et de femmes, originaires de tous les pays ayant participé à la Première Guerre mondiale. Cette image a été réalisée à l'occasion du centenaire de l'armistice de la Grande Guerre.

TRAVAIL SUR LE TEXTE LITTÉRAIRE ET SUR L'IMAGE
50 POINTS • ⏱ 1 h 10

Les réponses doivent être entièrement rédigées.

Compréhension et compétences d'interprétation

▶ **1. a)** Quel procédé structure la première strophe de ce poème ? (*1,5 point*)
b) Que veut montrer l'auteur par l'utilisation de ce procédé ? (*2 points*)

▶ **2)** Le mot « banal » est répété aux vers 1 et 17.
a) Relevez deux éléments qui soulignent la banalité du nom évoqué dans les trois premières strophes. (*2 points*)
b) Pourquoi Aragon insiste-t-il sur cette banalité ? (*2 points*)

▶ **3. a)** Qui est désigné par le pronom « il » au vers 13 ? (*2 points*)
b) Relevez dans la quatrième strophe les trois groupes de mots qui désignent le personnage évoqué. (*1,5 point*)
c) Quelles étapes de la vie du personnage sont ainsi retracées ? (*3 points*)

▶ **4.** « Ce nom banal […] est aujourd'hui <u>sacré</u> pour les gens de chez nous » (v. 17-18).
Pour quelles raisons l'adjectif <u>sacré</u> est-il employé ici ? Vous justifierez votre réponse en vous appuyant sur deux passages précis du texte. (*4 points*)

▶ **5.** En vous appuyant sur le titre du poème « X… Français » et l'ensemble de vos réponses, expliquez pour quelles raisons le personnage est qualifié de « héros ».
Organisez votre réponse en deux courts paragraphes qui reprendront chacun des éléments évoqués dans les questions précédentes. (*6 points*)

▶ **6. a)** Selon vous, que vise à susciter le flou de l'image ? (*3 points*)
b) Quels liens pouvez-vous établir entre l'image et le poème ? Développez votre réponse en vous appuyant sur des éléments précis extraits du texte et de l'image. (*5 points*)

Grammaire et compétences linguistiques

▶ **7.** « Un nom qui fait échoppe et dont le prénom saigne » (v. 11).
a) Relevez les deux expansions du mot « nom ». (*1 point*)
b) À quelles classes grammaticales appartiennent ces deux expansions du nom ? (*1 point*)

▶ **8. a)** Relevez et identifiez les différents temps de la 5e strophe (v. 17 à 20). (*3 points*)
b) Indiquez la valeur du temps du dernier de ces verbes. (*1 point*)

▶ **9.** « inconnus » (v. 4).
a) Expliquez la formation de ce mot. (*1 point*)
b) Quel est le sens de ce mot ? (*1 point*)

▶ **10.** Réécriture. (*10 points*)
« Car <u>il</u> fut un enfant comme nous tous hier
Celui qui regarda dans l'aube ses bourreaux
Et les femmes aussi ce <u>nom</u> balbutièrent
Sans savoir que ce serait celui d'un héros »
Réécrivez cette strophe en remplaçant « il » par « ils » et en mettant le mot « nom » au pluriel. Vous ferez toutes les modifications nécessaires.

| **DICTÉE** | **10 POINTS • ⏱ 20 min** |

Le nom de l'auteur et le titre de l'œuvre sont écrits au tableau, ainsi que les noms propres « Laurent » et « Marceau » et le mot « hors-la-loi ».

Roger Frison-Roche
Les Montagnards de la nuit, 1968

Il fallait maintenant agir. Les maquisards extériorisaient leur joie, couraient en brassant la neige jusqu'aux points de chute. Certains riaient, d'autres pleuraient, mais ils avaient tout oublié, les longues heures d'attente dans le froid, le danger latent pouvant venir d'en bas ; ce soir ils se sentaient des hommes libres et leur condition de hors-la-loi leur paraissait magnifique. – Vous rêvez, Laurent, fit Marceau. L'officier restait figé, tout droit dans la neige, et son regard se perdait dans le ciel comme s'il s'attendait à voir revenir l'avion. L'émotion crispait ses traits.

– Oui, je rêve. Je rêve au pilote qui rejoint la France libre.

SPRINT FINAL

| **RÉDACTION** | **40 POINTS • ⏱ 1 h 30** |

Vous traiterez au choix l'un des deux sujets suivants.

Sujet d'imagination

« Sur l'asphalte on a mis des fleurs sous les affiches ».
Parmi ces fleurs, la sœur de l'homme fusillé dépose une lettre d'hommage adressée à son frère.
Rédigez cette lettre, qui contiendra un portrait physique et moral du jeune homme, exprimera les sentiments de sa sœur et insistera sur son héroïsme. Vous signerez la lettre du prénom Gabrielle.

Sujet de réflexion

Dans son poème, Aragon évoque la figure d'un héros ordinaire. Selon vous, un comportement héroïque est-il à la portée de tous ?

Vous répondrez à cette question dans un texte organisé, en vous appuyant sur vos connaissances, vos lectures et votre culture personnelle.

LES CLÉS DU SUJET

● Analyser les documents

Le genre
Texte poétique, de forme régulière : les six quatrains à rimes croisées sont composés d'alexandrins.

Le genre
Photographie obtenue par la superposition de milliers de visages, volontairement floue. Cette imprécision évoque la multiplicité des visages représentés.

LE TEXTE **L'IMAGE**

Le thème
Poète engagé, Aragon écrit ce texte patriotique en 1941, quand la France est occupée par les Allemands.

Les caractéristiques clés
Cette technique de superposition permet de donner un visage au soldat inconnu, soldat anonyme représentant tous les morts de la Grande Guerre.

● Traiter le sujet d'imagination

■ Recherche d'idées

Piste 1
• Mets-toi à la place de sa sœur pour rédiger une lettre intime. Évoque des souvenirs personnels et utilise des termes affectueux.
• Donne une identité à son frère mort : un nom ; des caractéristiques morales et physiques.

Piste 2
Exprime les sentiments liés à sa mort tragique et héroïque : tristesse, chagrin, colère et sentiment d'injustice, mais aussi admiration et exaltation.

■ Conseils de rédaction

• Respecte les codes de la lettre : lieu, date, formule d'adresse, formule d'adieu, signature.

• Mets en valeur l'héroïsme du mort par un lexique approprié : *courage, bravoure, fermeté, enthousiasme, inspiration, sacrifice, loyauté*, etc.

• N'oublie pas le contexte : l'histoire se déroule en 1941. Évite les anachronismes et pense à faire des références à la situation politique de la France occupée.

● Traiter le sujet de réflexion

■ Recherche d'idées

Piste 1	Le mot « héros » désigne souvent un individu extraordinaire. Cependant, réfléchis aussi à l'héroïsme des gens ordinaires, lié à leurs choix professionnels ou aux circonstances qui appellent un comportement exemplaire.
Piste 2	Un comportement héroïque ne se limite pas au courage physique. Tu peux évoquer le dévouement, la générosité ou la défense d'une cause par des actes ou par des mots.

■ Conseils de rédaction

• Tu peux choisir un plan en deux parties : une thèse qui défendra l'idée que l'héroïsme est à la portée de tous, une antithèse qui présentera de manière nuancée l'idée inverse.

• Si tu choisis une réponse univoque, organise toutefois ta réflexion en paragraphes. Donne des exemples (tirés de l'actualité, de ta culture et de tes lectures) pour nourrir tes réflexions.

26 CORRIGÉ **GUIDÉ**

TRAVAIL SUR LE TEXTE LITTÉRAIRE ET SUR L'IMAGE

Compréhension et compétences d'interprétation

▶ **1. a)** La première strophe est structurée par le procédé de l'anaphore : l'expression « Un nom » est répétée au début de chaque vers.

b) Aragon veut insister sur l'anonymat de l'individu. On ne connaît pas son identité précise, mais il faut se souvenir de lui.

> **INFO +**
> Une anaphore consiste à répéter le même mot ou la même construction au début de plusieurs phrases ou vers.

▶ **2. a)** Le nom évoqué est banal, comme le montrent les expressions « nom trop simple » ; « nom tout fait » ; « nom qui ne ferait se retourner personne » ; « nom qui fait échoppe ».

b) En insistant sur cette banalité, Aragon souligne la normalité de l'individu : son nom n'est pas exceptionnel, il désigne un homme ordinaire qui a pourtant agi en héros. Ce courage face au danger peut donc être commun à de nombreux individus.

▶ **3. a)** Le pronom « il » désigne l'homme dont on ne connaît pas le nom. Le titre du poème indique qu'il est français. Le paratexte nous précise qu'il s'agit d'un homme mort pour l'exemple, fusillé par les autorités allemandes parce qu'il refusait de dénoncer ses camarades.

b) Dans la quatrième strophe, trois groupes de mots désignent le personnage : « un enfant comme nous tous hier » ; « celui qui regarda dans l'aube ses bourreaux » ; « un héros ».

c) Les étapes majeures de sa vie sont ainsi retracées : son enfance, ses relations amoureuses, son exécution et sa postérité.

▶ **4.** L'adjectif « sacré » est employé pour montrer l'impact important de l'acte de cet homme : le respect et l'admiration pour ce « héros » (v. 16) sont immenses et ressentis par tous les Français, « gens de chez nous » (v. 18). La population en deuil (« dames en noir », v. 20) lui rend hommage, avec des fleurs et des prières, dans une attitude quasi-religieuse. Ce héros est devenu le symbole du courage des Français contre l'Occupation allemande.

▶ **5.** Le personnage, anonyme, est qualifié de « héros ». Ce n'est pas son nom, son individualité qui importent, mais sa nationalité : « Français ». En agissant en patriote contre l'occupant allemand, ce Français devient un exemple pour tous.

Son identité imprécise (« X ») donne à son acte un caractère universel : il représente tout soldat ou toute personne qui a agi comme lui pour la France et a combattu l'Occupation allemande.

▶ **6. a)** Le flou de l'image entretient une imprécision : le contour du visage est trop vague pour permettre une identification précise. Le visage évoque donc tous les individus qui ont combattu lors de la Grande Guerre : il se veut ainsi universel ; chacun peut reconnaître le visage d'un proche.

b) Le flou des contours du portrait et l'anonymat du héros (« X ») dans le poème soulignent l'absence d'identité précise : le héros du poème et le « visage inconnu » du portrait ne désignent pas un individu particulier, mais une multitude d'individus.

Les deux documents rendent hommage et saluent ainsi la bravoure et le dévouement de tous ces gens anonymes : les « Poilus » de la Première Guerre mondiale, mais aussi les femmes et tous les êtres dont les actes ont été héroïques, même si l'histoire n'a pas retenu leur nom.

Grammaire et compétences linguistiques

▶ **7. a)** « qui fait échoppe » et « dont le prénom saigne » sont deux expansions du mot « nom ».

b) Ces deux expansions sont des propositions subordonnées relatives, qui ont pour antécédent le mot « nom ».

> **INFO +**
> La proposition subordonnée relative complète un nom, et commence par un pronom relatif : *qui, que, quoi, dont, où…*

▶ **8. a)** Le verbe « est » est conjugué au présent de l'indicatif ; le verbe « a mis » au passé composé et le verbe « priaient » à l'imparfait.

b) L'imparfait situe l'action dans le passé. En ne précisant pas les bornes de l'action (ni le début, ni la fin), l'imparfait insiste sur la durée de l'action.

▶ **9. a)** Le nom commun est formé du préfixe privatif *in-,* suivi du radical « connu » (participe passé du verbe « connaître ») employé au pluriel.

b) Le mot « inconnus » désigne des gens qu'on ne connaît pas, dont on ignore l'identité.

▶ **10.** *Les modifications sont en couleur.*

« Car ils furent des enfants comme nous tous hier

Ceux qui regardèrent dans l'aube leurs bourreaux

Et les femmes aussi ces noms balbutièrent

Sans savoir que ce seraient ceux des héros »

DICTÉE

POINT MÉTHODE

❶ La plupart des verbes sont conjugués à l'imparfait, certains à la 3ᵉ personne du singulier, d'autres à la 3ᵉ personne du pluriel.

❷ Ne confonds pas le déterminant « leur », qui prend le genre et le nombre du nom qu'il accompagne, et le pronom « leur », devant un verbe, qui ne prend jamais de -*s*.

❸ Pense à bien distinguer le déterminant « ce » suivi d'un nom, et le pronom « se » suivi d'un verbe.

SPRINT FINAL

Il fallait maintenant agir. Les maquisards extériorisaient leur joie, couraient en brassant la neige jusqu'aux points de chute. Certains riaient, d'autres pleuraient, mais ils avaient tout oublié, les longues heures d'attente dans le froid, le danger latent pouvant venir d'en bas ; ce soir ils se sentaient des hommes libres et leur condition de hors-la-loi leur paraissait magnifique. – Vous rêvez, Laurent, fit Marceau. L'officier restait figé, tout droit dans la neige, et son regard se perdait dans le ciel comme s'il s'attendait à voir revenir l'avion. L'émotion crispait ses traits.

– Oui, je rêve. Je rêve au pilote qui rejoint la France libre.

RÉDACTION

Voici un exemple de rédaction sur chacun des deux sujets.
Attention, les indications entre crochets ne doivent pas figurer sur ta copie.

Sujet d'imagination

Paris, 12 février 1941

Mon petit Jean,

Mon cher frère,

[Portrait] Je n'aurais jamais cru que tu partirais avant moi. Ta vigueur physique, ta gaîté semblaient te prémunir de toutes les faiblesses, de toutes les maladies. Toi, si brave, si joyeux, comment penser qu'un jour, sans l'avoir prémédité, tu nous quitterais, héros bravant la barbarie absurde qui veut nous asservir et nous humilier ?

[Souvenir personnel] Tu as toujours eu cet héroïsme en toi. Un souvenir que je chéris particulièrement est celui de cet été passé à la ferme de l'oncle Alphonse ; du lapin pour lequel tu t'étais pris d'affection et que tu avais caché pour qu'il ne finisse pas dans la marmite. Malgré les cris de notre oncle, tu n'avais rien révélé et avais enduré vaillamment sa terrible colère. Ce caractère généreux était déjà digne d'admiration à l'époque ; je ne savais pas qu'il deviendrait une source d'inspiration pour tout notre pays.

[Acte héroïque] Aujourd'hui, ta conduite héroïque est un exemple pour nous tous. Du courage, il t'en a fallu pour ne pas céder à la pression, au chantage, à la torture. Pour sauver des inconnus, tu t'es offert à leur place, tu savais bien qu'un inconnu est aussi un

> **CONSEIL**
> N'hésite pas à reprendre des éléments du texte qui figurent dans le sujet.

frère. Ta bravoure s'enracine dans l'amour de notre pays ; et la France te rend hommage : les fleurs et les prières qui te sont adressées te prouvent que ton sacrifice n'est pas vain.

Il me semble encore apercevoir ton regard clair, ton air espiègle, la chaleur de ton sourire quand tu me consolais d'un bleu ou d'un chagrin. Tu es mort, mais tu vis en moi, et ta force est désormais la nôtre.

Je t'aime mon Jean,

Gabrielle

Sujet de réflexion

[Introduction] Dans son poème, Louis Aragon évoque un homme ordinaire et anonyme qui se comporte héroïquement en refusant de dénoncer ses camarades, au péril de sa vie. L'héroïsme est-il donc à la portée de n'importe quel individu ? Nous verrons

> **CONSEIL**
> Tu peux annoncer le plan de ton devoir à la fin de l'introduction.

dans un premier temps que l'héroïsme est à la portée de tous dans certaines circonstances, puis dans un second temps que certains hommes, par la grandeur de leurs actes, restent dans l'histoire et deviennent des modèles.

[Les héros du quotidien] On désigne souvent par « héros » des personnes dont le comportement est exemplaire, courageux et digne d'admiration. En faisant preuve de générosité, de persévérance lors de circonstances difficiles ou dramatiques, nombreux sont les individus qui pourraient être qualifiés de « héros » du quotidien. C'est ainsi que, depuis 2019, les médecins et les personnels soignants en France, mais aussi partout dans le monde, ont montré leur dévouement exemplaire en soignant dans des conditions très difficiles les patients atteints de la covid et en s'exposant à ce virus. Ces médecins et ces infirmières ont placé le bien de la collectivité au-dessus de leurs intérêts personnels et méritent le qualificatif de « héros ». La population, reconnaissante, leur a rendu hommage par des applaudissements chaque soir, durant plusieurs mois.

Dans *La Promesse de l'aube* de Romain Gary, la mère du narrateur, véritable héroïne, se sacrifie pour son fils, afin qu'il puisse tenir ses engagements envers la nation. Lui cachant la grave maladie dont elle est atteinte, elle prépare de nombreuses lettres qui lui seront envoyées après sa mort, sachant bien que sa disparition serait un coup terrible pour son fils, en train de combattre aux côtés des Forces françaises libres.

[Les héros extraordinaires] D'autres individus, par leurs actions peu communes et leur bravoure, restent dans les mémoires ; et l'histoire retient leur nom. Ainsi, Jean Moulin, héros de la Résistance à l'Allemagne nazie durant la Seconde Guerre mondiale, a été torturé par la Gestapo sans dévoiler aucun secret. L'abbé Pierre, en créant l'association Emmaüs en 1949, a lutté durablement, avec humilité, contre la misère et l'exclusion qui touchent les plus

SPRINT FINAL

pauvres. Ces hommes, par leur courage, leur travail et leur sacrifice, sont devenus des modèles pour les autres.

Ces héros extraordinaires sont aussi parfois une source d'inspiration pour les écrivains. Ainsi, Fred Uhlman, dans *L'Ami retrouvé* (1971), met en scène un personnage, Conrad, qui feint de partager les thèses nazies afin d'approcher Hitler et d'organiser un attentat contre lui.

[Conclusion] Nous avons donc vu que, poussés par les circonstances, les gens ordinaires peuvent avoir un comportement héroïque dans leur vie quotidienne en sacrifiant leurs intérêts personnels au profit de la cause commune. Cependant, d'autres personnes semblent s'élever au-dessus des hommes ordinaires et entrent dans l'histoire, par la force de leur caractère et de leurs actions hors du commun.

L'art de l'intrigue

3 heures
100 points

● INTÉRÊT DU SUJET • Cette scène d'exposition annonce
les rebondissements, surprises et stratagèmes à venir dans la pièce.

DOCUMENT A **Texte littéraire**

Extrait de la liste des personnages :

MONSIEUR DE POURCEAUGNAC.
ORONTE.
JULIE, fille d'Oronte.
NÉRINE, femme d'intrigue[1].
ÉRASTE, amant de Julie[2].
SBRIGANI, Napolitain, homme d'intrigue[1].

La scène est à Paris.

ACTE I, SCÈNE PREMIÈRE
JULIE, ÉRASTE, NÉRINE.

JULIE. – Mon Dieu, Éraste, gardons d'être surpris ; je tremble qu'on ne nous voie ensemble ; et tout serait perdu, après la défense que l'on m'a faite.

ÉRASTE. – Je regarde de tous côtés, et je n'aperçois rien.

5 JULIE. – Aie aussi l'œil au guet, Nérine, et prends bien garde qu'il ne vienne personne.

NÉRINE. – Reposez-vous sur moi, et dites hardiment ce que vous avez à vous dire.

JULIE. – Avez-vous imaginé pour notre affaire quelque chose de
10 favorable ? et croyez-vous, Éraste, pouvoir venir à bout de détourner ce fâcheux mariage que mon père s'est mis en tête ?

ÉRASTE. – Au moins y travaillons-nous fortement ; et déjà nous avons préparé un bon nombre de batteries pour renverser ce dessein ridicule.

NÉRINE. – Par ma foi, voilà votre père.

15 JULIE. – Ah séparons-nous vite.

NÉRINE. – Non, non, non, ne bougez, je m'étais trompée.

SPRINT FINAL

JULIE. – Mon Dieu, Nérine, que tu es sotte, de nous donner de
ces frayeurs !

ÉRASTE. – Oui, belle Julie, nous avons dressé pour cela quantité
20 de machines[3], et nous ne feignons point de[4] mettre tout en usage,
sur la permission que vous m'avez donnée. Ne nous demandez point
tous les ressorts que nous ferons jouer, vous en aurez le divertissement ; et comme aux comédies, il est bon de vous laisser le plaisir
de la surprise, et de ne vous avertir point de tout ce qu'on vous fera
25 voir ; c'est assez de vous dire que nous avons en main divers stratagèmes tous prêts à produire dans l'occasion, et que l'ingénieuse
Nérine et l'adroit Sbrigani entreprennent l'affaire.

NÉRINE. – Assurément. Votre père se moque-t-il de vouloir
vous anger de[5] son avocat de Limoges, Monsieur de Pourceaugnac,
30 qu'il n'a vu de sa vie, et qui vient par le coche[6] vous enlever à notre
barbe ? Faut-il que trois ou quatre mille écus de plus, sur la parole
de votre oncle[7], lui fassent rejeter un amant qui vous agrée ? Et une
personne comme vous, est-elle faite pour un Limosin[8] ? S'il a envie
de se marier, que ne prend-il une Limosine, et ne laisse-t-il en repos
35 les chrétiens[9] ? Le seul nom de Monsieur de Pourceaugnac[10] m'a mis
dans une colère effroyable. J'enrage de Monsieur de Pourceaugnac.
Quand il n'y aurait que ce nom-là, Monsieur de Pourceaugnac, j'y
brûlerai mes livres, ou je romprai ce mariage[11], et vous ne serez point
Madame de Pourceaugnac. Pourceaugnac ! Cela se peut-il souffrir ?
40 Non, Pourceaugnac est une chose que je ne saurais supporter, et
nous lui jouerons tant de pièces[12], nous lui ferons tant de niches sur
niches, que nous renverrons à Limoges Monsieur de Pourceaugnac.

Molière, *Monsieur de Pourceaugnac*, 1670.

1. Femme/homme d'intrigue : personne qui imagine en secret des stratagèmes, des ruses afin
d'en tirer profit, pour elle-même ou pour d'autres.
2. Amant de Julie : qui est amoureux de Julie et aimé d'elle en retour.
3. Machines : stratagèmes, ruses.
4. Nous ne feignons point de : nous ne craignons point de, nous n'hésitons pas à…
5. Vous anger de : vous encombrer de.
6. Coche : grande voiture tirée par des chevaux qui servait à transporter les voyageurs.
7. Sur la parole de votre oncle : d'après ce que dit votre oncle.
8. Limosin : habitant de Limoges. Ville choisie par Molière pour signifier un lieu éloigné de Paris.
9. La France du XVIIe siècle est entièrement chrétienne. Pour Nérine, Limoges est si éloignée
de Paris qu'elle fait semblant de croire que les Limousins ne sont pas des chrétiens, c'est-à-
dire qu'ils ne sont pas comme tout le monde.
10. Dans Pourceaugnac, on reconnaît le mot « pourceau » qui signifie cochon ou porc.
11. J'y brûlerai mes livres, ou je romprai ce mariage : je ferai tout mon possible pour rompre
ce mariage.
12. Tant de pièces : tant de farces, tant de tours.

DOCUMENT B Affiche pour la comédie-ballet *Monsieur de Pourceaugnac*, Opéra de Rennes (2012)

© Opéra de Rennes – Graphiste : Jérôme Pellerin

SPRINT FINAL

TRAVAIL SUR LE TEXTE LITTÉRAIRE ET SUR L'IMAGE

50 POINTS • ⏱ 1 h 10

Les réponses doivent être entièrement rédigées.

Compréhension et compétences d'interprétation

▶ **1.** Lignes 1 à 18

a) Qu'apprend-on au début de la scène sur la situation de Julie ? Quel est le sujet de sa discussion avec Éraste et Nérine ? (*4 points*)

b) Comment le lecteur-spectateur comprend-il que cette entrevue doit rester secrète ? Appuyez-vous sur quatre éléments précis. (*4 points*)

▶ **2. a)** Lignes 12 à 27 : à quoi Éraste travaille-t-il avec Nérine et Sbrigani ? Relevez deux expressions qui expliquent la nature de ce travail. (*3 points*)

b) Lignes 19 à 27 : expliquez la comparaison « comme aux comédies » (l. 23).
En vous appuyant sur deux expressions au moins utilisées dans la réplique d'Éraste, précisez le rôle de celui-ci dans cette « affaire » (l. 9). (*4 points*)

▶ **3.** Lignes 28 à 42
a) Qu'apprend-on sur Monsieur de Pourceaugnac dans la réplique de Nérine ? Au moins quatre éléments de réponse sont attendus. (*4 points*)
b) Quels sont les deux reproches principaux que fait Nérine à Monsieur de Pourceaugnac ? (*2 points*)
c) Comment prennent-ils une dimension comique dans la bouche de Nérine ? (*5 points*)

▶ **4. a)** Décrivez ce que vous voyez sur cette affiche. (*3 points*)
b) Après avoir lu cette scène d'exposition, dites si cette affiche vous paraît un bon choix. (*3 points*)

Grammaire et compétences linguistiques

▶ **5. a)** « une chose que je ne saurais supporter » (l. 40) : remplacez la proposition subordonnée relative soulignée par un adjectif de sens équivalent. (*1 point*)
b) Analysez la composition de cet adjectif. (*1 point*)

▶ **6.** « Au moins y travaillons-nous fortement » (l. 12)
a) Réécrivez cette proposition en remplaçant le pronom « y » par le groupe auquel il renvoie. (*1 point*)
b) Donnez la fonction grammaticale de ce pronom. (*1 point*)

▶ **7. a)** Recopiez la phrase suivante et soulignez tous les verbes conjugués :
« Oui, belle Julie, nous avons dressé pour cela quantité de machines, et nous ne feignons point de mettre tout en usage, sur la permission que vous m'avez donnée. » (l. 19-21) (*3 points*)
b) En fonction du nombre de verbes, que peut-on dire sur cette phrase ? (*1 point*)

▶ **8.** Réécrivez au discours indirect le passage suivant en commençant par « Julie demanda à Éraste… » :
« Avez-vous imaginé pour notre affaire quelque chose de favorable ? et croyez-vous, Éraste, pouvoir venir à bout de détourner ce fâcheux mariage que mon père s'est mis en tête ? » (l. 9-11) (*10 points*)

DICTÉE   10 POINTS • ⏱ 20 min

Le nom de l'auteur et le titre de l'œuvre sont écrits au tableau.

On donne aux candidats l'explication suivante : une troupe de comédiens s'est installée dans un château pour y donner une représentation. L'action se déroule au XVIIe siècle.

Théophile Gautier

D'après *Le Capitaine Fracasse,* 1863

Les rideaux se séparèrent lentement, et laissèrent voir une décoration représentant une place publique, lieu vague, commode aux intrigues et aux rencontres de la comédie. C'était un carrefour, avec des maisons aux pignons pointus. Une des deux coulisses avait un balcon où l'on pouvait monter au moyen d'une échelle invisible pour le spectateur, arrangement propice aux conversations, escalades et enlèvements. Vous le voyez, le théâtre de notre petite troupe était assez bien machiné pour l'époque. Un rang de vingt-quatre chandelles jetait une forte clarté sur cette honnête décoration peu habituée à pareille fête. Cet aspect magnifique fit courir une rumeur de satisfaction parmi l'auditoire.

RÉDACTION   40 POINTS • ⏱ 1 h 30

Vous traiterez au choix l'un des deux sujets suivants.

Sujet d'imagination

Julie et Éraste quittent la scène. Oronte, le père de Julie, entre à son tour. Nérine tente de le convaincre de renoncer à son projet de mariage entre sa fille et Monsieur de Pourceaugnac.

Écrivez leur échange sous la forme d'un dialogue théâtral. Vous tiendrez compte de votre lecture de la scène 1 de l'acte I.

Sujet de réflexion

Attendez-vous des œuvres littéraires et artistiques qu'elles vous procurent « le plaisir de la surprise » ?

Vous vous appuierez sur vos expériences de lecteur et de spectateur (roman, nouvelle, conte, poésie, théâtre, cinéma, peinture…) pour répondre à cette question.

SPRINT FINAL

LES CLÉS DU SUJET

● Analyser les documents

Le genre
Scène d'exposition de la comédie-ballet de Molière, *Monsieur de Pourceaugnac*.

Le genre
Affiche annonçant les représentations de la pièce *Monsieur de Pourceaugnac* à l'opéra de Rennes en 2012.

LE TEXTE **L'IMAGE**

Le thème
Nérine, passée maître dans l'art de l'intrigue, annonce qu'elle va tout mettre en œuvre pour favoriser les amours d'Éraste et de Julie en dépit du projet de mariage arrangé par le père de la jeune fille.

Les caractéristiques clés
Sur un fond de tapisserie, se détache en ombre chinoise un personnage en habit du XVIIe siècle affublé d'un groin de cochon, allusion humoristique au nom de Pourceaugnac.

● Traiter le sujet d'imagination

■ Recherche d'idées

Piste 1
Relis attentivement l'extrait de façon à lister les arguments de Nérine qui s'opposent au mariage arrangé par Oronte (l'absence de rencontre préalable entre le père et le futur époux ; le ridicule du nom de cet époux choisi par le père ; son origine provinciale ; l'amour de Julie pour un autre homme).

Piste 2
Recherche ensuite les contre-arguments d'Oronte (M. de Pourceaugnac lui a été chaudement recommandé ; il est fortuné).

■ Conseils de rédaction

• Respecte la présentation d'une scène de théâtre : numéro de l'acte et de la scène, nom des personnages présents, succession de répliques sans intervention d'un narrateur, courtes didascalies entre parenthèses pour préciser le ton, les gestes éventuels…

• Utilise au moins un des types de comique suivants : comique de gestes et/ou de mots.

● Traiter le sujet de réflexion

■ Recherche d'idées

Piste 1	• Explique en quoi réside pour toi le plaisir de découvrir une œuvre littéraire ou artistique. Quelles émotions ou sensations en attends-tu ? • Indique si la surprise te paraît être un élément essentiel, indispensable, exclusif, ou au contraire, secondaire.
Piste 2	• Précise tes choix : quels sont tes genres littéraires et/ou cinématographiques préférés (aventures, drame, fantastique, thriller, science-fiction…) ? • Recherche quelques exemples d'œuvres littéraires et/ou artistiques qui t'ont marqué(e), t'ont procuré du plaisir et ont eu sur toi un effet mémorable.

■ Conseils de rédaction

• Présente la question en introduction. Annonce aussi ton plan.

• Tu peux choisir un plan de type thèse puis antithèse :

– thèse : oui, la surprise est à mon avis un élément essentiel du plaisir causé par la découverte d'une œuvre littéraire ou artistique ;

– antithèse : cependant, la surprise n'est pas la seule émotion que j'en attends, ce n'est qu'un plaisir parmi d'autres.

• La conclusion rappellera brièvement ce qui a été dit.

SPRINT FINAL

---

 27 CORRIGÉ GUIDÉ ✦

TRAVAIL SUR LE TEXTE LITTÉRAIRE ET SUR L'IMAGE

Compréhension et compétences d'interprétation

▶ **1. a)** Julie aime Éraste, mais son père veut la marier à un autre homme. Pour contrer ce projet, Éraste et Nérine ont mis au point un ensemble de stratagèmes qu'ils ont imaginés.

> **INFO +**
> Un stratagème est une ruse, une fourberie, une machination, une tromperie…

b) Cette entrevue doit rester secrète : Julie « tremble » à l'idée que quelqu'un découvre sa rencontre avec Éraste. Son père lui a défendu de voir son amant. Elle demande à Nérine d'avoir « l'œil au guet ». Lorsque Nérine annonce facétieusement l'arrivée du père, Julie s'affole.

▶ **2. a)** Éraste, secondé de Nérine et Sbrigani, travaille à empêcher le mariage arrangé par le père de Julie : pour cela, il imagine un ensemble de ruses, « un bon nombre de batteries », « une quantité de machines », « divers stratagèmes ».

b) Éraste compare la machination qu'ils veulent mettre en scène aux intrigues d'une comédie théâtrale. C'est une mise en abyme du théâtre dans le théâtre. Il se compare à un dramaturge, au metteur en scène d'une pièce dont Julie sera la spectatrice.

« Ne nous demandez point tous les ressorts que nous ferons jouer, vous en aurez le divertissement ; et comme aux comédies, il est bon de vous laisser le plaisir de la surprise, et de ne vous avertir point de tout ce qu'on vous fera voir. »

> **INFO +**
> L'intrigue désigne en règle générale l'enchaînement des événements qui forment le nœud de l'action. Ici, le mot désigne une machination secrète pour obtenir un avantage ou pour nuire à quelqu'un.

▶ **3. a)** Nous apprenons plusieurs éléments à propos de Monsieur Pourceaugnac : le père de Julie n'a pas encore rencontré ce personnage ; c'est un oncle de Julie qui lui en a parlé ; c'est un avocat assez riche ; celui-ci vit en province, à Limoges.

b) Nérine reproche à Monsieur de Pourceaugnac d'être un provincial et de porter un nom ridicule.

c) Ces reproches prennent une dimension comique dans la bouche de Nérine.

Tout d'abord, elle répète le nom de Pourceaugnac pas moins de huit fois, ce qui crée un comique de mots et de répétition.

Ensuite, elle entre dans une colère « effroyable » et multiplie les phrases interrogatives et exclamatives. On peut imaginer que ses paroles s'accompagnent d'une gestuelle comique.

▶ **4. a)** Sur fond de tapisserie rose agrémentée d'un motif fleuri se détache en ombre chinoise un personnage doté d'une perruque et habillé à la mode du XVIIe siècle qui paraît se pavaner. Il est affublé d'un groin de cochon, allusion à son nom, Monsieur de Pourceaugnac.

b) L'affiche annonce sans le montrer vraiment ce Monsieur de Pourceaugnac dont parle Nérine. Elle offre une parfaite illustration du personnage tel qu'il est présenté dans la scène d'exposition : un être annoncé comme ridicule, mais qui reste mystérieux puisque personne ne l'a encore rencontré.

Grammaire et compétences linguistiques

▶ **5. a)** une chose insupportable.

b) Cet adjectif est composé du préfixe in- (qui indique le contraire), du radical -support- et du suffixe -able (qui permet de former des adjectifs).

▶ **6. a)** Au moins travaillons-nous fortement à détourner ce fâcheux mariage.

b) C'est un complément d'objet indirect.

INFO +
Un complément d'objet indirect (COI) est un complément d'objet introduit par une préposition.

▶ **7. a)** « Oui, belle Julie, nous avons dressé pour cela quantité de machines, et nous ne feignons point de mettre tout en usage, sur la permission que vous m'avez donnée. »

b) C'est une phrase complexe.

▶ **8.** *Les modifications sont en couleur.*

Julie demanda à Éraste s'il avait imaginé pour leur affaire quelque chose de favorable et s'il croyait pouvoir venir à bout de détourner ce fâcheux mariage que son père s'était mis en tête.

DICTÉE

POINT MÉTHODE

❶ Attention aux accords du verbe avec le sujet, lorsqu'il s'agit d'un GN composé d'un nom suivi d'un complément du nom :

« une des deux coulisses » → verbe au singulier (avait)

« un rang de vingt-quatre chandelles » → verbe au singulier (jetait)

❷ Les noms féminins terminés par le son [té] ou [tié] s'écrivent é sauf ceux qui désignent un contenu (ex. : *une pelletée*) et les noms usuels suivants : *dictée, jetée, pâtée, montée, portée, butée.* Ici, une clarté.

❸ Les noms masculins terminés par le son [oir] s'écrivent -oir sauf quelques exceptions dont *réfectoire, conservatoire, laboratoire, interrogatoire et auditoire.*

Les rideaux se séparèrent lentement, et laissèrent voir une décoration représentant une place publique, lieu vague, commode aux intrigues et aux rencontres de la comédie. C'était un carrefour, avec des maisons aux pignons pointus. Une des deux coulisses avait un balcon où l'on pouvait monter au moyen d'une échelle invisible pour le spectateur, arrangement propice aux conversations, escalades et enlèvements. Vous le voyez, le théâtre de notre petite troupe était assez bien machiné pour l'époque. Un rang de vingt-quatre chandelles jetait une forte clarté sur cette honnête décoration peu habituée à pareille fête. Cet aspect magnifique fit courir une rumeur de satisfaction parmi l'auditoire.

RÉDACTION

Voici un exemple de rédaction sur chacun des deux sujets.
Attention, les indications entre crochets ne doivent pas figurer sur ta copie.

Sujet d'imagination

ACTE I, SCÈNE 2

NÉRINE, ORONTE

[Entrée en matière]

ORONTE (*à lui-même*). – Que fait cette femme chez moi ?

> **REMARQUE**
> Précise toujours les numéros de l'acte et de la scène ainsi que le nom des personnages présents.

NÉRINE (*à part*). – Voici le père. Il faut que je l'entretienne sur ce fâcheux mariage. (*à Oronte*) Ah seigneur Oronte, je suis ravie de vous rencontrer. Vous semblez vous porter à ravir. Je vous trouve bien guilleret.

ORONTE. – En effet, le futur mariage de ma fille me met en joie et je me réjouis de savoir que bientôt elle sera Madame de Pourceaugnac.

[Premier argument de Nérine : le nom du futur époux]

NÉRINE. – Comment ? Ne voyez-vous pas que tout le monde se rira d'elle ? Comment peut-on seulement envisager de porter un nom aussi ridicule ? Pourceau-gnac ! (*Elle réprime un fou rire.*) Pourceaugnac ! POURCEAUGNAC ! J'en ris rien qu'à le prononcer ! Compte-t-il la loger dans une porcherie ?

> **CONSEIL**
> Pense à créer des effets comiques. Ici, il s'agit d'un comique de mots et de répétition.

ORONTE (*contrarié*). – Cela suffit ! Je vous trouve bien impertinente. De quoi vous mêlez-vous ? Un nom n'est qu'un nom et de plus je ne veux retenir que la particule. DE Pourceaugnac est du plus bel effet ! Ce mariage est mon affaire et vous n'avez pas à y fourrer votre nez.

[Deuxième argument de Nérine : l'origine provinciale du futur époux]

NÉRINE (*éclate de rire*). – Hi, hi, hi, excusez-moi, hi, hi, hi, je ne peux me retenir de rire.

ORONTE (*en colère*). – Quoi encore ?

> **CONSEIL**
> Pense à introduire des didascalies, courtes indications de mise en scène à indiquer entre parenthèses.

NÉRINE. – C'est que je l'imagine au bras de ce provincial, endimanché et ridicule. Ils seront la risée de tout Paris.

[Contre-argument d'Oronte : la fortune du futur époux]

ORONTE. – Voilà bien du snobisme ! Je me moque de ce que penseront les gens ! Encore une fois, c'est à moi de choisir un époux pour ma fille. Savez-vous bien que cet homme dont vous vous moquez m'a été grandement recommandé par mon frère et qu'il est riche, bien plus que le jeune sot dont elle s'est entichée.

[Troisième argument de Nérine : l'amour]

NÉRINE (*devenue sérieuse*). – Il me semble que le bonheur de votre fille devrait passer avant l'enrichissement, et que l'amour vaut toutes les rentes du monde.

[Conclusion à la scène]

ORONTE. – Voilà encore de votre impertinence ! Je suis son père et sais ce qui est bon pour elle : ce Monsieur de Pourceaugnac est le mari qu'il lui faut. Le sujet est clos. Je vous souhaite le bonjour. (*à part*) Il y a anguille sous roche. Cette femme a la réputation d'être maîtresse dans l'art des fourberies. Je vais garder ma fille à l'œil pour éviter toute mauvaise surprise !

> **CONSEIL**
> Tu peux introduire des apartés, c'est-à-dire des répliques que le personnage adresse à lui-même et aux spectateurs.

NÉRINE (*à part*). – Quel homme têtu ! Il n'en démordra pas ! À nous d'agir maintenant pour mettre en scène nos astucieux stratagèmes. Il n'aura pas le dernier mot !

Sujet de réflexion

[Introduction] Quel agrément peut-on attendre d'une œuvre littéraire ou artistique ? Est-ce le plaisir de la surprise ? Serait-ce le principal attrait de la découverte et le seul plaisir que j'en attends ?

[Le plaisir d'être surpris] Ce que j'aime dans un roman, un film d'aventures ou encore un thriller, c'est la surprise que provoquent en moi les actions inattendues, les rebondissements qui me tiennent en haleine, me font sursauter, ressentir de la peur, de l'excitation, palpiter le cœur. *Les Trois mousquetaires* d'Alexandre Dumas, *Les Misérables* de Victor Hugo m'ont passionnée : j'ai dévoré ces livres, j'en ai tourné les pages avec impatience dans l'attente d'un coup de théâtre ou d'un effet de surprise. Quel plaisir délicieux, par exemple, de braver les pires dangers en compagnie de leurs héros ! De même, j'aime les films d'Hitchcock pour le suspense habilement distillé par le cinéaste.

> **CONSEIL**
> N'oublie pas d'illustrer tes arguments par des exemples d'œuvres que tu apprécies.

Au théâtre aussi, les rebondissements inattendus sont là pour nous apporter du plaisir. Dans ses comédies, Molière joue beaucoup avec les retournements de situation pour créer des effets comiques et permettre à ses personnages de se sortir de situations délicates. Dans *Les Fourberies de Scapin*, par exemple, Octave et Léandre parviennent à épouser la femme qu'ils aiment après de multiples rebondissements et stratagèmes imaginés par Scapin.

SPRINT FINAL

La poésie joue également parfois avec des effets de surprise. Le sonnet de Rimbaud, *Le Dormeur du Val* m'a profondément marquée par sa chute dramatique tout à fait inattendue :

« Il [le soldat] a deux trous rouges au côté droit. » Je m'attendais si peu à ce dénouement tragique que j'ai senti les larmes me monter aux yeux.

[Un plaisir qui n'est pas exclusif] Cependant, le plaisir de la surprise n'est pas le seul attrait des œuvres littéraires ou artistiques. Ainsi, dans *Antigone* d'Anouilh, tout est déjà écrit d'avance, la tragédie à venir est annoncée dès le prologue. Nulle surprise donc ou presque ! Et pourtant, je suis, à chaque lecture ou

CONSEIL
Pense à marquer la transition entre deux arguments au moyen d'un connecteur argumentatif.

représentation, subjuguée par la jeune héroïne qui tient tête au roi Créon et s'entête à vouloir donner une sépulture à son frère, au sacrifice de sa vie.

De même, j'aime relire des poèmes pour le plaisir de la musique créée par les mots du poète ou encore revoir mes films préférés, alors que j'en connais déjà le dénouement, pour le bonheur de retrouver des personnages qui me sont familiers.

[Conclusion] Le plaisir de la surprise est donc un des attraits des œuvres littéraires et artistiques : j'aime qu'elles m'entraînent loin de la routine quotidienne et fassent battre mon cœur plus vite, plus fort. Cependant, ce n'est pas le seul plaisir que j'attends de mes découvertes littéraires, cinématographiques ou picturales : bien d'autres plaisirs font de chaque rencontre un plaisir à la fois unique, multiple et toujours renouvelé.

INDEX

...par type d'exercice

LES QUESTIONS DE RÉÉCRITURE

Modification à appliquer	Sujets n°
Passer au pluriel	5, 8, 12, 13, 16, 19
Changer les personnes	1, 11, 15, 18, 23
Changer de temps	6, 9, 11, 17, 21, 24

LES DICTÉES

Difficulté abordée	Sujets n°
Les homophones grammaticaux	7, 10, 11, 13, 16
Les mots invariables	5, 24
Les mots difficiles	6, 22
Les marques du pluriel	9, 10, 11, 21
L'accord des adjectifs	2, 5, 24
L'accord du participe passé	6, 8, 12, 15, 16, 17
Les temps verbaux	6, 9, 12, 17, 18
L'inversion du sujet et du verbe	20, 24

LES SUJETS DE RÉDACTION

Sujets d'imagination	
Type de consigne	Sujets n°
Exprimer ses sentiments	9, 14, 16, 17, 21, 23
Construire un récit	5, 11, 14, 18, 24
Écrire une suite de texte	3, 6, 10, 13, 15, 17
Rédiger un dialogue ou un monologue	3, 15, 19, 24
Écrire un journal de bord	20
Décrire une personne, un objet ou un lieu	8, 9, 16, 18, 22

Sujets de réflexion	
Type de consigne	Sujets n°
Parler de soi et des autres	4, 18, 21, 22
Exprimer son avis sur la société et sur le monde	4, 5, 7, 8, 11, 12, 13
Argumenter dans une situation fictive	14, 19